Zu diesem Buch

„Statistik für Soziologen“ wird in vier Studienskripten behandelt: 1. Deskriptive Statistik – 2. Schließende Statistik – 3. Faktorenanalyse – 4. Nichtparametrische Statistik. Jeder Band bietet eine geschlossene Darstellung.

Deskriptive Statistik wird im allgemeinen in den Lehrveranstaltungen zur Methotik der empirischen Sozialforschung angeboten. Der Stoff des Bandes ist so dargestellt, daß besondere Kenntnisse der Mathematik nicht erforderlich sind. Das Skriptum kann als Ergänzung zu einschlägigen Übungen wie auch zum Selbststudium benutzt werden.

Obwohl dieses Skriptum aus Übungen für Studenten der Soziologie hervorgegangen ist, dürfte es gleichermaßen für Sozialpsychologen, Psychologen, Pädagogen und Politologen von Interesse sein.

Studienskripten zur Soziologie

Herausgeber:

Prof. Dr. Erwin K. Scheuch
Prof. Dr. Heinz Sahner

Teubner Studienskripten zur Soziologie sind als in sich abgeschlossene Bausteine für das Grund- und Hauptstudium konzipiert. Sie umfassen sowohl Bände zu den Methoden der empirischen Sozialforschung, Darstellung der Grundlagen der Soziologie, als auch Arbeiten zu sogenannten Bindestrich-Soziologien, in denen verschiedene theoretische Ansätze, die Entwicklung eines Themas und wichtige empirische Studien und Ergebnisse dargestellt und diskutiert werden. Diese Studienskripten sind in erster Linie für Anfangssemester gedacht, sollen aber auch dem Examenskandidaten und dem Praktiker eine rasch zugängliche Informationsquelle sein.

Statistik für Soziologen 1

Deskriptive Statistik

Von Prof. Dr. rer. pol. Hans Benninghaus
Technische Universität Berlin

8., neubearbeitete Auflage
Mit 23 Abbildungen und 82 Tabellen

B. G. Teubner Stuttgart · Leipzig 1998

Prof. Dr. rer. pol. Hans Benninghaus

Tätigkeit als technischer Angestellter in der Automobilindustrie und Besuch des Städtischen Abendgymnasiums Köln. 1961 bis 1967 Studium der Soziologie, Politologie und Wirtschaftwissenschaften in Köln und Wien. 1967 bis 1974 Assistent im Forschungsinstitut für Soziologie der Universität zu Köln. Danach bis 1980 Assistent und Akademischer Oberrat im Seminar für Soziologie der Universität zu Köln. Seit 1980 Professor für Soziologie an der Technischen Universität Berlin.

Die Deutsche Bibliothek – CIP-Einheitsaufnahme

Statistik für Soziologen. – Stuttgart ; Leipzig : Teubner
1. Deskriptive Statistik : mit 82 Tabellen / von Hans Benninghaus. – 8., neubearb. Aufl. – 1998
(Teubner-Studienskripten ; 22 : Studienskripten zur Soziologie)
ISBN 3-519-20134-8

Printed in Germany
Gesamtherstellung: Druckhaus Beltz, Hemsbach/Bergstraße

Vorwort

> In the application of statistical reasoning to sociology there is probably no more important concept than the concept of relationship between variables.
>
> Theodore R. Anderson und Morris Zelditch

> Science is the study of relationships among variables.
>
> Linton C. Freeman

Dieses Skriptum richtet sich vorzugsweise an Studentinnen und Studenten der Soziologie, die sich um ein Verständnis elementarer Verfahren und häufig verwendeter Maßzahlen der beschreibenden Statistik bemühen. Man kann wohl sagen, daß die quantitative Auswertung sozialwissenschaftlich relevanter Daten ohne Kenntnis dieser Verfahren und Maßzahlen ebensowenig denkbar ist wie die Interpretation eines großen Teils publizierter sozialwissenschaftlicher Forschungsergebnisse.

Der vorliegende Band konzentriert sich auf die Darstellung grundlegender statistischer Konzepte und Methoden, die in der empirischen Sozialforschung eine wichtige Rolle spielen. Eines dieser Konzepte ist das der statistischen Beziehung (Assoziation, Korrelation). In Übereinstimmung mit ANDERSON und ZELDITCH (1975) und FREEMAN (1965) wird das Schwergewicht auf die Erläuterung statistischer Beziehungen gelegt. Sicherlich ist das Konzept der Assoziation oder Korrelation ein Hauptbeitrag, den die Statistik zur Anwendung ihrer Erkenntnisse in vielen Substanzwissenschaften leistet. Demgemäß nimmt die Darstellung jener Verfahren und Maßzahlen den größten Raum dieses Skriptums ein, die der Beschreibung bivariater (zweidimensionaler) Verteilungen dienen. Die Auswahl der im bivariaten Teil (Kapitel 4 bis 8) dargestellten Assoziationskoeffizienten orientiert sich primär an deren Anwendbarkeit auf Daten, mit denen es die empirische Sozialforschung häufig zu tun hat. Dabei wird jenen Assoziationsmaßen besondere Aufmerksamkeit geschenkt, die im Sinne der proportionalen Fehlerreduktion interpretierbar sind, kurz PRE-Maße (engl. proportional reduction in error measures) genannt.

Für die Auswahl der behandelten Assoziationsmaße wurden zwei spezifische Selektionskriterien herangezogen, erstens die Häufigkeit ihrer Verwendung in der neueren Forschungsliteratur, zweitens die Möglichkeit ihrer Berechnung mit Hilfe von Datenanalysesystemen, die in den Sozialwissenschaften vorrangig benutzt werden (SPSS, BMDP, SAS und SYSTAT). Die meisten der verwendeten Illustrationsbeispiele entstammen soziologischen Forschungsbeiträgen. Die Fundstellen dieser Beispiele sind in einem gesonderten Quellennachweis dokumentiert.

Die Behandlung univariater (eindimensionaler) und multivariater (mehrdimensionaler) Verteilungen ist zugunsten des bivariaten Teils sehr knapp gehalten. In dieser Disproportionalität drückt sich keine Geringschätzung gewisser Verfahren, sondern ein Zwang zum Kompromiß aus. Über Verfahren und Maßzahlen der univariaten Statistik kann man sich zusätzlich in vielen Lehr- und Handbüchern, die leicht zugänglich sind, informieren. Was die weiterführenden, über den Rahmen dieses Skriptums hinausreichenden und in Kapitel 9 nur kurz gestreiften multivariaten Verteilungen und Analyseverfahren betrifft, so können hieran Interessierte mehr und mehr auch auf deutschsprachige Lehrbücher der sozialwissenschaftlich-statistischen Methodenlehre zurückgreifen, insbesondere auf die von OPP und SCHMIDT (1976) und WEEDE (1977) geschriebenen Einführungen in die Pfadanalyse, auf die von BACKHAUS u.a. (1996) verfaßte Einführung in multivariate Analysemethoden, auf die in dem Statistik-Lehrbuch von BORTZ (1993) zu findende Darstellung multivariater Methoden, auf die grundlegenden Beiträge und klassischen Texte des von HUMMELL und ZIEGLER (1976) herausgegebenen Readers über Korrelation und Kausalität mit einer umfänglichen Einleitung zur Verwendung linearer Modelle bei der Kausalanalyse nicht-experimenteller Daten sowie auf die von ANDRESS, HAGENAARS und KÜHNEL (1997) geschriebene Einführung in die multivariate Analyse kategorialer Daten.

Berlin, im Sommer 1997 Hans Benninghaus

Inhaltsverzeichnis

1. Einführung

1.1 Drei wichtige Tätigkeiten des empirischen Sozialforschers

Die empirische Sozialforschung hat in Theorie und Praxis einen engen Bezug zu Eigenschaften von Untersuchungseinheiten. Die *Untersuchungseinheiten* (engl. units of analysis) können so verschieden sein wie Individuen, Gruppen, Städte oder Nationen, die *Eigenschaften* (engl. attributes) so unterschiedlich wie Hautfarben, Interessen, Kriminalitätsraten oder Prokopfeinkommen. Eigenschaften, die von Untersuchungseinheit zu Untersuchungseinheit (von Merkmalsträger zu Merkmalsträger bzw. von Objekt zu Objekt) variieren, d.h. verschiedene Ausprägungen oder *Werte* (engl. values) annehmen können, werden *Variablen* (engl. variables) genannt.

Die empirische Sozialforschung hat zugleich einen engen Bezug zur Statistik, denn zu den wichtigsten Aktivitäten des sozialwissenschaftlichen - wie jedes erfahrungswissenschaftlichen - Forschers zählen (1) die Beschreibung von Untersuchungseinheiten im Hinblick auf einzelne Variablen, (2) die Beschreibung der Beziehung zwischen Variablen und (3) die Generalisierung von Untersuchungsresultaten. Wie sich leicht zeigen läßt, setzen diese Aktivitäten eine gewisse Vertrautheit mit elementaren statistischen Konzepten voraus, weil unsere Alltagssprache, der „gesunde Menschenverstand" und intuitive, nicht standardisierte Vorgehensweisen nicht ausreichen, um sie effektiv auszuüben.

Die Beschreibung von Untersuchungseinheiten im Hinblick auf einzelne Variablen ist eine ebenso wichtige wie grundlegende Forschungsaktivität. Wenn wir z.B. sagen „Dies war ein heißer Tag" beschreiben wir ein bestimmtes Objekt (Tag) im Hinblick auf eine bestimmte Eigenschaft oder Variable (Außentemperatur). Häufig beschreiben wir nicht ein einzelnes Objekt, sondern mehrere Objekte, etwa wenn wir sagen „Samstag und Sonntag waren heiße Tage" oder wenn wir sagen „Montag, Dienstag, Mittwoch, Donnerstag, Freitag,

Samstag und Sonntag waren heiße Tage". Verzichten wir auf die Aufzählung der Tage, um statt dessen die Wendung „Das letzte Wochenende war heiß" oder „Die letzte Woche war heiß" zu gebrauchen, so fassen wir die Beobachtungen bereits in einer Weise zusammen, die es erlaubt, unsere Erfahrung in einer verkürzten Form auszudrücken und mitzuteilen.

Unsere Erfahrung kann noch besser zusammengefaßt und noch leichter mitteilbar gemacht werden, wenn wir uns statistischer Konzepte bedienen und z.B. den Durchschnittswert der Tagestemperaturen einer bestimmten Periode ermitteln. Es gibt mehrere solcher Kennwerte, die die Funktion haben, Daten zusammenfassend zu beschreiben bzw. zu repräsentieren. Die Verwendung eines *Mittelwertes* zur zusammenfassenden Beschreibung gegebener Daten läßt fast immer den Wunsch nach einer weiteren Information aufkommen, nämlich der, wie typisch der ermittelte „typische" Wert einer Menge von Daten ist. Darüber geben *Streuungswerte* Aufschluß, z.B. die Differenz zwischen der höchsten und niedrigsten Tagestemperatur einer Woche. Diese Kennwerte helfen uns, die Angemessenheit unseres Durchschnittswertes zu beurteilen. Beide Kennwerte, Mittel- und Streuungswerte, liefern uns summarische Informationen über einen Satz - meistens durch Beobachtung oder Befragung - erlangter Daten, die in der formalisierten Sprache der Statistik präziser angebbar und leichter mitteilbar sind als in jeder anderen Sprache.

Die Beschreibung der Beziehung zwischen Variablen ist eine weitere wichtige Aktivität des empirischen Sozialforschers; sie zielt darauf ab, die Komplexität unserer Erfahrungswelt bzw. im konkreten Forschungsprozeß: die Komplexität der Forschungsdaten zu reduzieren. Wenn zwei Variablen derart miteinander in Beziehung stehen (korrelieren), daß die Kenntnis der Werte der einen Variablen die Kenntnis der Werte der anderen Variablen impliziert, dann ist unsere Erfahrungswelt insofern weniger komplex, als wir die eine Variable auf der Basis der anderen vorhersagen können. In diesem Sinne kann die Analyse der Beziehung zwischen Variablen als eine Vorhersageaktivität (nicht zu verwechseln mit der Vorhersage zukünftiger Ereignisse) bezeichnet werden. Wenn wir beispielsweise wissen, daß in bestimmten geographischen Regionen eine mehr oder weniger enge Beziehung zwischen den Variablen Jahreszeit und Außentemperatur besteht, dann können wir aufgrund der Kenntnis der Ausprägungen der einen Variablen, etwa Frühling, Sommer, Herbst und Winter, die Ausprägungen der anderen Variablen, etwa frisch, heiß, kühl und kalt, genauer vorhersagen als ohne deren Kenntnis. Derartige Beziehungen müssen keineswegs perfekt oder nahezu perfekt sein, um unsere Aufmerksamkeit auf sich zu ziehen. Ob wir an der Analyse starker oder schwacher Beziehungen interessiert sind, hängt vielmehr vom Gegenstand und Ziel der Forschung ab. So kann auch eine vergleichsweise schwache Beziehung zwischen alternativen Resozialisierungsbemühungen und den Rückfallquoten ehemals straffälliger Jugendlicher von Interesse sein, weil ihre Kenntnis dazu beitragen kann, die Ursachen der Delinquenz zu erkennen und zu bekämpfen. (Wobei der bloße Nachweis einer statistischen Beziehung noch keinen Schluß auf eine Ursache-Wirkungs-Beziehung zuläßt. Kriterien, die zusätzlich erfüllt sein müssen, um auf eine *Kausalbeziehung* schließen zu können, werden in Kapitel 9 behandelt.)

Beziehungen dieser Art können ohne jeden Rekurs auf statistische Konzepte beschrieben werden, wie wir auch ohne Anwendung standardisierter Verfahren Vorhersagen treffen können. Unsere Alltagssprache ist jedoch - wie bei der Beschreibung einzelner Variablen - weniger präzise als die formalisierte Sprache der Statistik. Umgangssprachlich können wir lediglich von einer starken oder schwachen Beziehung reden; in der Sprache der Statistik läßt sich der Grad der Beziehung mit einem einzigen Zahlenwert, nämlich dem eines *Assoziations-* bzw. *Korrelationskoeffizienten*, beschreiben, der sich leicht mit anderen vergleichen läßt. Dieser Zahlenwert informiert darüber, in welchem Maße uns die Kenntnis der einen Variablen die andere Variable vorherzusagen hilft. Die Verwendung solcher Koeffizienten erlaubt eine präzisere Charakterisierung der Beziehung zwischen Variablen als unsere Alltagssprache.

Die Generalisierung von Untersuchungsresultaten, die dritte der als zentral bezeichneten Aktivitäten des empirischen Sozialforschers, ist darauf gerichtet,

Schlußfolgerungen auf der Grundlage beschränkter Informationen zu ziehen. Jeder Mensch trifft täglich eine Vielzahl von Entscheidungen, die auf Generalisierungen gewisser Erfahrungen basieren. So entscheiden wir aufgrund der Wolkenbildung des Morgenhimmels, ob wir uns beim Verlassen des Hauses mit Regenkleidung versehen oder nicht. Da wir aus mehr oder weniger langer Erfahrung wissen, daß es eine Beziehung zwischen bestimmten Wolkenformationen und Niederschlägen gibt, nehmen wir an, daß diese Beziehung auch für die Zukunft gilt. Häufig sind wir gezwungen, solche Generalisierungen auf eine sehr begrenzte Erfahrung zu stützen. Deshalb gibt es stets einige Verallgemeinerungen, die gewagter sind als andere. So glaubten unsere Großmütter, daß gute wie schlechte emotionale Erfahrungen einer Schwangeren die physische und psychische Konstitution des Kindes beeinflussen. Derartige Generalisierungen basieren in aller Regel auf wenigen Beobachtungen. Die Frage ist, wieviele Beobachtungen ausreichend sind, um falsche Generalisierungen zu vermeiden. Der „gesunde Menschenverstand" sagt uns lediglich, daß Generalisierungen um so sicherer sind, je mehr Beobachtungen ihnen zugrunde liegen. Wenden wir hingegen die auf der Wahrscheinlichkeitstheorie beruhenden Konzepte und Methoden der schließenden Statistik auf unsere Daten an, so können wir uns Rechenschaft darüber ablegen, wie sicher die Generalisierungen bei einer gegebenen Anzahl von Beobachtungen sind.

Geht also das Interesse über die vorliegenden Daten hinaus, so ist man auf Konzepte und Methoden der *schließenden Statistik* (Inferenzstatistik) verwiesen, die einem Kriterien zur Beurteilung der Frage an die Hand geben, inwieweit erlangte Resultate als Basis für Generalisierungen dienen können und - etwa bei Mittelwerten, Streuungswerten oder Assoziationskoeffizienten - welche Schlüsse von den errechneten Zahlenwerten einer Auswahl auf die entsprechenden Zahlenwerte der Grundgesamtheit, von der die Auswahl ein Teil ist, gezogen werden können. Wobei zu beachten ist, daß nur dann Aussagen über die Grundgesamtheit gemacht werden können, wenn die Auswahl eine Wahrscheinlichkeitsauswahl (z.B. eine Zufallsstichprobe) ist, bei der jedes Objekt oder Ereignis eine angebbare (z.B. die gleiche) Chance besitzt, in die

Auswahl zu gelangen. Aussagen über die Grundgesamtheit stützen sich auf wahrscheinlichkeitstheoretische Konzepte und Überlegungen, die den Rahmen dieses Skriptums überschreiten. Hier soll nur bemerkt werden, daß Maßzahlen, die auf der Basis von Daten berechnet wurden, die nicht aus einer Wahrscheinlichkeitsauswahl stammen, sehr wohl zu deren Deskription verwendet werden können. Für derartige Daten können sowohl Mittel- und Streuungswerte als auch Korrelationskoeffizienten berechnet werden; es ist jedoch nicht möglich, auf der Basis solcher Daten Aussagen zu machen, die über den Erhebungsbereich hinausgehen. Das heißt, die Interpretationen der Ergebnisse einer deskriptiv statistischen Analyse können sich prinzipiell nur auf die jeweils betrachteten Untersuchungseinheiten beziehen.

Eine effektive Ausübung der zuerst skizzierten Tätigkeiten des empirischen Sozialforschers, die Beschreibung von Untersuchungseinheiten im Hinblick auf einzelne Variablen und die Beschreibung der Beziehung zwischen Variablen, setzt das Verständnis und die Anwendung elementarer statistischer Konzepte und Methoden voraus, deren Funktion es ist, gegebene Daten möglichst knapp zu charakterisieren bzw. zusammenfassend zu beschreiben. Mit diesen Konzepten und Methoden der *beschreibenden Statistik* (Deskriptivstatistik) ist das vorliegende Skriptum befaßt. Die Darstellung erstreckt sich nicht auf die bei Generalisierungen auftretenden Fragen, deren Beantwortung die Kenntnis und Anwendung der Konzepte und Methoden der *schließenden Statistik* (Inferenzstatistik) voraussetzen.[1]

---

[1] Zur schließenden Statistik siehe Band 2 dieser Reihe, SAHNER (1990), sowie die einschlägigen Kapitel der im Literaturverzeichnis aufgeführten Lehrbücher, etwa des Buches von BOHRNSTEDT und KNOKE (1983), BORTZ (1993), CLAUSS und EBNER (1982), JACOBSON (1976), LOETHER und McTAVISH (1980), MENDENHALL, OTT und LARSON (1974) oder MUELLER, SCHUESSLER und COSTNER (1977).

1.2 Die Datenmatrix

Obwohl die Vielfalt sozialwissenschaftlicher Fragestellungen, Forschungsgegenstände und Methoden die unterschiedlichsten Ausgangsdaten der statistischen Analyse hervorbringt, können die Rohdaten so organisiert und dargestellt werden, daß sie die nachfolgend beschriebene rechteckige Struktur haben.

Tabelle 1-1: Die Datenmatrix

Variablen, Merkmale, Stimuli
(z.B. Fragebogenfragen)

		S_1	S_2	S_3	...	S_j	...	S_n
	O_1	R_{11}	R_{12}	R_{13}	...	R_{1j}	...	R_{1n}
	O_2	R_{21}	R_{22}	R_{23}	...	R_{2j}	...	R_{2n}
Untersuchungseinheiten,	O_3	R_{31}	R_{32}	R_{33}	...	R_{3j}	...	R_{3n}
Merkmalsträger,	$\vdots$	$\vdots$	$\vdots$	$\vdots$		$\vdots$		$\vdots$
Objekte								
(z.B. Befragte)	O_i	R_{i1}	R_{i2}	R_{i3}	...	R_{ij}	...	R_{in}
	$\vdots$	$\vdots$	$\vdots$	$\vdots$		$\vdots$		$\vdots$
	O_m	R_{m1}	R_{m2}	R_{m3}	...	R_{mj}	...	R_{mn}

(Variablen-)Werte, Merkmalsausprägungen, Reaktionen (z.B. Antworten)

Werden die Daten gemäß diesem rechteckigen Schema angeordnet, so bilden sie eine *Datenmatrix*. Die Zeilen dieser Matrix repräsentieren die Untersuchungseinheiten, Merkmalsträger oder Objekte (O_1 bis O_m), ihre Spalten die Variablen, Merkmale oder Stimuli (S_1 bis S_n). Das heißt, die Zeile der Werte

R_{i1}, R_{i2}, R_{i3}, ... , R_{in} repräsentiert die Werte aller Variablen einer nicht spezifizierten Untersuchungseinheit (O_i). Die Spalte der Werte R_{1j}, R_{2j}, R_{3j}, ... , R_{mj} repräsentiert die Werte aller Untersuchungseinheiten einer nicht spezifizierten Variablen (S_j). In der abgebildeten Datenmatrix symbolisiert R_{ij} (je nachdem, welche Kombination von Bezeichnungen man wählt)

- den Wert, den die Untersuchungseinheit O_i bezüglich der Variablen S_j hat, bzw.
- die Merkmalsausprägung, die der Merkmalsträger O_i im Hinblick auf das Merkmal S_j hat, bzw.
- die Reaktion, die das Objekt O_i nach Erteilung des Stimulus S_j zeigt.

Die Datenmatrix ist vollständig, wenn für jedes Paar (O_i, S_j) ein empirischer Wert (R_{ij}) registriert wurde.

Die *Untersuchungseinheit*, ganz allgemein auch Beobachtung oder Fall (engl. case) genannt, ist als Merkmalsträger das Bezugsobjekt der Forschung. In der empirischen Sozialforschung ist häufig das an einer Befragung, einem Test oder Experiment teilnehmende Individuum Untersuchungseinheit bzw. Merkmalsträger, also der Befragte, der Proband („der zu Prüfende") oder die Versuchsperson (abgekürzt Vpn). Untersuchungseinheiten können aber auch Familien, Privathaushalte, Organisationen, Städte, Wahlkreise, Nationen, Nachrichtensendungen oder Zeitungen sein.

Die *Variable* (engl. variable) oder das Merkmal ist die Eigenschaft der Untersuchungseinheiten, die man erforscht, etwa die Geschlechtszugehörigkeit, die Lebenszufriedenheit oder das Lebensalter der Individuen, das Nettoeinkommen der Privathaushalte oder die Arbeitslosenquote der Industrienationen. Die Bezeichnung Stimuli wird auf jene Variablen angewandt, die z.B. im Experiment manipuliert werden, um das Versuchsobjekt durch einen kontrolliert eingesetzten Reiz (engl. stimulus) zu einer Reaktion (engl. response) zu veranlassen.

Die *Werte* (engl. values) sind die Merkmalsausprägungen oder Kategorien, in denen die Variable auftritt. Bei dem Merkmal (der Variablen) Geschlechtszugehörigkeit sind die beiden natürlichen Kategorien „männlich" und „weiblich" Merkmalsausprägungen bzw. Werte - wenn wir einmal von dem biologischen Phänomen der Hermaphroditen und dem sozialen Phänomen der Eunuchen und Kastraten absehen -, bei der Variablen Lebenszufriedenheit möglicherweise die vom Forscher vorgegebenen Antwortkategorien „vollkommen zufrieden", „recht zufrieden", „eher unzufrieden" und „höchst unzufrieden", bei der Variablen Lebensalter die Anzahl vollendeter Tage, Wochen, Monate oder Jahre. Prinzipiell gibt es jedoch keine Beschränkung der Merkmalsklassen oder Kategorien; welche und wieviele gebildet und in der Analyse verwendet werden, entscheidet allein der Forscher.

Eine mit empirischen Daten gefüllte Matrix kann spaltenweise (vertikal) oder zeilenweise (horizontal) ausgewertet werden. Am Anfang der Auswertung oder Analyse steht im allgemeinen die Untersuchung jeder einzelnen Variablen. Diese *spaltenweise* Auswertung (engl. variable centered analysis, vertical analysis) wird *univariate* Auswertung oder Analyse genannt. Die kombinierte spaltenweise Auswertung zweier Variablen wird *bivariate*, die kombinierte spaltenweise Auswertung dreier oder noch mehr Variablen *multivariate* Auswertung oder Analyse genannt.

Die Datenmatrix kann ebensogut *zeilenweise* ausgewertet werden (engl. unit centered analysis, horizontal analysis). Bei zeilenweiser Auswertung oder Analyse werden die Merkmalsausprägungen mehrerer Merkmale eines Merkmalsträgers (z.B. die Reaktionen einer Versuchsperson auf eine Reihe vorgelegter Aussagen (engl. statements) oder die Antworten eines Befragten auf bestimmte Fragen) betrachtet und zur Bildung von Index-, Skalen- oder Testwerten etc. verwendet. Auf diese Weise entstehen neue Merkmale oder Variablen, um die die Datenmatrix durch Hinzufügen der Merkmale und Merkmalsausprägungen aller Merkmalsträger erweitert werden kann (siehe z.B. die Erweiterung der Datenmatrix der Tabelle 1-2 um eine durch additive Verknüpfung von vier

Items entstandene Skala). Die neuen Variablen können dann wie alle übrigen behandelt, d.h. spaltenweise ausgewertet werden.

Die Organisierung der Ausgangs- oder Rohdaten zu einer Datenmatrix ist vor allem dann angeraten bzw. unerläßlich, wenn - was heute selbst bei kleinen Untersuchungen die Regel ist - die Daten mit Hilfe eines Computers ausgewertet werden sollen. Die gängigen statistischen Analysesysteme, die dafür zur Verfügung stehen, erwarten genau diesen rechtwinkligen Aufbau der Daten, so auch SPSS für Windows, das wir in Kapitel 7 benutzen werden.

Tabelle 1-2 zeigt den Aufbau einer typischen Datenmatrix, deren Zeilen die *Untersuchungseinheiten*, deren Spalten die *Variablen* (hier beginnend mit einer vier Spalten beanspruchenden Identifikationsnummer und endend mit einer zwei Spalten beanspruchenden Skala) und deren Zahlen die (Variablen-)*Werte* der Untersuchungseinheiten repräsentieren.

Tabelle 1-2: Ausschnitt aus einer typischen Datenmatrix

	I D N R	G E S C H L	L A L T E R	S C H U L E	E I N K O M	S T A T U S	K O N F E S	P A R T E I	I T E M 1	I T E M 2	I T E M 3	I T E M 4	S K A L A	...
PETER	0001	1	037	3	03150	08	1	1	1	2	4	3	10	...
ANKE	0002	2	031	5	05800	14	2	1	1	3	2	3	09	...
CHRIS	0003	2	045	5	05300	12	1	2	3	2	1	1	07	...
ADAM	0004	1	052	7	06660	18	2	1	2	3	2	5	12	...
VERA	0005	2	033	3	01200	06	1	3	4	2	3	5	14	...
HENRY	0006	1	056	3	11000	16	4	4	5	3	4	4	16	...
CLARA	0007	2	030	4	03420	10	2	3	2	4	2	1	09	...
:	:	:	:	:	:	:	:	:	:	:	:	:	:	
:	:	:	:	:	:	:	:	:	:	:	:	:	:	

2. Sozialwissenschaftlich relevante Variablen und ihre Messung

Quantitative und *qualitative Variablen*. Objekte können sich der Quantität oder Qualität nach unterscheiden. Dem entspricht eine herkömmliche Unterscheidung von quantitativen und qualitativen Variablen. Wir werden diese Unterscheidung nicht verwenden. Eine differenziertere, an vier Skalenniveaus orientierte Klassifikation von Variablen ist in Abschnitt 2.1 beschrieben.

Kann man Objekte im Hinblick auf eine bestimmte Eigenschaft der Größe nach unterscheiden, d.h., können Objekte im Hinblick auf eine bestimmte Eigenschaft größer oder kleiner, höher oder niedriger oder mehr oder weniger sein, so spricht man von einer *quantitativen* Variablen. Beispiele quantitativer Variablen sind die Variablen Lebensalter, Körpergröße, Einkommen, Familiengröße, Geburtenrate, Religiosität, soziale Distanz, Arbeitszufriedenheit und Anzahl vollendeter Schuljahre.

Kann man Objekte im Hinblick auf eine bestimmte Eigenschaft der Art oder Qualität nach unterscheiden, so spricht man von einer *qualitativen* Variablen. Beispiele qualitativer Variablen sind die Variablen Geschlechtszugehörigkeit mit den Ausprägungen (den Kategorien) männlich und weiblich, Nationalität mit den Ausprägungen britisch, deutsch, französisch, italienisch, andere, keine, und Konfessionszugehörigkeit mit den Ausprägungen evangelisch, katholisch, andere, keine. Da die Ausprägungen qualitativer Variablen nicht größenmäßig geordnet sind, kann ein Objekt bezüglich einer qualitativen Variablen nicht größer, höher oder mehr sein als ein anderes Objekt; die Objekte sind entweder gleich oder ungleich. Dennoch sind auch qualitative Variablen der statistischen Analyse zugänglich.

Kontinuierliche und *diskrete Variablen*. Quantitative Variablen werden des weiteren danach unterschieden, ob sie kontinuierliche (stetige) oder diskrete (diskontinuierliche) Variablen sind. *Kontinuierliche* Variablen können in einem bestimmten Bereich jeden beliebigen Wert annehmen, z.B. die Variablen Entfernung, Lebensalter und Körpergröße. Der Ausdehnungsbereich einer kontinuierlichen Variablen kennt keine Lücken oder Sprungstellen. *Diskrete* Variablen können nur ganz bestimmte Werte annehmen, z.B. die Variablen Anzahl eigener Kinder oder Haushaltsgröße in Personen. Obwohl die Werte einer diskreten Variablen ebenfalls einen großen Bereich abdecken können (siehe z.B. die Variable Einwohner), sind sie stets isolierte Werte, zwischen denen Lücken bzw. Sprungstellen bestehen. Diskrete Variablen beruhen im allgemeinen auf einem Zählvorgang, kontinuierliche Variablen auf einem Meßvorgang.

Die Unterscheidung von kontinuierlichen und diskreten Variablen ist jedoch eher eine graduelle als prinzipielle. So ist beispielsweise das - in kleinsten Zeiteinheiten gemessene - Lebensalter eine kontinuierliche Variable, das Einkommen hingegen eine diskrete Variable, weil es - auch in kleinsten Währungseinheiten ausgedrückt - nur ganzzahlige Werte annehmen kann. In der statistischen Behandlung besteht zwischen derart fein abgestuften diskreten und kontinuierlichen Variablen kein Unterschied. So werden mitunter diskrete Variablen wie kontinuierliche Variablen behandelt, etwa wenn die durchschnittliche Größe der Privathaushalte einer bestimmten Region mit, sagen wir, 2.73 Personen angegeben wird, mit einem Wert also, der in der Realität nicht vorkommt, der aber einen bestimmten Aspekt der Realität sehr gut beschreibt. Kontinuierliche Variablen werden im übrigen häufig durch Zusammenfassung benachbarter Werte klassiert, man sagt auch gruppiert, und dadurch für die statistische Behandlung zu diskreten Variablen mit einer (meist drastisch) reduzierten Anzahl von Ausprägungen.

2.1 Meßniveaus bzw. Skalentypen

Die verbreitetste Klassifikation sozialwissenschaftlich relevanter Variablen folgt der von dem Psychophysiker STEVENS vorgeschlagenen Klassifikation nach Maßgabe formaler Relationen zwischen den Variablenausprägungen bzw. Skalenwerten. Nach STEVENS (1946) besteht *Messen* in der *Zuordnung von Zahlen zu Objekten oder Ereignissen gemäß Regeln*, so daß bestimmte Relationen zwischen den Zahlen analoge Relationen zwischen den Objekten oder Ereignissen reflektieren. Je nachdem, welche Relationen zwischen den Zahlen im gegebenen Fall empirischen Sinn haben, kann man vier Meßniveaus bzw. Typen von Skalen (oder Variablen) unterscheiden, nämlich Nominal-, Ordinal-, Intervall- und Ratioskalen.

Nominalskalen. Die grundlegendste und zugleich simpelste Operation in jeder Wissenschaft ist die der Klassifizierung oder Klassifikation. Klassifizieren bedeutet Einordnen von Objekten oder Ereignissen in Klassen oder Kategorien im Hinblick auf eine bestimmte Eigenschaft oder Dimension. Alle anderen Meßoperationen, gleichgültig wie präzise sie sind, schließen die Klassifizierung als Minimaloperation ein. Nominalskalen, auch qualitative Klassifikationen genannt, bestehen lediglich aus einem Satz rangmäßig nicht geordneter Kategorien; sie repräsentieren das niedrigste Meßniveau.

Für Nominalskalen ist konstitutiv, daß die Kategorien vollständig sind (d.h. alle Fälle einschließen) und sich gegenseitig ausschließen (d.h., kein Fall darf in mehr als eine Kategorie gelangen). Beispielsweise ist die Variable Geschlechtszugehörigkeit eine nominale Variable oder Nominalskala: Personen können entweder der Kategorie männlich oder der Kategorie weiblich zugeordnet werden; keine Person kann beiden Kategorien zugeordnet werden. Weitere Beispiele solcher Alternativklassifikationen sind: berufstätig / nicht berufstätig, unter 18 Jahre alt / 18 Jahre und älter, Ja- / Nein-Antworten auf eine Frage. Die Variablen können beliebig viele Ausprägungen oder Kategorien haben, z.B. Berufsstatus: Arbeiter / Angestellter / Beamter / Selbständiger, oder Familienstand: ledig / verheiratet / verwitwet / getrennt lebend / geschieden, oder Nationalität: Belgier / Brite / Franzose / Italiener / sonstige / keine. (Hat eine Variable zwei Ausprägungen, so spricht man von einer dichotomen (zweistufigen) Variablen oder *Dichotomie*, hat sie drei Ausprägungen, von einer trichotomen (dreistufigen) Variablen oder *Trichotomie*, generell, bei mehr als zwei Ausprägungen, von einer polytomen (mehrstufigen) Variablen oder *Polytomie*.) Wenn die Kategorien vollständig sind und sich gegenseitig ausschließen, sind die minimalen Voraussetzungen für die Anwendung bestimmter statistischer Verfahren gegeben. Für die Benennung der Kategorien benötigen wir keine Zahlen, sondern nur eindeutige Zeichen. Diese können natürlich auch Zahlen sein, ebensogut aber auch Buchstaben, Wörter oder geometrische Figuren. Zahlen werden hier nur in ihrer Zeichenfunktion zugeordnet. Nehmen wir als Beispiel einen internationalen Sportwettbewerb, dessen aktive Teilnehmer Rückennummern tragen, etwa die Teilnehmer der Nation A die Nummern 1 bis 17, die Teilnehmer der Nation B die Nummern 18 bis 43, die Teilnehmer der Nation C die Nummern 44 bis 57 usw. Normalerweise implizieren diese Zahlen weder eine Rangordnung der Nationen noch eine Rangordnung der teilnehmenden Sportler; sie sind nichts weiter als Namen, die Kategorien bezeichnen bzw. der Identifizierung der Aktiven dienen. Wenn Zahlen lediglich dem Zweck dienen, Kategorien voneinander zu unterscheiden, ist es nicht sinnvoll, sie den üblichen arithmetischen Operationen zu unterwerfen. Die Rückennummern von Sportlern oder die Nummern von Autoschildern, Personalausweisen, Hotelzimmern usw. zu addieren, wäre offensichtlicher Unsinn.

Ordinalskalen. Häufig ist es möglich, Objekte im Hinblick auf den Grad, in dem sie eine bestimmte Eigenschaft besitzen, zu ordnen, obwohl wir nicht genau wissen, in welchem Maße sie diese Eigenschaft besitzen. In solchen Fällen kann man sich die Objekte auf einem Kontinuum angeordnet vorstellen, auf dem sie unterschiedliche Positionen einnehmen. Familien oder Individuen können z.B. danach klassifiziert werden, ob sie der Unterschicht, der Mittelschicht oder der Oberschicht angehören. Wir können Personen danach klassifizieren, ob sie sehr oft, oft, selten oder nie ins Theater gehen oder ob sie mit ihrem Leben sehr zufrieden, zufrieden, unzufrieden oder sehr unzufrieden sind.

Diese Art des Messens hat offensichtlich ein höheres Niveau als nominales Messen, denn wir sind nicht nur in der Lage, Objekte in separate Kategorien einzuordnen, sondern die Kategorien rangmäßig zu ordnen. Ordinales Messen informiert jedoch nicht über die Größe der Differenzen zwischen den Kategorien. Beispielsweise wissen wir von drei rangmäßig geordneten Kategorien A, B und C lediglich, daß A größer (oder kleiner) ist als B und C; wir wissen nicht, wieviel. Wir wissen ebenfalls nicht, ob die Differenz zwischen A und B größer oder kleiner ist als die zwischen B und C.

Wenn wir den Kategorien ordinaler Variablen Zahlen zuordnen, dann müssen diese zur Rangordnung der Kategorien korrespondieren. Nehmen wir als Beispiel die Variable Schichtzugehörigkeit. Wir können der Kategorie Unterschicht die Zahl 1, der Kategorie Mittelschicht die Zahl 2 und der Kategorie Oberschicht die Zahl 3 zuweisen. Wir können den Kategcrien ebensogut die Zahlen 1, 5, 28 oder die Zahlen 56, 57, 1001 zuordnen, weil bei Ordinalskalen die Größe der Differenzen zwischen den Kategorien unbekannt ist. Daraus folgt, daß wir nicht ohne weiteres die Operationen der Addition, Subtraktion, Multiplikation und Division auf die zugeordneten Zahlen anwenden können. Ordinale bzw. Rangzahlen indizieren eine Rangordnung, nichts mehr.

Intervall- und *Ratioskalen*. Im engeren Sinn des Begriffs wird der Ausdruck Messen häufig (unzutreffend) nur in den Fällen angewandt, in denen Objekte nicht nur nach Maßgabe des Grades, in dem sie eine bestimmte Eigenschaft besitzen, geordnet werden können, sondern auch die exakten Abstände zwischen ihnen angegeben werden können. Wenn das möglich ist, spricht man von einer *Intervallskala*. Hat eine Skala alle Eigenschaften einer Intervallskala und überdies einen absoluten (invarianten) Nullpunkt, so ist sie eine *Ratioskala*, auch Verhältnisskala genannt.

Eigenschaften, die mit Skalen gemessen werden, bei denen die Distanz zwischen den Skalenpositionen 0 und 1, 1 und 2, 2 und 3 usw. gleich sind, werden häufig Intervallvariablen (oder metrische Variablen) und die erlangten Messungen intervallskalierte (oder metrische) Daten genannt. Diese Bezeichnungen bringen die sogenannte Äquidistanz der Intervalle zum Ausdruck. So ist z.B.

die Entfernung von einem Kilometer stets dieselbe Distanz, gleichgültig ob es sich um den ersten oder letzten Kilometer einer Reise handelt. Gleicherweise ist die Differenz zwischen 110 und 100 Mark dieselbe wie die Differenz zwischen 20 und 10 Mark. In beiden Fällen, Kilometer und Mark, ist der Abstand zwischen nebeneinanderliegenden Werten an jedem Ort der Skala gleich. Der mit der Erreichung metrischen Meßniveaus verbundene Vorteil besteht darin, daß die elementaren Rechenoperationen der Addition, Subtraktion, Multiplikation und Division sinnvoll auf die Differenzen zwischen den Meßwerten angewendet werden können.

Bei Intervallskalen gibt es zwei willkürliche Momente, nämlich die Wahl der Intervallgröße (der Maßeinheit) und die Wahl des Nullpunktes. Beispielsweise ist unsere Kalenderrechnung eine Intervallskala, deren Intervallgröße ein Jahr (oder zwölf Monate) und deren Nullpunkt das Geburtsjahr Christi (nicht etwa das Geburtsjahr Mohammeds) ist. Die Eigenschaften von Intervallskalen werden gewöhnlich am Beispiel der Temperaturmessung illustriert. Betrachten wir dazu die folgenden drei Skalen:

	Temperaturskala nach		
	Celsius	Fahrenheit	Kelvin
Gefrierpunkt des Wassers	0^0	32^0	273^0
Siedepunkt des Wassers	100^0	212^0	373^0

Die Verhältnisse der Temperatur*differenzen* (Intervalle) sind unabhängig von der Einheit der Skala und der Lage des Nullpunktes. Der Gefrierpunkt des Wassers (nicht der Gefrierpunkt des Äthylalkohols) liegt auf der Celsiusskala bei 0^0 und der Siedepunkt bei 100^0, auf der Fahrenheitskala bei 32^0 und 212^0. Wenn wir dieselben Temperaturen auf beiden Skalen ablesen, erhalten wir z.B.

C	0^0	10^0	30^0	100^0
F	32^0	50^0	86^0	212^0

Das Verhältnis der Differenzen zwischen den Temperaturwerten der einen Skala ist gleich dem Verhältnis der entsprechenden Differenzen der anderen Skala. Auf der Celsiusskala ist z.B. das Verhältnis der Differenz zwischen 30 und 10 und der zwischen 10 und 0 gleich (30 – 10) / (10 – 0) = 2, und auf der Fahrenheitskala gleich (86 – 50) / (50 – 32) = 2. Es wäre allerdings nicht sinnvoll zu sagen, daß es bei einer Temperatur von 10^0 C halb so warm sei wie bei einer Temperatur von 20^0 C. Das leuchtet sofort ein, wenn man die Celsiuswerte in Fahrenheitwerte transformiert: 20^0 C entsprechen 68^0 F, und 10^0 C entsprechen 50^0 F. Zwar ist 10/20 = 0.5, aber 50/68 = 0.74 ≠ 0.5. Es hat also keinen Sinn, hier Verhältnisse (Quotienten) zu bilden. Das ist erst sinnvoll beim höchstwertigen Skalentyp, der Ratioskala.

Wenn, wie erwähnt, eine Skala alle Eigenschaften der Intervallskala und außerdem einen invarianten Nullpunkt hat, dann ist sie eine *Ratioskala* (Verhältnisskala). Beispiele von Ratioskalen sind das Lebensalter, das Einkommen, die Kelvinsche Temperaturskala (mit dem absoluten Nullpunkt bei -273^0 C), die Körpergröße und das Körpergewicht. Auch die Skala der Kardinalzahlen ist eine Ratioskala, jene Skala, die wir benutzen, um Individuen, Objekte oder Ereignisse zu zählen, z.B. die Anzahl der Personen des Haushalts, die Anzahl eigener Bücher oder die Anzahl der Verwandtenbesuche. (Die auf Abzählen basierende Skala wird auch *absolute Skala* genannt, weil sie keine willkürlich festgesetzte, sondern eine absolute Maßeinheit hat.) Ein Schüler, der 30 kg wiegt, ist halb so schwer wie ein Schüler, der 60 kg wiegt, und ein Vierpersonenhaushalt ist doppelt so groß wie ein Zweipersonenhaushalt.

Für viele Analysezwecke ist die Unterscheidung von Intervall- und Ratioskalen entbehrlich, weil die meisten statistischen Verfahren, die eine Äquidistanz der Intervalle voraussetzen, keinen absoluten Nullpunkt verlangen. Beispielsweise setzt kein in diesem Buch behandeltes Verfahren eine Ratioskala voraus. Aus diesem Grunde werden intervall- und ratioskalierte Daten häufig nicht unterschieden, sondern kurz *metrische*, manchmal auch *quantitative* Daten genannt.

2.2 Meßniveau und statistische Operationen

Die vier verschiedenen Meßniveaus bzw. Skalentypen bilden aufgrund der ihnen eigentümlichen Eigenschaften selber eine kumulative Skala. Die Ordinalskala besitzt alle Eigenschaften der Nominalskala plus Ordinalität der Kategorien; die Intervallskala besitzt alle Eigenschaften der Ordinalskala plus Äquidistanz der Intervalle; die Ratioskala schließlich - sieht man von der absoluten Skala ab - repräsentiert das höchste Meßniveau, da sie nicht nur gleiche Intervalle, sondern auch einen invarianten Nullpunkt hat.

Die kumulative Hierarchie der Skalen erlaubt es jederzeit, bei der statistischen Analyse der Daten eine oder mehrere Stufen zurückzugehen. Denn wenn wir z.B. eine Intervallskala haben, haben wir stets auch eine Ordinalskala und eine Nominalskala, und wenn wir eine Ordinalskala haben, haben wir stets auch eine Nominalskala. Daher ist es beispielsweise möglich, in der statistischen Analyse intervallskalierte Daten wie ordinalskalierte Daten zu behandeln. Wir nehmen allerdings einen Informationsverlust hin, wenn wir von dieser Möglichkeit Gebrauch machen. Beispiel: Wenn A ein Einkommen von 3000 Mark und B ein Einkommen von 5000 Mark hat und nur die Information ausgewertet wird, daß B mehr als A verdient, verzichtet man auf die verfügbare Information, daß die Differenz 2000 Mark beträgt. Im allgemeinen ist es deshalb von Vorteil, das erzielte Meßniveau bzw. den Informationsgehalt der Daten nicht zu „verschenken".

Wenn wir den umgekehrten Weg gehen und z.B. ordinalskalierte Daten wie intervallskalierte Daten behandeln, müssen wir uns darüber im klaren sein, daß dieser Schritt nicht durch die arithmetischen Operationen, die wir durchführen, legitimiert wird. Vielmehr setzt die Anwendung bestimmter Verfahren schon voraus, daß ein bestimmtes Meßniveau erreicht wurde. Wie erwähnt, sind die üblichen arithmetischen Operationen nur bei intervall- und ratioskalierten (bei metrischen bzw. quantitativen) Daten sinnvoll. Andererseits sind gerade nominales und ordinales Messen die am häufigsten erreichten Typen in der empirischen Sozialforschung. Infolgedessen kommt jenen Methoden und Maßzahlen, die für nominale und ordinale Daten konzipiert wurden, in der Analyse sozialwissenschaftlicher Daten eine besondere Bedeutung zu.

3. Univariate Verteilungen

3.1 Einführende Bemerkungen

Eingangs wurde festgestellt, daß sich Daten besser zusammenfassen und mitteilen lassen, wenn man sich bestimmter Verfahren und Maßzahlen bedient. Welche Verfahren und Maßzahlen zu diesem Zweck heranzuziehen sind, hängt primär von zwei Fragen ab. Die erste Frage ist, ob wir einzelne Variablen isoliert betrachten oder aber zwei oder mehr Variablen zugleich. Die zweite Frage ist, welches Meßniveau die Variablen haben.

Richtet sich unser Interesse auf einzelne Variablen, so haben wir uns mit eindimensionalen oder *univariaten Verteilungen* (engl. univariate distributions) zu beschäftigen. Richtet sich unser Interesse auf zwei Variablen zugleich, so haben wir uns mit zweidimensionalen oder *bivariaten Verteilungen* (engl. bivariate distributions) zu befassen. Und richtet sich unser Interesse auf mehr als zwei Variablen zugleich, so haben wir uns mit mehrdimensionalen oder *multivariaten Verteilungen* (engl. multivariate distributions) zu beschäftigen.

Diese alternativen Beschäftigungen sind ein Gliederungsgesichtspunkt des vorliegenden Skriptums, das in diesem Kapitel Methoden und Maßzahlen zur Beschreibung univariater Verteilungen behandelt. In den Kapiteln 4 bis 8 sind Methoden und Maßzahlen zur Beschreibung bivariater Verteilungen dargestellt. In Kapitel 9 werden einige elementare Informationen über multivariate Verteilungen gegeben.

Was das Meßniveau der Variablen angeht, so sahen wir, daß zwischen nominalen, ordinalen und metrischen Variablen zu unterscheiden ist. Das Meßniveau der Variablen ist ein weiterer Gliederungsgesichtspunkt dieses Skriptums, das die für das niedrigste Meßniveau geeigneten Verfahren und Maßzahlen jeweils zuerst behandelt.

3.2 Häufigkeitsverteilungen

Der erste Schritt der univariaten Analyse besteht darin, die Ausgangsdaten derart zu organisieren, daß die in ihnen enthaltenen Informationen in gedrängter Form zum Ausdruck gebracht werden können. Um Einsicht in die Struktur der Daten zu gewinnen, werden die - etwa in einer bestimmten Spalte der Datenmatrix enthaltenen - Rohdaten daraufhin untersucht, *wieviele Untersuchungseinheiten auf jede Variablenausprägung entfallen*. Die daraus resultierende Zusammenstellung der Ausprägungen mit den dazu gehörigen Häufigkeiten heißt *Häufigkeitsverteilung* (engl. frequency distribution).

Wenn wir z.B. zehn Kinder einer Schulklasse im Hinblick auf die *nominale* Variable Geschlechtszugehörigkeit betrachten, mögen wir folgende Auflistung der Variablenwerte bzw. Merkmalsausprägungen erhalten:

männlich, weiblich, männlich, männlich, weiblich,
männlich, männlich, weiblich, männlich, weiblich.

Wenn wir dieselben zehn Kinder im Hinblick auf die *ordinale* Variable Deutschnote betrachten, könnte folgende Auflistung vorgefunden werden:

befriedigend, ausreichend, befriedigend, ausreichend,
gut, sehr gut, befriedigend, gut, befriedigend, gut.

Im Hinblick auf die *metrische* Variable Lebensalter wäre folgende Auflistung denkbar:

8, 8, 8, 7, 8, 9, 8, 8, 9, 8.

Diese drei durch einfache Auszählung erzielten Auflistungen oder *Urlisten* sind (noch) ungeordnet und deshalb schwer zu lesen. Wir können das Wesentliche einer Verteilung sehr viel leichter zum Ausdruck bringen, wenn wir die Daten ordnen. Wir erhalten dann folgende Listen oder *primäre Tafeln* (engl. arrays):

Geschlechts-zugehörigkeit:	männlich, männlich, männlich, männlich, männlich, männlich, weiblich, weiblich, weiblich, weiblich.
Deutschnote:	sehr gut, gut, gut, gut, befriedigend, befriedigend, befriedigend, befriedigend, ausreichend, ausreichend.
Lebensalter:	7, 8, 8, 8, 8, 8, 8, 8, 9, 9.

Eine noch effektivere Präsentation der Daten stellt die *Häufigkeitsverteilung* dar, in der die Ausprägungen und die absoluten Häufigkeiten in tabellarischer Form registriert sind:

Geschlechtszugehörigkeit		Deutschnote		Lebensalter in Jahren	
Ausprägung	Häufigkeit	Ausprägung	Häufigkeit	Ausprägung	Häufigkeit
männlich	6	sehr gut	1	7	1
weiblich	4	gut	3	8	7
		befriedigend	4	9	2
	10	ausreichend	2		
					10
			10		

Kommen bei metrischen Variablen mehr als etwa zehn Ausprägungen vor, verliert eine Häufigkeitsverteilung leicht die angestrebte Übersichtlichkeit. Nehmen wir z.B. 100 Beschäftigte eines Betriebes, deren Lebensalter in Jahren gegeben sei. In aller Regel kann man davon ausgehen, daß die Altersverteilung einer Erwerbstätigenpopulation zwischen 16 und 65 Jahren liegt. Wenn wir in einem solchen Fall *benachbarte Ausprägungen zu Klassenintervallen gleicher Breite zusammenfassen*, erhalten wir eine Verteilung *klassierter* Daten wie etwa die folgende:

Lebensalter in Jahren (klassierte Daten)

Klassenintervall	Exakte Intervallgrenzen	Klassenmitte	Häufigkeit
16 - 20	15.5 - 20.5	18	7
21 - 25	20.5 - 25.5	23	8
26 - 30	25.5 - 30.5	28	10
31 - 35	30.5 - 35.5	33	13
36 - 40	35.5 - 40.5	38	14
41 - 45	40.5 - 45.5	43	12
46 - 50	45.5 - 50.5	48	11
51 - 55	50.5 - 55.5	53	11
56 - 60	55.5 - 60.5	58	10
61 - 65	60.5 - 65.5	63	4
			100

Diese Verdichtung der Daten ist allerdings mit einem gewissen Informationsverlust verbunden. Aufgrund der Klassierung wissen wir beispielsweise nur, daß zehn Personen zwischen 56 und 60 Jahre alt sind; wo die zehn Fälle in dem betreffenden *Klassenintervall* lokalisiert sind, ist nicht (mehr) auszumachen.

Der Hauptgrund, weshalb Variablenwerte zusammengefaßt werden, muß nicht immer die Absicht sein, ein klares Bild von der Häufigkeitsverteilung zu erhalten; die Zusammenfassung kann auch auf theoretische Überlegungen zurückgehen. So läßt sich z.B. ein einfacher Index der persönlichen Isolation konstruieren, indem man die Ausprägungen ledig, verwitwet, getrennt lebend und geschieden der Variablen Familienstand zu einer Kategorie „isoliert" zusammenfaßt und der Kategorie verheiratet oder „nicht isoliert" gegenüberstellt. Solche auf theoretischen Konzepten beruhende Kombinationen der Variablenausprägungen oder Kategorien sind völlig legitime Zusammenfassungen.

Die *graphische Darstellung* einer Häufigkeitsverteilung hat den Zweck, die Vorstellung von der Form der Verteilung zu erleichtern. Die gebräuchlichsten Darstellungsweisen für metrische Variablen sind das *Histogramm* (engl. histogram) und das *Polygon* (engl. polygon), auch *Polygonzug* genannt. Nehmen wir als Beispiel die Altersverteilung der zehn Schulkinder; Histogramm und Polygonzug vermitteln im Prinzip dieselbe Information wie die entsprechende Häufigkeitstabelle. Wie aus Abbildung 3-1 hervorgeht, kann der Polygonzug aus dem Histogramm entwickelt werden.

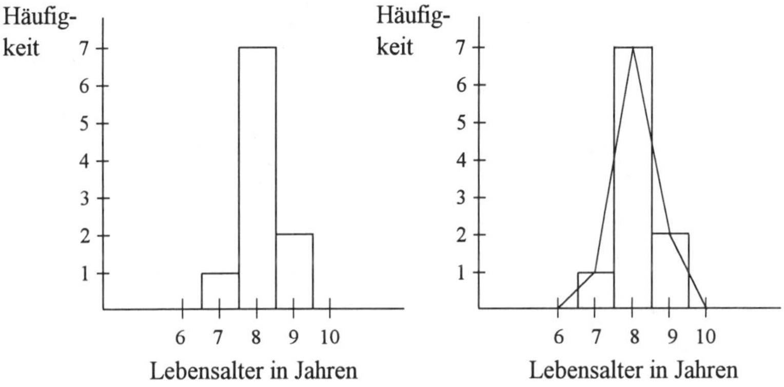

Abbildung 3-1: Histogramm und Polygonzug

Die gebräuchlichste graphische Darstellungsform nicht-metrischer Daten ist das *Säulen-* oder *Streifendiagramm* (engl. bar diagram, bar chart). Bei nominalen und ordinalen Daten kommt es lediglich darauf an, die Häufigkeit jeder Kategorie proportional abzubilden; die Abstände zwischen den Säulen des Diagramms und die Lage der Häufigkeitsachse in der Darstellungsebene sind beliebig. Bei ordinalen Variablen ist allerdings die Reihenfolge der Kategorien zu beachten, die bei nominalen Variablen keine Rolle spielt. Es ist üblich, bei der graphischen Darstellung *relativer* Häufigkeiten die Basis der Prozentuierung, N = Anzahl der Untersuchungseinheiten bzw. Fälle (engl. number of cases), in Klammern zu setzen und in die Abbildung einzubringen. Da sich unsere einfachen Beispiele auf nur zehn Schüler beziehen, ist in Abbildung 3-2 die ungewöhnlich geringe Anzahl von zehn Fällen als Prozentuierungsbasis ausgewiesen.

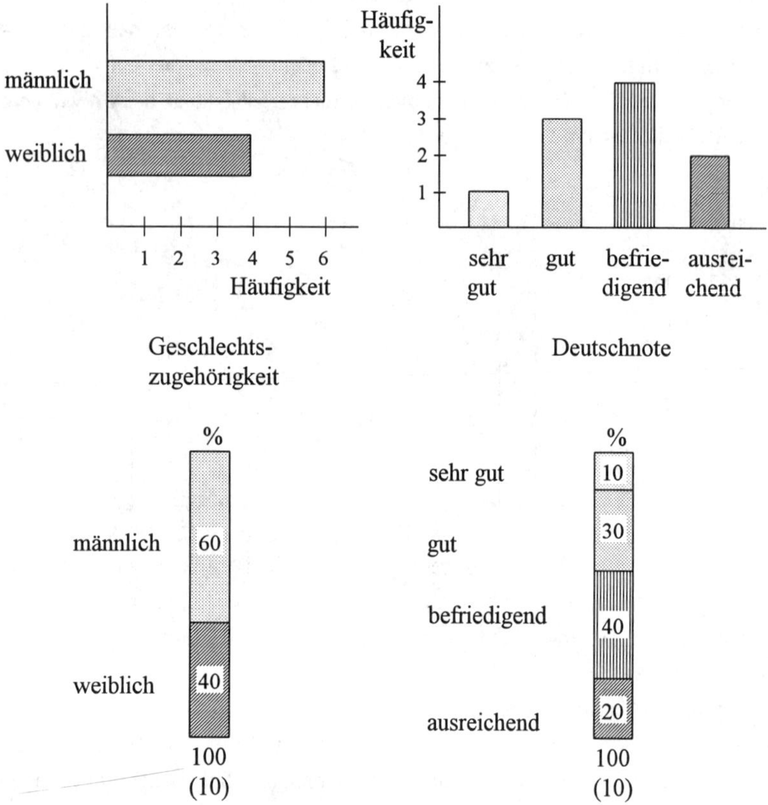

Abbildung 3-2: Streifendiagramme

Typische Verteilungsformen. Bei kontinuierlichen (stetigen) Variablen mit sehr fein abgestuften Messungen und einer großen Anzahl von Beobachtungen nähert sich der Polygonzug einer Kurve, die theoretisch bei infinitesimal kleinen Intervallen und einer unbegrenzt großen Anzahl von Meßwerten erreicht werden kann. Obwohl es der Grobheit der Messungen wegen praktisch unmöglich ist, kontinuierliche Meßwerte zu erzielen, können bestimmte Variablen wie

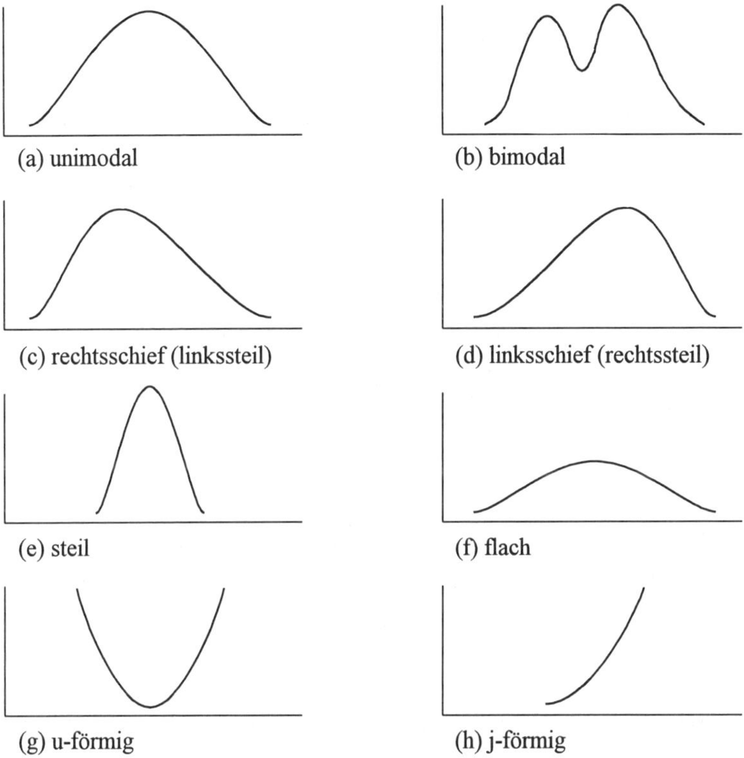

Abbildung 3-3: Typische Verteilungsformen

Länge, Gewicht und Geschwindigkeit als kontinuierliche Variablen gedacht werden. In solchen Fällen kann man von Häufigkeitskurven sprechen, in die Polygonzüge übergehen. Nach der Form dieser Kurven lassen sich einige typische Verteilungsformen benennen. Häufigkeitskurven können z.B. nach der Anzahl der Häufigkeitsmaxima oder Gipfel, nach der Symmetrie oder Schiefe und nach der Steilheit oder Wölbung (nach dem Exzeß) unterschieden werden. Abbildung 3-3 veranschaulicht einige typische Verteilungsformen.

3.3 Maßzahlen zur Beschreibung univariater Verteilungen

Das Bestreben der deskriptiven Statistik, gegebene Daten möglichst knapp zu charakterisieren, hat zur Entwicklung einer ganzen Reihe von Maßzahlen geführt, die die Daten zu repräsentieren vermögen und zur Beschreibung ihrer Verteilung verwendet werden können. Diese Kennwerte können freilich den Einblick in die Häufigkeitsverteilung niemals völlig ersetzen, denn mit der *Verdichtung der Daten* (engl. reduction of data) von Datenmatrizen (oder Urlisten und primären Tafeln) über Häufigkeitsverteilungen zu Maßzahlen ist notwendig ein Informationsverlust verbunden. Dieser Verlust wird jedoch in Kauf genommen, weil Maßzahlen leichter vergleichbar und mitteilbar sind als Häufigkeitsverteilungen.

Die Maßzahlen zur Beschreibung univariater Verteilungen gliedern sich in zwei Gruppen, in *Mittelwerte* und *Streuungswerte*. Tabelle 3-1 gibt einen Überblick über die gebräuchlichsten dieser Kennwerte und ihre englischen Bezeichnungen. Die *Mittelwerte* werden im Englischen sehr treffend als „measures of central tendency“ oder „representative values“ bezeichnet. Sie können insofern repräsentative Werte genannt werden, als sie den typischen, den zentralen oder durchschnittlichen Wert einer Verteilung beschreiben. Die *Streuungswerte* charakterisieren die Variabilität oder Heterogenität der Daten. Sie geben an, wie sehr die Werte einer Verteilung streuen bzw. wie ungleich sie dem „typischen“ Wert sind.

3.3.1 Mittelwerte

Nehmen wir an, wir wären aufgefordert, für eine gegebene Verteilung metrischer Daten einen einzigen Wert zu nennen, der die Verteilung am besten repräsentiert. Unsere Aufgabe bestünde folglich darin, einen Wert anzugeben, der eine „gute Schätzung“ für einen zufällig ausgewählten Fall dieser Vertei-

Tabelle 3-1: Maßzahlen zur Beschreibung univariater Verteilungen

Mittelwerte (Durchschnittswerte, Zentralwerte; means, averages, measures of central tendency, representative values)	*Streuungswerte* (Dispersionswerte, Variabilitätswerte; measures of variability, measures of dispersion, measures of variation)
Der *Modus* (h) (häufigster Wert; mode)	Der '*Range*' (R) (Spannweite, Variationsweite; total range)
Der *Median* ($\tilde{x}$) (Zentralwert, Halbierungswert; median)	Der (*mittlere*) *Quartilabstand* (QA) ((semi-)interquartile range, quartile deviation)
Das *arithmetische Mittel* ($\bar{x}$) (Durchschnittswert, Mittelwert; arithmetic mean, arithmetic average)	Die *durchschnittliche Abweichung* (AD) (mittlere Abweichung; avarage deviation, mean deviation)
	Die *Standardabweichung* (s) und *Varianz* (s^2) (standard deviation, variance)

lung ist. Dieser Wert müßte nicht für jeden gegebenen Fall der Verteilung zutreffen, sondern lediglich eine gute Schätzung sein. Es gibt drei verschiedene Möglichkeiten der Spezifizierung dessen, was man als gute Schätzung bezeichnen kann. Die drei Alternativen richten sich auf die Identifizierung (1) der am stärksten besetzten Merkmalsausprägung oder Kategorie, (2) des Punktes, der genau zwischen der unteren und oberen Hälfte der Verteilung liegt, und (3) des Durchschnittswertes der Verteilung. Diesen alternativen Definitionen der zentralen Tendenz einer Verteilung entsprechen drei Kennwerte: der *Modus*, der *Median* und das *arithmetische Mittel*.

3.3.1.1 Der Modus

Die einfachste Maßzahl der zentralen Tendenz ist der *Modus* (*h*), definiert als der am häufigsten vorkommende Wert einer Verteilung. Der Modus (engl. mode), auch Modalwert oder dichtester Wert genannt, ist leicht zu identifizieren, nämlich durch Inspektion der Verteilung. Falls man bereit ist, die restriktive Definition des Modus in der Weise zu liberalisieren, daß man als Modalwert einen Wert ansieht, der eine größere Häufigkeit als andere Werte in seiner Nachbarschaft aufweist, kann man Modalwerte auch zur Charakterisierung *bi-* und *multimodaler* Verteilungen heranziehen. Nehmen wir als Beispiel die folgenden zehn Werte:

5, 6, 6, 7, 7, 7, 8, 8, 9, 10

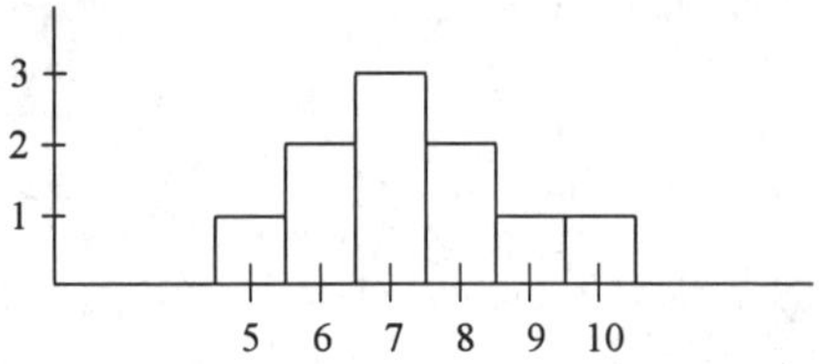

Hier ist $h = 7$, weil der Wert 7 häufiger vorkommt als jeder andere, nämlich dreimal. Treten nebeneinanderliegende Werte gleich häufig auf, und ist ihre Häufigkeit größer als die der anderen Werte, gibt man das arithmetische Mittel der häufigsten Werte als Modus an. Beispiel:

5, 6, 6, 7, 7, 7, 8, 8, 8, 9

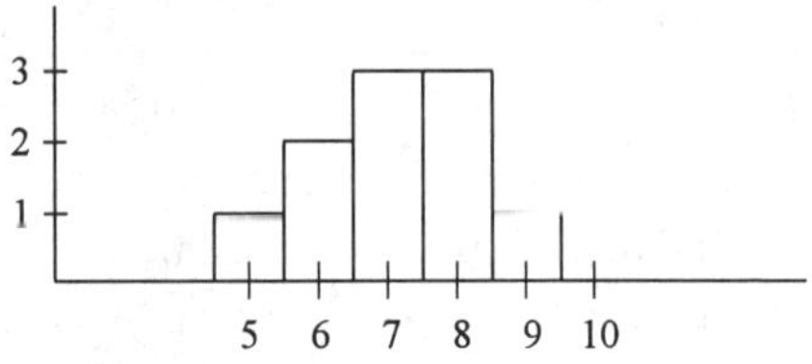

Hier kommen die Werte 7 und 8 je dreimal vor, folglich ist $h = 7.5$. Bei klassierten (gruppierten) Werten wird die Mitte derjenigen Klasse als Modalwert betrachtet, die die größte Häufigkeit hat. Die vielleicht nützlichste Eigenschaft dieses Kennwertes ist, daß er zur Charakterisierung bi- und multimodaler Verteilungen herangezogen werden kann. Beispielsweise hat die folgende Verteilung zwei Häufigkeitsmaxima:

4, 5, 5, 6, 6, 6, 6, 7, 7,
8, 9, 9, 9, 9, 9, 10, 11

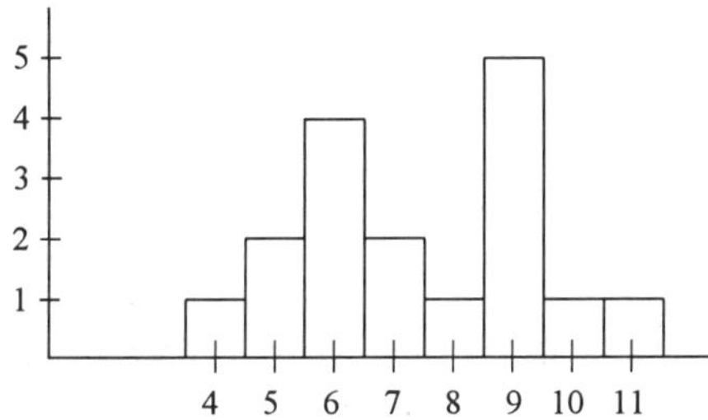

Da die Werte 6 und 9 nicht benachbart sind, bilden sie die selbständigen Modalwerte $h_1 = 6$ und $h_2 = 9$. Als solche können sie zur Beschreibung einer Besonderheit der vorliegenden Verteilung, nämlich deren Bimodalität, verwendet werden.

Während die übrigen Mittelwerte ein höheres Meßniveau voraussetzen, kann der Modus auch für nominale Variablen ermittelt werden. Bei nominalen Variablen ist die am stärksten besetzte Kategorie *Modalkategorie*. Beispielsweise ist bei der in Abbildung 3-2 dargestellten nominalen Variablen Geschlechtszugehörigkeit die Kategorie „männlich“ Modalkategorie, weil sie die stärkste Besetzung aufweist.

3.3.1.2 Der Median

Wie der Name dieses Kennwertes andeutet (lat. medianus = in der Mitte befindlich), ist der *Median* ($\tilde{x}$) jener Wert, der eine nach der Größe geordnete Reihe von Meßwerten halbiert (man liest das Symbol $\tilde{x}$ „x Schlange“). Die der Berechnung des Medians zugrundeliegenden Daten müssen also mindestens das Niveau einer Ordinalskala haben.

Bei einer geringen Anzahl von Fällen und nicht klassierten (nicht gruppierten) Daten bestimmt man den Median in Abhängigkeit von der Frage, ob die Anzahl der Fälle ungerade oder gerade ist. Liegt eine *ungerade* Anzahl von Fällen vor, ist der Median der Wert des mittleren Falles (tatsächlich auftretender Wert); das ist der Wert des $(N + 1)/2$-ten Falles. Beispiel ($N = 11$):

3, 4, 4, 5, 6, 7, 8, 8, 8, 9, 10

Hier ist $\tilde{x} = 7$, denn es liegen ebenso viele Fälle unterhalb wie oberhalb des sechsten Falles. Man beachte, daß der Median nicht $(N + 1)/2 = (11 + 1)/2 = 6$ ist, sondern der Wert des sechsten Falles, also 7.

Liegt eine *gerade* Anzahl von Fällen vor, ist der Wert des Medians der halbierte Wert der mittleren beiden Fälle (fiktiver Wert), d.h. der halbierte Wert des $N/2$-ten und $(N/2 + 1)$-ten Falles. Beispiel ($N = 10$):

3, 4, 4, 5, 6, 7, 7, 8, 8, 9

Hier ist der Median der halbierte Wert des 10/2-ten und des (10/2 + 1)-ten Falles; das ist der halbierte Wert des fünften und sechsten Falles, also $\tilde{x} = (6 + 7)/2 = 6.5$.

Die Situation wird etwas komplizierter, wenn man, was eigentlich die Regel ist, Medianwerte für Verteilungen mit mehrfach vorkommenden mittleren Meßwerten oder für Verteilungen klassierter Variablen berechnet. Das verlangt die Einführung der Annahme, daß sich die Meßwerte gleichmäßig über die jeweiligen Intervalle verteilen. Der Median kann dann durch Interpolation bestimmt werden. Nehmen wir dazu ein Beispiel mit folgenden Meßwerten ($N = 10$):

3, 6, 7, 8, 8, 8, 9, 9, 10, 12

Die obigen Ausführungen legen es möglicherweise nahe, den Median zwischen den mittleren beiden Fällen zu vermuten, also zwischen dem fünften und sechsten Fall, die beide den Wert 8 haben. Unterhalb des fünften Falles liegt allerdings ein weiterer Fall mit dem Wert 8. Damit scheidet 8 als Medianwert aus, falls man nicht in Widerspruch zur Definition des Medians geraten will, denn es liegen nicht gleich viele Fälle unterhalb und oberhalb dieses Wertes; vielmehr liegen drei statt fünf unterhalb und vier statt fünf oberhalb des Wertes 8. Unter der Annahme, daß sich die drei Fälle mit dem Wert 8 gleichmäßig über das von 7.5 bis 8.5 erstreckende Intervall verteilen, läßt sich das Problem durch lineare Interpolation lösen, indem man der exakten unteren Intervallgrenze (7.5) zwei Drittel des Intervalls (0.67) hinzurechnet. Man erhält dann $\tilde{x} = 7.5 + 0.67 = 8.17$. Dieser Wert halbiert die Verteilung.

Bei der nachfolgenden Berechnung des Medians bedienen wir uns einer Formel und einer nützlichen Arbeitstabelle. Da die Anwendung der Median-Formel eine *Kumulierung* der Häufigkeiten voraussetzt, sei zunächst erläutert, was unter einer Kumulierung (lat. cumulus = Haufen) zu verstehen ist. Mit dem Buchstaben f wird die Häufigkeit (engl. frequency) bezeichnet und mit dem Symbol f_i die Häufigkeit der Besetzung der i-ten Kategorie bzw. des i-ten Meßwerts x_i oder (Klassen-)Intervalls. Das folgende Beispiel zeigt, wie die Häufigkeiten 6, 8, 5, 7 und 9 der rangmäßig geordneten Kategorien A, B, C, D und E in aufsteigender Reihenfolge kumuliert werden:

Kategorie	Häufigkeit f_i	Kumulierte Häufigkeit fc_i
A	6	6
B	8	6 + 8
C	5	6 + 8 + 5
D	7	6 + 8 + 5 + 7
E	9	6 + 8 + 5 + 7 + 9
⋮	⋮	⋮

Tabelle 3-2: Berechnung des Medians (nicht klassierte Daten)

Meßwert (Intervall) x_i	Exakte Intervallgrenzen	Häufigkeit f_i	Kumulierte Häufigkeit fc_i
3	2.5 - 3.5	1	1
6	5.5 - 6.5	1	2
7	6.5 - 7.5	1	3
8	7.5 - 8.5	3	6
9	8.5 - 9.5	2	8
10	9.5 - 10.5	1	9
12	11.5 - 12.5	1	10
		$N = 10$	

Unsere Arbeitstabelle 3-2, mit deren Hilfe wir die Medianberechnung für die Daten unseres letzten Beispiels wiederholen wollen, hat vier Spalten, in denen die Meßwerte (x_i), die exakten unteren und oberen Intervallgrenzen, die Häufigkeiten (f_i) und die kumulierten (oder kumulativen) Häufigkeiten (fc_i) enthalten sind. Anhand der kumulierten Häufigkeitsverteilung identifizieren wir zunächst das Intervall, in das der Median fällt. Das ist das Intervall mit einer kumulierten Häufigkeit gleich oder (nächst) größer als $N/2$. (Ist die kumulierte Häufigkeit eines Intervalls genau gleich $N/2$, dann ist die exakte obere Grenze dieses Intervalls der Wert des Medians.) Hier ergibt die Halbierung der Fälle $N/2 = 10/2 = 5$. Folglich ist der Median in dem von 7.5 (exakte untere Grenze) bis 8.5 (exakte obere Grenze) reichenden Intervall zu suchen. Dieses in Tabelle 3-2 hervorgehobene Intervall wird *Medianintervall*, *Mediankategorie* oder *Eingriffsspielraum* genannt. Die zu diesem Intervall korrespondierende kumulierte Häufigkeit ist 6. Die *kumulierte Häufigkeit unterhalb des Eingriffsspielraums* ist 3. Die *Häufigkeit im Eingriffsspielraum* ist ebenfalls 3. Das heißt, im Eingriffsspielraum liegen der 4., 5. und 6. Fall. Irgendwo zwischen diesen drei Fällen liegt der Median. Unter der Annahme, daß sich die drei Fälle gleichmäßig über das von 7.5 bis 8.5 erstreckende Intervall verteilen, erhält man durch lineare Interpolation einen Medianwert von 8.17 (wie oben, S.41).

Formelmäßig kann die Prozedur zur Berechnung des Medians wie folgt ausgedrückt werden:

$$\tilde{x} = U + \left[\frac{\frac{1}{2}N - Fu}{Fm} \right] Kb$$

wobei $\tilde{x}$ = Median,
U = exakte untere Grenze des Eingriffsspielraums,
N = Anzahl der Fälle,
Fu = kumulierte Häufigkeit unterhalb des Eingriffsspielraums,
Fm = Häufigkeit im Eingriffsspielraum und
Kb = Intervallbreite.

Diese Formel ist auf *nicht klassierte* wie auf *klassierte* Daten anwendbar. Man beachte, daß der Klammerausdruck mit der Intervallbreite (Kb) zu multiplizieren ist. Setzen wir die *nicht klassierten* Daten unseres Beispiels der Tabelle 3-2 in die Formel ein, erhalten wir denselben Medianwert wie oben, nämlich:

$$\tilde{x} = 7.5 + \left[\frac{\frac{1}{2}10 - 3}{3} \right] 1 = 7.5 + \left[\frac{5-3}{3} \right] 1 = 8.17$$

Die Berechnung des Medians für die *klassierten* Daten der Tabelle 3-3 (mit der Intervallbreite 3) ergibt diesen Wert:

$$\tilde{x} = 17.5 + \left[\frac{\frac{1}{2}100 - 42}{11} \right] 3 = 17.5 + \left[\frac{50-42}{11} \right] 3 = 19.7$$

Tabelle 3-3: Berechnung des Medians (klassierte Daten)

Klassenintervall	Exakte Intervallgrenzen	Häufigkeit f_i	Kumulierte Häufigkeit fc_i
6 - 8	5.5 - 8.5	5	5
9 - 11	8.5 - 11.5	10	15
12 - 14	11.5 - 14.5	14	29
15 - 17	14.5 - 17.5	13	42
18 - 20	17.5 - 20.5	11	53
21 - 23	20.5 - 23.5	16	69
24 - 26	23.5 - 26.5	19	88
27 - 29	26.5 - 29.5	12	100
		$N = 100$	

Die Beschreibung einer Verteilung mit Hilfe des Medians ist nur eine von mehreren Möglichkeiten, die Lage der Verteilung durch die Bildung von Schnittpunkten zu kennzeichnen. Zur Charakterisierung der Verteilungslage können ebensogut sog. Quartile oder Perzentile benutzt werden. *Quartile* zerlegen eine Verteilung in vier, *Perzentile* in 100 gleich große Teile. Statt den Median zu ermitteln, jenen Wert, unterhalb und oberhalb dessen gleich viele Fälle liegen ($\tilde{x} = Q_2 = P_{50}$), können wir z.B. den Wert des ersten Quartils ($Q_1 = P_{25}$) berechnen, jenen Wert, unterhalb dessen ein Viertel der Fälle liegt, oder aber den Wert des dritten Quartils ($Q_3 = P_{75}$), oberhalb dessen ein Viertel der Fälle liegt. Die Berechnung der Quartile und Perzentile erfolgt analog der Berechnung des Medians. (Zur Bestimmung der Quartile siehe Abschnitt 3.3.2.2.)

Der Median kann zur Beschreibung der Verteilungen ordinaler wie metrischer Variablen benutzt werden. Bei ordinalen Daten ist es jedoch, strenggenommen, nicht möglich, die oben beschriebenen arithmetischen Operationen durchzuführen, d.h., es ist weder legitim, bei einer geraden Anzahl von Fällen die Werte der mittleren beiden Fälle zu halbieren, noch ist es legitim, bei mehrfach besetzten Werten in mittlerer Lage und bei klassierten Daten die Rechenformel zur exakten Bestimmung des Medians zu gebrauchen. Dennoch werden diese nur bei metrischen Daten sinnvollen Operationen häufig auch auf ordinale Daten angewandt. Der Purist wird bei einer geraden Anzahl von Fällen seine Feststellung auf die Aussage beschränken, daß der Median zwischen den beiden mittleren Fällen liegt, die die und die Werte haben. Bei mehrfach besetzten Werten und bei klassierten Daten in mittlerer Lage wird er auf eine Interpolation verzichten und die Suche nach dem Median auf die Identifizierung des Intervalls beschränken, in das der Median fällt.

3.3.1.3 Das arithmetische Mittel

Die bekannteste Maßzahl der zentralen Tendenz einer Verteilung ist das *arithmetische Mittel* ($\bar{x}$), dessen Berechnung metrische Daten voraussetzt (man liest das Symbol $\bar{x}$ „x quer"). Das arithmetische Mittel (engl. mean), allgemein auch Durchschnittswert genannt, ist definiert als die Summe der Meßwerte, geteilt durch ihre Anzahl:

$$\bar{x} = \frac{x_1 + x_2 + x_3 + \ldots + x_N}{N} = \frac{\sum_{i=1}^{N} x_i}{N}$$

Kommen Werte mehr als einmal vor, kann man sie mit der Häufigkeit multiplizieren, in der sie auftreten:

$$\bar{x} = \frac{f_1 x_1 + f_2 x_2 + f_3 x_3 + \ldots + f_k x_k}{N} = \frac{\sum_{i=1}^{k} f_i x_i}{N}$$

Das sei an einem einfachen Zahlenbeispiel illustriert. Zu berechnen sei das arithmetische Mittel der folgenden Meßwerte ($N = 8$): 6, 7, 7, 8, 8, 8, 9, 9. Gemäß der ersten Formel erhalten wir:

$$\bar{x} = \frac{6+7+7+8+8+8+9+9}{8} = \frac{62}{8} = 7.75$$

Gemäß der zweiten Formel lautet die Rechnung:

$$\bar{x} = \frac{1(6) + 2(7) + 3(8) + 2(9)}{8} = \frac{62}{8} = 7.75$$

Die zweite Formel ist sowohl auf *nicht klassierte* als auch auf *klassierte* Daten anwendbar. Das sei an einem Beispiel demonstriert, für das wir wiederum Arbeitstabellen einrichten. Nehmen wir an, uns lägen metrische Daten von 50 Versuchspersonen vor, einmal in nicht klassierter Form (siehe Tabelle 3-4) und einmal in klassierter Form (siehe Tabelle 3-5).

Tabelle 3-4: Berechnung des arithmetischen Mittels (nicht klassierte Daten)

Meßwert x_i	Häufigkeit f_i	Produkt aus Häufigkeit und Meßwert $f_i x_i$
0	1	0
1	2	2
2	1	2
3	3	9
4	3	12
5	4	20
6	5	30
7	7	49
8	6	48
9	6	54
10	5	50
11	4	44
12	2	24
14	1	14
Summe	$N = 50$	358

$$\bar{x} = \frac{\sum_{i=1}^{k} f_i x_i}{N} = \frac{358}{50} = 7.16$$

Tabelle 3-5: Berechnung des arithmetischen Mittels (klassierte Daten)

Klassenintervall	Klassenmitte x_i	Häufigkeit f_i	Produkt aus Häufigkeit und Klassenmitte $f_i x_i$
0 - 2	1	4	4
3 - 5	4	10	40
6 - 8	7	18	126
9 - 11	10	15	150
12 - 14	13	3	39
Summe		$N = 50$	359

$$\bar{x} = \frac{\sum_{i=1}^{k} f_i x_i}{N} = \frac{359}{50} = 7.18$$

Bei der zu Klassenintervallen gleicher Breite zusammengefaßten Verteilung werden die Klassenmitten als Meßwerte betrachtet, d.h., es wird die vereinfachende Annahme eingeführt, daß sich die Meßwerte eines Klassenintervalls in der Mitte des Intervalls konzentrieren.

Ein Vergleich der errechneten Zahlenwerte von $\bar{x} = 7.16$ und $\bar{x} = 7.18$ ergibt, daß der auf die Klassierung zurückzuführende Informationsverlust so gering ist, daß man ihn als bedeutungslos bezeichnen kann.

Das arithmetische Mittel hat zwei wichtige Eigenschaften, die hier unter Verzicht auf Beweise und Illustrationen angeführt werden sollen:

1. Die Summe der Abweichungen aller Meßwerte von ihrem arithmetischen Mittel ist gleich Null:

$$\sum_{i=1}^{N} (x_i - \bar{x}) = 0$$

Wie wir sehen werden, erwachsen aus dieser Eigenschaft Konsequenzen für die Konstruktion mittelwertbezogener Streuungsmaße.

2. Die Summe der quadrierten Abweichungen aller Meßwerte von ihrem arithmetischen Mittel ist kleiner als die Summe der quadrierten Abweichungen aller Meßwerte von einem beliebigen anderen Wert. Oder anders gesagt: Die Summe der Abweichungsquadrate (SAQ) ist für das arithmetische Mittel ein Minimum:

$$\sum_{i=1}^{N}(x_i - \bar{x})^2 = \min$$

Diese Eigenschaft ist die Grundlage der in Kapitel 7 behandelten Methode der kleinsten Quadrate.

Zusammenfassung. Da man häufig die Möglichkeit hat, zwischen verschiedenen Maßzahlen der zentralen Tendenz einer Verteilung zu wählen, mag sich die Frage stellen, welcher Mittelwert für konkrete Verteilungen auszuwählen ist. Dazu ist zu sagen, daß kein Mittelwert als den anderen in jeder Hinsicht überlegen betrachtet und universell verwendet werden kann; jeder reflektiert einen anderen Aspekt der Verteilung. Der Modus reflektiert die größte *Häufigkeit*, der Median die mittlere *Position* und das arithmetische Mittel die *Zentralität* der Werte. Abgesehen davon wird die Wahlmöglichkeit in den meisten Fällen bereits durch das Meßniveau der Daten eingeschränkt. Im übrigen ist zu bedenken, daß Mittelwerte repräsentative Werte sind, die bestimmte Charakteristika einer Verteilung in einer einzigen Zahl zum Ausdruck bringen. Damit ist notwendig ein Informationsverlust verbunden.

Der *Modus* ist der häufigste Wert einer Verteilung, d.h. der Punkt ihrer größten Dichte. Betrachtet man als Modus einen Wert, der eine größere Häufigkeit aufweist als andere Werte in seiner Nachbarschaft, dann kann man Modalwerte zur Beschreibung mehrgipfliger (bimodaler, trimodaler, generell: multimodaler)

Verteilungen benutzen. Der Modus ist der einzige Mittelwert, der auch für nominale Variablen (als Modalkategorie) angebbar ist.

Der *Median* ist der Wert, der eine Verteilung rangmäßig geordneter Werte halbiert, so daß je 50 Prozent der Fälle unterhalb und oberhalb dieses Wertes liegen. Der Median kann auch für unvollständige Verteilungen (Verteilungen mit offenen Enden) berechnet werden. Er ist besonders nützlich, wenn stark asymmetrische (schiefe) Verteilungen bzw. Verteilungen mit einigen sehr extremen Werten beschrieben werden sollen. Er ist nicht für nominale Variablen bestimmbar.

Das *arithmetische Mittel* ist eine Funktion aller Meßwerte der Verteilung. Die Summen der Abweichungen beiderseits des arithmetischen Mittels sind bis auf das Vorzeichen gleich, weshalb die Summe der algebraischen Abweichungen gleich Null ist. Das arithmetische Mittel empfiehlt sich, wenn der Schwerpunkt einer Verteilung identifiziert werden soll; es ist am ehesten zur Charakterisierung relativ symmetrischer unimodaler Verteilungen geeignet. Es sollte nicht berechnet werden, wenn die Verteilung mehrgipflig oder ausgeprägt asymmetrisch ist. Weist eine Verteilung offene Enden auf, ist die Berechnung des arithmetischen Mittels ausgeschlossen. Es setzt metrische Daten voraus.

Ist eine Verteilung unimodal und symmetrisch, fallen Modus, Median und arithmetisches Mittel zusammen: $h = \tilde{x} = \bar{x}$. Bei unimodalen rechtsschiefen (linkssteilen) Verteilungen besteht folgende Beziehung zwischen den Mittelwerten: $h < \tilde{x} < \bar{x}$. Bei unimodalen linksschiefen (rechtssteilen) Verteilungen ist die Beziehung: $\bar{x} < \tilde{x} < h$ (siehe Abbildung 3-4).

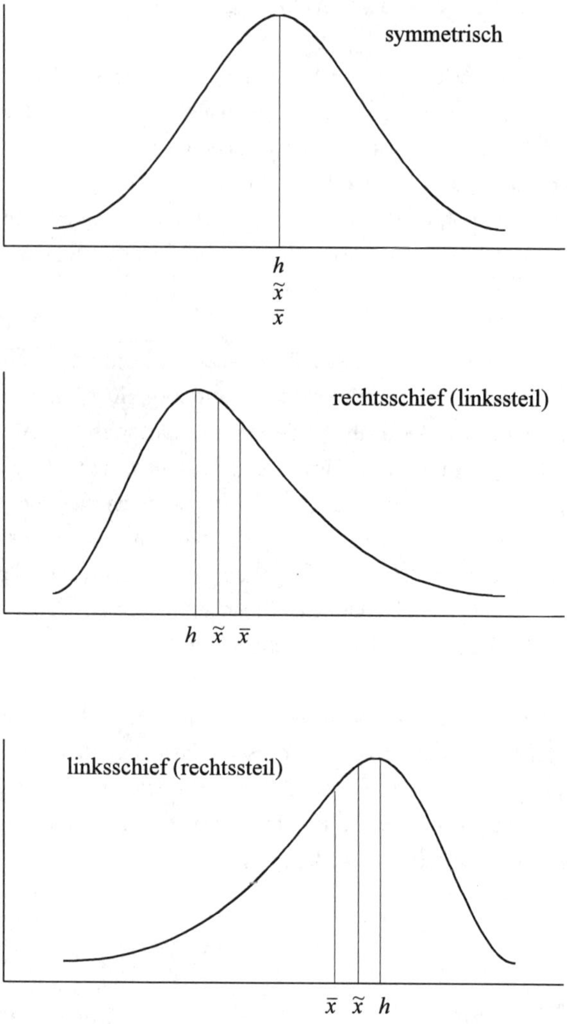

Abbildung 3-4: Lage der Mittelwerte in verschiedenen Verteilungen

3.3.2 Streuungswerte

Mittelwerte informieren über einen wichtigen Aspekt univariater Verteilungen, nämlich deren zentrale Tendenz; sie geben keinen Aufschluß über die Homogenität oder Heterogenität der Variablenwerte. Wenn wir Verteilungen unter diesem letzteren Gesichtspunkt betrachten, sind wir mit dem Konzept der Streuung (Dispersion, Variation) befaßt. Wie Abbildung 3-5 demonstriert, können Verteilungen mit gleicher zentraler Tendenz durch eine ungleiche Streuung gekennzeichnet sein.

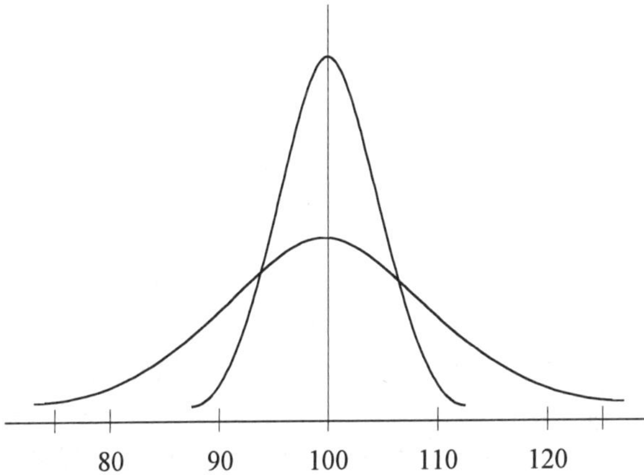

Abbildung 3-5: Zwei Verteilungen mit gleicher zentraler Tendenz $(h = \tilde{x} = \bar{x} = 100)$, aber ungleicher Streuung

Die unterschiedliche Streuung der beiden in Abbildung 3-5 veranschaulichten Verteilungen kann mit verschiedenen Maßzahlen beschrieben werden. Wie zur Charakterisierung der zentralen Tendenz von Verteilungen, so stehen uns zur Kennzeichnung der Streuung etliche Maßzahlen zur Verfügung, deren Aufgabe es ist, die Variation der Meßwerte in einer einzigen Zahl zum Ausdruck zu bringen. Einige dieser Maßzahlen sollen nachfolgend besprochen werden.

3.3.2.1 Der Range

Das einfachste Streuungsmaß ist der *'Range'* (R), ein Kennwert, der im Englischen auch „total range“ genannt wird (die deutschen Bezeichnungen Spannweite und Variationsweite werden nur selten verwendet). Der Range ist definiert als die Differenz zwischen dem größten und kleinsten Meßwert einer Verteilung:

$$R = x_{\max} - x_{\min}$$

Beispielsweise erhalten wir für die beiden Verteilungen der Abbildung 3-5 zwei Werte, die die beträchtlich unterschiedliche Streuung der Meßwerte anzeigen, nämlich $R = 125 - 75 = 50$ und $R = 110 - 90 = 20$. Oder nehmen wir die folgenden Werte: 6, 8, 9, 9, 10, 11, 12, 14, 14, 15. Hier ist $R = 15 - 6 = 9$. Bei klassierten Daten wird die Differenz zwischen den Mitten der beiden extremen Klassenintervalle berechnet. Beispiel: Bei $x_{\max} = 20.5$ und $x_{\min} = 12.5$ ist $R = 20.5 - 12.5 = 8$.

Der größte Vorteil dieses Streuungsmaßes, seine Einfachheit, ist zugleich sein gewichtigster Nachteil. Da es lediglich auf den beiden Extremwerten der Verteilung basiert, sagt es nichts über die Streuung der übrigen Werte aus. Die Verwendung des Ranges zur Beschreibung der Streuung einer Verteilung setzt prinzipiell metrische Daten voraus. Dies wird gelegentlich übersehen, wenn der Range auch für ordinale Daten berechnet wird, bei denen keine Äquidistanz der Intervalle gewährleistet ist

3.3.2.2 Der (mittlere) Quartilabstand

Es gibt zwei weitere einfache Streuungsmaße, die erheblich stabiler sind als der Range, weil sie nicht von den Extremwerten abhängen. Das erste Maß ist der *Quartilabstand* (engl. interquartile range, quartile deviation), definiert als

$$\text{Quartilabstand} = Q_3 - Q_1$$

Das zweite Maß ist der *mittlere Quartilabstand* (engl. semi-interquartile range), definiert als

$$QA = \frac{Q_3 - Q_1}{2}$$

wobei Q_1 und Q_3 Quartile sind, nämlich das erste und dritte Quartil. Wie der Name andeutet, bilden *Quartile* Schnittpunkte zwischen den Vierteln einer Verteilung (lat. quartarius = Viertel, quartus = der vierte); sie trennen die unteren bzw. oberen 25 Prozent der Fälle von den mittleren 50 Prozent der Fälle (siehe Abbildung 3-6). Einen weiteren Schnittpunkt bildet das zweite Quartil (Q_2), das die Verteilung halbiert und mit dem Median identisch ist ($Q_2 = \tilde{x}$).

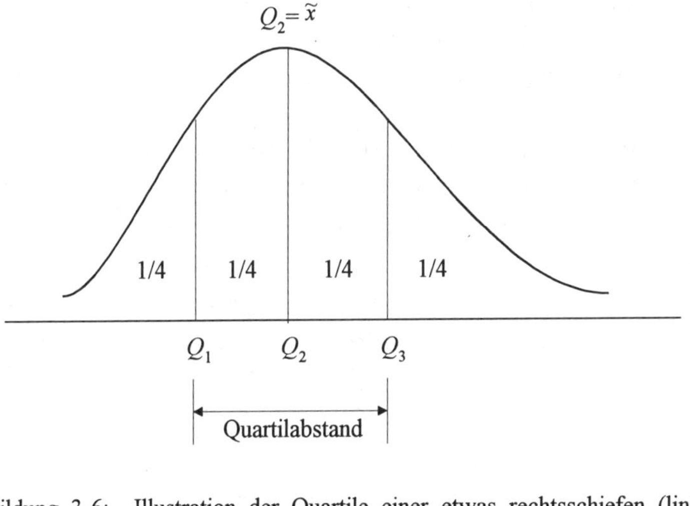

Abbildung 3-6: Illustration der Quartile einer etwas rechtsschiefen (linkssteilen) Verteilung

Tabelle 3-6: Berechnung der Quartile Q_1 und Q_3 (klassierte Daten)

Klassenintervall	Exakte Intervallgrenzen	Häufigkeit f_i	Kumulierte Häufigkeit fc_i
6 - 8	5.5 - 8.5	5	5
9 - 11	8.5 - 11.5	10	15
12 - 14	11.5 - 14.5	14	29
15 - 17	14.5 - 17.5	13	42
18 - 20	17.5 - 20.5	11	53
21 - 23	20.5 - 23.5	16	69
24 - 26	23.5 - 26.5	19	88
27 - 29	26.5 - 29.5	12	100
		$N = 100$	

Normalerweise werden diese Streuungsmaße für Verteilungen mit mehrfach besetzten Kategorien bzw. für klassierte Verteilungen berechnet, was dann regelmäßig die Berechnung der Quartile durch lineare Interpolation verlangt. Greifen wir zur Illustration des Vorgehens auf die klassierten Daten der Tabelle 3-3 zurück (siehe Tabelle 3-6). In Analogie zur Berechnung des Medians stellen wir zunächst fest, in welches Klassenintervall das erste Quartil ($1/4N = 25$) und in welches das dritte Quartil ($3/4N = 75$) fällt (in Tabelle 3-6 hervorgehoben). Des weiteren ermitteln wir die *exakte untere Grenze des Eingriffsspielraums* für Q_1 und Q_3 (11.5 und 23.5), die *kumulierte Häufigkeit unterhalb des Eingriffsspielraums* für Q_1 und Q_3 (15 und 69), die *Häufigkeit im Eingriffsspielraum* für Q_1 und Q_3 (14 und 19), sowie die *Breite des Klassenintervalls* (jeweils 3). Bei Anwendung der modifizierten Formel zur Berechnung des Medians (siehe S.43) erhalten wir dann folgende Zahlenwerte für Q_1 und Q_3:

$$Q_1 = 11.5 + \left[\frac{\frac{1}{4}100 - 15}{14}\right]3 = 11.5 + \left[\frac{25 - 15}{14}\right]3 = 13.6$$

$$Q_3 = 23.5 + \left[\frac{\frac{3}{4}100 - 69}{19}\right]3 = 23.5 + \left[\frac{75 - 69}{19}\right]3 = 24.4$$

Durch Einsetzen der errechneten Zahlenwerte in die Formeln der beiden Streuungsmaße erhalten wir schließlich:

$$\text{Quartilabstand} = Q_3 - Q_1 = 24.4 - 13.6 = 10.8$$

$$QA = \frac{Q_3 - Q_1}{2} = \frac{10.8}{2} = 5.4$$

Der Leser wird sich vielleicht fragen, warum bei dem zweiten Streuungsmaß die Quantität $(Q_3 - Q_1)$ halbiert wird. Die Antwort ist: Aus purer Konvention. Warum die Differenz zwischen Q_3 und Q_1 ermittelt wird, ist einleuchtend: Man will die Streuung durch eine einzige Zahl ausdrücken. Ebenso sinnfällig wäre allerdings die Aussage, daß die mittleren 50 Prozent der Fälle zwischen dem und dem Wert liegen, in unserem Beispiel zwischen zwischen Q_1= 13.6 und Q_3= 24.4. Bei großer Variabilität sind diese Werte sehr verschieden, bei geringer Variabilität sehr ähnlich. Da die Quartile - wie der Median - nicht von den Extremwerten der Verteilung abhängen, liegt es nahe, sie in Kombination mit dem Median zu verwenden. Man kann nämlich auf die Symmetrie bzw. Schiefe der Verteilung schließen, wenn man die Differenz zwischen Q_1 und $\tilde{x}$ mit der Differenz zwischen Q_3 und $\tilde{x}$ vergleicht. Ist die Verteilung symmetrisch, haben Q_1 und Q_3 denselben Abstand vom Median; ist die Verteilung schief, sind die Abstände ungleich. Im vorliegenden Beispiel ist die Differenz $\tilde{x} - Q_1 = 19.7 - 13.6 = 6.1$ größer als die Differenz $Q_3 - \tilde{x} = 24.4 - 19.7 = 4.7$. Demnach liegt eine linksschiefe (rechtssteile) Verteilung vor. Das geht auch aus der Darstellung der Verteilung (siehe Abbildung 3-7) und den zugehörigen Mittelwerten hervor: $\bar{x} = 19.0 < \tilde{x} = 19.7 < h = 25.0$.

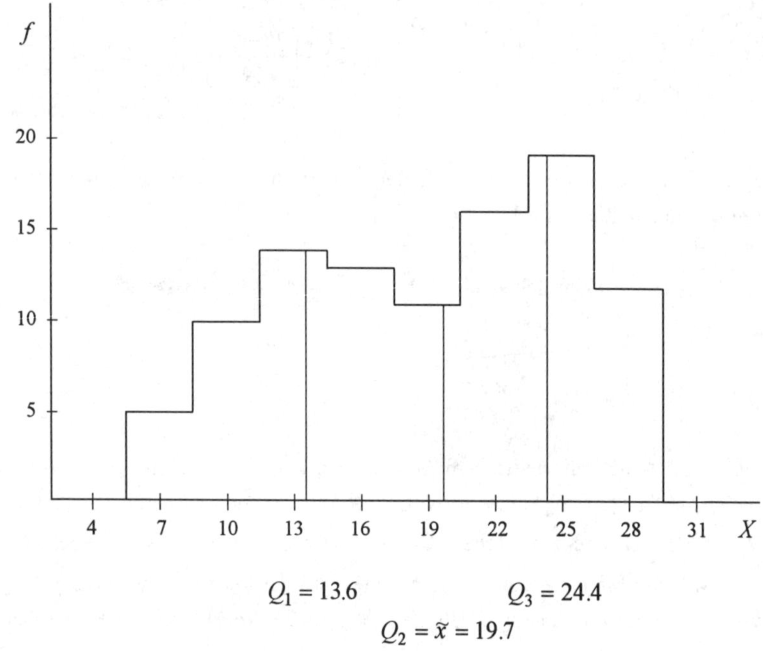

Abbildung 3-7: Histogramm zu den Daten der Tabelle 3-3 und 3-6

Die oben durchgeführten arithmetischen Operationen zur Bestimmung des (mittleren) Quartilabstandes verlangen prinzipiell metrische Daten. Das gilt auch für die nachfolgend dargestellten *mittelwertbezogenen* Streuungsmaße. Dennoch werden Quartilabstand und mittlerer Quartilabstand mitunter auch für ordinale Daten berechnet.

Im Unterschied zum Range und zum (mittleren) Quartilabstand, die lediglich auf *zwei* Werten basieren (x_{max} und x_{min} bzw. Q_3 und Q_1), berücksichtigen die nachfolgend behandelten, auf den Mittelwert $\bar{x}$ bezogenen Streuungsmaße, nämlich die durchschnittliche Abweichung (AD), die Standardabweichung (s)

und die Varianz (s^2), *alle* Meßwerte der Verteilung, indem sie die Abweichung jedes Meßwertes vom arithmetischen Mittel in die Rechnung einbeziehen. Nun ist aber, wie erwähnt, die Summe der Abweichungen aller Meßwerte von ihrem arithmetischen Mittel gleich Null:

$$\sum_{i=1}^{N}(x_i - \bar{x}) = 0$$

Es liegt auf der Hand, daß diese Summe nicht zur Konstruktion eines Streuungsmaßes taugt. Wenn wir hingegen die *absoluten* Abweichungen berechnen, wie bei der durchschnittlichen Abweichung, oder die Abweichungen *quadrieren*, wie bei der Standardabweichung und der Varianz, erhalten wir nützliche, auf allen Meßwerten der Verteilung basierende Streuungsmaße.

3.3.2.3 Die durchschnittliche Abweichung

Dieses Streuungsmaß, dessen Symbol *AD* von der englischen Bezeichnung „average deviation" herrührt, ist definiert als der Durchschnitt der absoluten Abweichungen aller Meßwerte einer Verteilung von ihrem arithmetischen Mittel:

$$AD = \frac{\sum_{i=1}^{N}|x_i - \bar{x}|}{N} \qquad \text{bzw.} \qquad AD = \frac{\sum_{i=1}^{k} f_i|x_i - \bar{x}|}{N}$$

(Man liest den Ausdruck $|x_i - \bar{x}|$ „x i minus x quer absolut" bzw. „die Abweichungen der Meßwerte vom arithmetischen Mittel absolut".)

Bei der *durchschnittlichen Abweichung (AD)*, auch mittlere Abweichung vom Mittel (engl. mean deviation) genannt, läßt man folglich die Richtung der Abweichungen, d.h. ihr Vorzeichen, unberücksichtigt; in die Berechnung gehen die in Absolutbeträgen gemessenen Abweichungen vom arithmetischen Mittel ein. Nehmen wir die folgenden fünf Meßwerte als Beispiel: 6, 7,11,12,14. Das arithmetische Mittel dieser Werte ist 10. Wenn wir die *absoluten* Abweichungen der Einzelwerte von diesem Mittelwert summieren und durch N teilen, erhalten wir:

$$AD = \frac{\sum_{i=1}^{N} |x_i - \bar{x}|}{N} = \frac{|6-10| + |7-10| + |11-10| + |12-10| + |14-10|}{5}$$

$$= \frac{4+3+1+2+4}{5} = \frac{14}{5} = 2.8$$

Die Einzelwerte differieren folglich im Durchschnitt 2.8 von ihrem arithmetischen Mittel. Dieses plausible, für deskriptive Zwecke durchaus geeignete Streuungsmaß ist allerdings aus der jüngeren Forschungsliteratur verschwunden. Statt der durchschnittlichen Abweichung wird heute die Standardabweichung berechnet, ein mittelwertbezogenes Streuungsmaß, das eine weiterreichende theoretische Bedeutung hat und vor allem in der schließenden Statistik eine zentrale Stellung einnimmt.

3.3.2.4 Standardabweichung und Varianz

Das weitaus gebräuchlichste Streuungsmaß ist die *Standardabweichung* (s), definiert als die Quadratwurzel aus der *Varianz* (s^2), die ihrerseits definiert ist als die durch N geteilte Summe der quadrierten Abweichungen aller Meßwerte von ihrem arithmetischen Mittel:

$$s^2 = \frac{\sum_{i=1}^{N} (x_i - \bar{x})^2}{N} \qquad \text{bzw.} \qquad s^2 = \frac{\sum_{i=1}^{k} f_i (x_i - \bar{x})^2}{N}$$

$$s = \sqrt{\frac{\sum_{i=1}^{N}(x_i - \bar{x})^2}{N}} \qquad \text{bzw.} \qquad s = \sqrt{\frac{\sum_{i=1}^{k} f_i (x_i - \bar{x})^2}{N}}$$

Zur Berechnung der Standardabweichung und der Varianz (man liest das Symbol s^2 „s-Quadrat") stehen weitere Formeln zur Verfügung, die sämtlich auf die obigen Definitionsformeln zurückgehen. Da jene sog. Rechenformeln lediglich den Zweck haben, den Rechenaufwand und das Fehlerrisiko gering zu halten, können wir sie übergehen und uns darauf beschränken, die Varianz und die Standardabweichung mit Hilfe der zitierten Definitionsformeln zu berechnen.

Die nachfolgenden Berechnungen beruhen auf den Daten der Tabelle 3-4, für die wir einen Mittelwert von $\bar{x} = 7.16$ errechneten, sowie auf den Daten der Tabelle 3-5, für die wir einen Mittelwert von $\bar{x} = 7.18$ errechneten. Die in den Arbeitstabellen 3-7 und 3-8 durchgeführten Rechenoperationen sind zwar etwas mühselig, aber mit einem Taschenrechner leicht zu bewerkstelligen. Beispielsweise sieht die Rechnung für die erste Zeile der Tabelle 3-7 wie folgt aus:

$$\text{(a)} \quad (x_i - \bar{x}) = (0 - 7.16) = -7.16$$

$$\text{(b)} \quad (x_i - \bar{x})^2 = (-7.16)^2 = 51.27$$

$$\text{(c)} \quad f_i (x_i - \bar{x})^2 = 1(51.27) = 51.27$$

Für die Werte der Tabelle 3-7 erhalten wir gemäß den obigen Formeln folgende Varianz (s^2) und Standardabweichung (s):

$$s^2 = \frac{\sum_{i=1}^{k} f_i (x_i - \bar{x})^2}{N} = \frac{478.94}{50} = 9.58$$

$$s = \sqrt{9.58} = 3.10$$

Tabelle 3-7: Berechnung der Varianz und der Standardabweichung (nicht klassierte Daten)

Meßwert x_i	Häufigkeit f_i	Abweichung vom Mittelwert $(x_i - \bar{x})$	Quadrat der Abweichung $(x_i - \bar{x})^2$	Produkt aus Häufigkeit und Abweichungsquadrat $f_i(x_i - \bar{x})^2$
0	1	– 7.16	51.27	51.27
1	2	– 6.16	37.95	75.90
2	1	– 5.16	26.63	26.63
3	3	– 4.16	17.31	51.93
4	3	– 3.16	9.99	29.97
5	4	– 2.16	4.67	18.68
6	5	– 1.16	1.35	6.75
7	7	– 0.16	0.03	0.21
8	6	0.84	0.71	4.26
9	6	1.84	3.39	20.34
10	5	2.84	8.07	40.35
11	4	3.84	14.75	59.00
12	2	4.84	23.43	46.86
14	1	6.84	46.79	46.79
Summe	50			478.94

Tabelle 3-8: Berechnung der Varianz und der Standardabweichung (klassierte Daten)

Klassenintervall	Klassenmitte x_i	Häufigkeit f_i	Abweichg. $(x_i - \bar{x})$	Quadrat $(x_i - \bar{x})^2$	Produkt $f_i(x_i - \bar{x})^2$
0 - 2	1	4	– 6.18	38.19	152.76
3 - 5	4	10	– 3.18	10.11	101.10
6 - 8	7	18	– 0.18	0.03	0.54
9 - 11	10	15	2.82	7.95	119.25
12 - 14	13	3	5.82	33.87	101.61
Summe		50			475.26

Für die Werte der Tabelle 3-8 erhalten wir folgende Varianz (s^2) und Standardabweichung (s):

$$s^2 = \frac{\sum_{i=1}^{k} f_i (x_i - \bar{x})^2}{N} = \frac{475.26}{50} = 9.51$$

$$s = \sqrt{9.51} = 3.08$$

Standardabweichung und Varianz sind grundsätzlich als gleichwertige Streuungsmaße anzusehen, denn wenn die Varianz groß (klein) ist, ist auch die Standardabweichung groß (klein). Für deskriptive Zwecke ist allerdings die Standardabweichung der Varianz vorzuziehen, weil sie ein Kennwert in der Einheit der zugrundeliegenden Meßwerte ist (beispielsweise nicht in m^2 und Min^2, sondern in m und Min).

Zusammenfassung. Auf die Frage, welchen Streuungswert man zur Beschreibung der Dispersion (Variabilität, Variation) von Verteilungen heranziehen soll, kann ebensowenig eine allgemein verbindliche Antwort gegeben werden wie auf die Frage, welchen Mittelwert man zur Beschreibung der zentralen Tendenz verwenden soll.

Der *Range* ist die Differenz zwischen dem größten und kleinsten Meßwert einer Verteilung. Dieses einfache Maß ist schnell zu ermitteln und leicht zu verstehen. Es informiert allerdings eher über die Grenzen der Streuung als über die Streuung innerhalb dieser Grenzen. Bei seiner Berechnung für ordinale Daten sollte man sich darüber im klaren sein, daß das Meßniveau der Daten an sich keine Subtraktion der Meßwerte erlaubt.

Der *(mittlere) Quartilabstand* ignoriert je 25 Prozent der am unteren und oberen Ende der Verteilung liegenden Fälle. Infolgedessen empfiehlt sich seine Berechnung, wenn die mittleren 50 Prozent der Fälle von besonderem Interesse sind. Das kann der Fall sein, wenn die Verteilung extrem schief ist oder einige sehr extreme Werte aufweist. Der (mittlere) Quartilabstand wird mitunter auch für ordinale Daten berechnet, obwohl die dabei vorgenommenen arithmetischen Operationen metrische Daten voraussetzen.

Die *durchschnittliche Abweichung* ist ein aus der Mode gekommenes Streuungsmaß, das auf den absoluten Abweichungen aller Meßwerte einer Verteilung von ihrem arithmetischen Mittel beruht. Es ist üblich geworden, diesem ehrwürdigen Maß einen gewissen didaktischen Wert zuzuschreiben, den es zweifellos hat. An seine Stelle ist die Standardabweichung getreten.

Standardabweichung und *Varianz* basieren auf den quadrierten Abweichungen aller Meßwerte von ihrem arithmetischen Mittel, sind also eine Funktion sämtlicher Meßwerte einer Verteilung. Diese Streuungsmaße sind zu bervorzugen, wenn alle Meßwerte repräsentiert werden sollen. Das ist regelmäßig der Fall, wenn weitergehende Berechnungen mit Streuungswerten durchgeführt werden. Standardabweichung und Varianz setzen prinzipiell metrische Daten voraus.

3.3.3 Standardwerte (z-Werte)

Eine der wichtigsten Anwendungen des arithmetischen Mittels und der Standardabweichung besteht in der Berechnung sogenannter *Standardwerte* oder *z-Werte* (engl. standard measures, z-scores). Das heißt, das arithmetische Mittel und die Standardabweichung können nicht nur zur Beschreibung einer Verteilung benutzt werden, etwa um eine gegebene Verteilung mit einer anderen Verteilung zu vergleichen, sondern man kann diese beiden Kennwerte auch zur Umwandlung gegebener Variablenwerte in z-Werte benutzen. Durch eine z-Transformation werden Meßwerte in eine Form umgewandelt, die es erlaubt, sie mit Werten derselben oder einer anderen Verteilung zu vergleichen.

Man mag beispielsweise an der relativen Position des Meßwertes eines Individuums innerhalb einer Gruppe, die durch eine Verteilung repräsentiert ist, interessiert sein. Oder man möchte Meßwerte von Variablen unterschiedlicher Dimension oder Maßeinheit (Lebensalter in Jahren, Einkommen in Mark, Entfernung in km, Wohnungsgröße in m^2) miteinander vergleichen oder kombinieren. Diesem Ziel dient die Umwandlung gegebener Meßwerte in standardisierte Werte. Man erzeugt z-transformierte Werte, indem man von jedem Meßwert (x_i) das arithmetische Mittel ($\bar{x}$) subtrahiert und die Differenz $(x_i - \bar{x})$ durch die Standardabweichung (s) dividiert. Ein *Standardwert (z-Wert)* ist wie folgt definiert:

$$z_i = \frac{x_i - \bar{x}}{s}$$

wobei z_i = der i-te Wert der z-transformierten Variablen,
x_i = der i-te Wert der zu transformierenden Variablen,
$\bar{x}$ = das arithmetische Mittel der zu transformierenden Variablen,
s = die Standardabweichung der zu transformierenden Variablen.

Aus der Umrechnungsformel geht hervor, daß die Transformation der Meßwerte in z-Werte die Berechnung des arithmetischen Mittels und der Standardabweichung der Ausgangsdaten, in diesem Zusammenhang häufig *Rohwerte* (engl. raw scores) genannt, voraussetzt.

Zur Verdeutlichung der Rechenschritte ziehen wir die Meßwerte der Tabellen 3-4 und 3-7 heran. Diese Meßwerte sind in Tabelle 3-9 enthalten, als *Rohwerte* (x_i) in der ersten Spalte und als *z-Werte* (z_i) in der letzten Spalte. Die mittleren Spalten der Tabelle 3-9 dienen der (hier wiederholten) Berechnung des arithmetischen Mittels ($\bar{x} = 7.16$) und der Standardabweichung ($s = 3.10$) der zu transformierenden Variablen. Auf der Basis dieser beiden Kennwerte erfolgt die Berechnung der Standardwerte nach der Formel $z_i = (x_i - \bar{x}) / s$.

Der kleinste in Tabelle 3-9 enthaltene Meßwert, der Meßwert 0, weicht um den Betrag –7.16 vom arithmetischen Mittel ($0 - 7.16 = -7.16$) ab. Teilt man die

Tabelle 3-9: Transformation gegebener Meßwerte (x_i) in Standardwerte (z_i)

x_i	f_i	$f_i x_i$	$(x_i - \bar{x})$	$(x_i - \bar{x})^2$	$f_i (x_i - \bar{x})^2$	$z_i = \frac{x_i - \bar{x}}{s}$
0	1	0	– 7.16	51.27	51.27	– 2.3097
1	2	2	– 6.16	37.95	75.90	– 1.9871
2	1	2	– 5.16	26.63	26.63	– 1.6645
3	3	9	– 4.16	17.31	51.93	– 1.3419
4	3	12	– 3.16	9.99	29.97	– 1.0194
5	4	20	– 2.16	4.67	18.68	– 0.6968
6	5	30	– 1.16	1.35	6.75	– 0.3742
7	7	49	– 0.16	0.03	0.21	– 0.0516
8	6	48	0.84	0.71	4.26	0.2710
9	6	54	1.84	3.39	20.34	0.5935
10	5	50	2.84	8.07	40.35	0.9161
11	4	44	3.84	14.75	59.00	1.2387
12	2	24	4.84	23.43	46.86	1.5613
14	1	14	6.84	46.79	46.79	2.2065
Summe	50	358			478.94	

$$\bar{x} = \frac{358}{50} = 7.16 \qquad s^2 = \frac{478.94}{50} = 9.58 \qquad s = \sqrt{9.58} = 3.10$$

Abweichung –7.16 durch die Standardabweichung 3.10, so erhält man den zum Rohwert 0 korrespondierenden z-Wert –2.3097. Die Abweichung des größten in Tabelle 3-9 aufgeführten Meßwertes vom arithmetischen Mittel ist $14 - 7.16 = 6.84$. Die Division dieser Abweichung durch die Standardabweichung ergibt einen z-Wert von $6.84 / 3.10 = 2.2065$.

Infolge der Standardisierung werden die Abweichungen der Meßwerte vom arithmetischen Mittel in Standardabweichungseinheiten ausgedrückt. Je nachdem, auf welcher Seite des arithmetischen Mittels der Meßwert liegt, kann ein z-Wert positiv (+) oder negativ (–) sein. Beispielsweise liegt der kleinste Meßwert 2.3097 Standardabweichungseinheiten *unterhalb*, der größte Meßwert hingegen 2.2065 Standardabweichungseinheiten *oberhalb* des arithmetischen Mittels.

Sind alle Meßwerte einer Verteilung in z-Werte umgewandelt, so liegt eine neue Variable (die z-transformierte Variable) und eine neue Verteilung (die Verteilung der z-transformierten Werte) vor. Die Verteilung dieser neuen Variablen hat *zwei wichtige Eigenschaften:* Jede Verteilung von z-Werten hat ein arithmetisches Mittel von Null ($\bar{z} = 0$) und eine Standardabweichung von Eins ($s_z = 1$).

Die Transformation gegebener Werte in z-Werte verändert nicht die Form der Verteilung. Ist etwa die Verteilung der Rohwerte eine schiefe Verteilung, dann ist auch die Verteilung der z-Werte eine schiefe Verteilung. Wohl ist mit der Standardisierung eine Veränderung der Einheiten (der Metrik) der Originalmeßwerte in Standardabweichungseinheiten verbunden. Infolge dieser Veränderung nehmen auch die Mittel- und Streuungswerte der z-Werte-Verteilung andere Zahlenwerte an.

4. Bivariate Verteilungen

4.1 Einführende Bemerkungen

In Kapitel 3 haben wir Verfahren und Maßzahlen kennengelernt, mit deren Hilfe univariate Verteilungen charakterisiert werden können. Die Beschreibung univariater Verteilungen ist jedoch in der empirischen Sozialforschung niemals Endzweck; sie dient eher der Vorbereitung der eigentlichen Analyse, die sich stets auf die Untersuchung von *Beziehungen* (Assoziationen, Korrelationen) *zwischen Variablen* konzentriert. Deshalb sind weniger univariate als bivariate Verteilungen (in der fortschreitenden Analyse auch multivariate Verteilungen) grundlegende Bestandteile fast aller quantitativen Beiträge der sozialwissenschaftlichen Forschung.

Ähnlich wie sich relevante Aspekte univariater Verteilungen mit Maßzahlen kennzeichnen lassen, können auch bivariate Verteilungen mit Maßzahlen, mit sog. *Koeffizienten*, charakterisiert werden. Diese Kennwerte der bivariaten Statistik sind den Kennwerten der univariaten Statistik (etwa dem Median oder der Standardabweichung) insofern ähnlich, als diese wie jene bestimmte Aspekte einer Verteilung summarisch mit einer einzigen Zahl beschreiben. Das Prinzip der Datenreduktion im Sinne eines gezielten Informationsverzichts manifestiert sich bei den Maßzahlen der bivariaten Statistik darin, daß sie in jedem Fall den *Grad* (die Stärke, die Enge), in bestimmten Fällen auch die *Richtung* der Beziehung zwischen zwei Variablen mit einem einzigen Zahlenwert beschreiben. Die Zahlenwerte der meisten Koeffizienten variieren zwischen 0 (keine Beziehung) und 1 (perfekte Beziehung). Die Zahlenwerte der Koeffizienten, die auch die Richtung der Beziehung angeben, variieren zwischen –1 (perfekte negative Beziehung) und +1 (perfekte positive Beziehung).

Ebensowenig wie die Maßzahlen zur Beschreibung univariater Verteilungen können die Maßzahlen zur Beschreibung bivariater Verteilungen alle Details einer Verteilung widerspiegeln. Die Assoziationsmaße reflektieren jenen spezifischen Aspekt bivariater Verteilungen, der die Tendenz zweier Variablen betrifft, gemeinsam aufzutreten oder gemeinsam zu variieren. Einige dieser Assoziationsmaße sind besonders nützlich, weil sie über die relative Genauigkeit informieren, mit der die eine Variable auf der Basis der anderen Variablen vorhergesagt werden kann. Wie wir sehen werden, kann der Grad der relativen Genauigkeit der Vorhersage der einen Variablen auf der Basis der anderen als der Grad der Assoziation bezeichnet werden.

Die Beziehung zwischen Variablen (Merkmalen, Eigenschaften) hat viele Namen, die im Grunde dasselbe bezeichnen. Spricht ein Fachmann von einer statistischen Beziehung, so verwendet er gewöhnlich Ausdrücke wie Kontingenz, Assoziation oder Korrelation, während ein Laie, der dasselbe meint, vielleicht Ausdrücke wie Zusammenhang, Übereinstimmung, Verbindung, Entsprechung oder Korrespondenz benutzt.

Die den Grad der Beziehung zwischen Variablen ausdrückenden Koeffizienten werden in der statistischen Literatur als *Kontingenz-*, *Assoziations-* und *Korrelationskoeffizienten* bezeichnet. Allerdings ist die Nomenklatur nicht einheitlich. So sprechen einige Autoren von Kontingenzen, wenn die miteinander in Beziehung gesetzten Variablen nominalskaliert sind, von Assoziationen, wenn sie ordinalskaliert sind, und von Korrelationen, wenn sie das Niveau von Intervall- oder Ratioskalen haben. Diese Art der Benennung ist wenig hilfreich, da die Variablen, deren Beziehung man untersucht, häufig nicht dasselbe Meßniveau haben (und keineswegs haben müssen). Wir teilen die Auffassung jener Autoren, die die Bezeichnungen Kontingenz, Assoziation und Korrelation als sinngleich und austauschbar betrachten (z.B. DAVIS, 1971).

Wichtiger als die Benennung der Koeffizienten ist die Beachtung ihrer Anwendungsvoraussetzungen. Ähnlich wie bei den Maßzahlen der univariaten Statistik ist auch bei den Maßzahlen der bivariaten Statistik zu beachten, welches Meßniveau sie voraussetzen. Wie betont, können wir Daten nicht ohne weiteres so behandeln, als seien sie auf einem höheren Niveau als dem tatsächlich erreichten gemessen worden. Wir können jedoch jederzeit den umgekehrten Weg gehen, das heißt, wir können Daten so behandeln, als seien sie auf einem niedrigeren Niveau als dem aktuell erzielten gemessen worden. So ist es etwa möglich, eine zur Verfügung stehende Information über das Einkommen (Ratioskala) wie eine Information zu behandeln, die die Individuen lediglich rangmäßig zu unterscheiden erlaubt, nämlich danach, ob sie wenig, mittelmäßig oder viel verdienen (Ordinalskala). Gleichermaßen können wir sämtliche Daten höheren Meßniveaus behandeln, als seien sie lediglich nominalskaliert. Wenn derartige Reduktionen des Meßniveaus auch prinzipiell möglich sind, so heißt das nicht, daß man leichten Herzens so verfahren sollte. Die generelle Regel lautet vielmehr: Verwende in der Datenanalyse das Meßniveau, das bei der Datenerhebung erzielt wurde. Haben also die Daten das Meßniveau einer Intervall- oder Ratioskala, so sollten sie mit Maßzahlen beschrieben werden, die den metrischen Eigenschaften der Originaldaten entsprechen. Gleiches gilt für ordinalskalierte Ausgangsdaten. Der Grund dieser Regel ist leicht einzusehen. Wenn wir das Meßniveau reduzieren, leisten wir uns einen unklugen Informationsverzicht, unklug deshalb, weil wir die unter Umständen mühselig erreichte präzisere Information aus der Datenerhebung leichtfertig verspielen. Gegen diese Regel wird oft verstoßen, weil es Sozialforschern an Kenntnissen über Maßzahlen mangelt, die den verschiedenen Meßniveaus entsprechen.

Wie wir sehen werden, gibt es eine Reihe von Assoziationskoeffizienten, die für die verschiedensten Fragestellungen und Probleme geeignet sein können. Die Auswahl der in den folgenden Abschnitten dargestellten Maßzahlen orientiert sich primär an deren Anwendbarkeit auf Daten, mit denen es die empirische Sozialforschung häufig zu tun hat. Besonderes Gewicht und breiterer Raum wird einigen Maßzahlen gegeben, die im Gegensatz zu anderen eine einfache und klare Interpretation erlauben. Es sind dies Maßzahlen der Assoziation, die im Sinne der proportionalen Fehlerreduktion interpretierbar sind, kurz *PRE-Maße* (lies „Pe-Er-Ee-Maße“, engl. proportional reduction in error measures) genannt.

Die Reihenfolge der Darstellung ist so gewählt, daß Maßzahlen des niedrigsten Meßniveaus zuerst besprochen werden. Wir betrachten zunächst solche Assoziationsmaße, die lediglich qualitative Klassifikationen (rangmäßig ungeordnete Kategorien), also *nominale Variablen* voraussetzen. Danach behandeln wir Maßzahlen, die rangmäßig geordnete Kategorien, also *ordinale Variablen* voraussetzen. Schließlich befassen wir uns mit Koeffizienten, die zusätzlich eine Abstandsgleichheit der Kategorien, also *metrische Variablen* voraussetzen.

Diese Maßzahlen können berechnet und zur Beschreibung der Beziehung zwischen Variablen verwendet werden, wenn die Daten in Form einer gemeinsamen Häufigkeitsverteilung, einer sog. *bivariaten Verteilung*, vorliegen, d.h., wenn für jede Untersuchungseinheit (jeden Merkmalsträger) die Werte (Merkmalsausprägungen) je zweier Variablen (Merkmale) registriert und in einer bestimmten Weise organisiert wurden. Diese Organisierung findet ihren Ausdruck in der *gemeinsamen Häufigkeitstabelle* oder *bivariaten Tabelle* (engl. joint frequency table, bivariate table). Die Form dieser Tabelle ist für alle Meßniveaus dieselbe. Wie die bivariate Tabelle aufgebaut ist, wie sie zu lesen und zu interpretieren ist, soll nachfolgend erläutert werden.

4.2 Die bivariate Tabelle

Man bildet eine *bivariate Tabelle*, auch Kontingenz-, Assoziations- oder Korrelationstabelle (engl. contingency table, two-way frequency table) genannt, durch *Kreuzklassifikation* oder *Kreuztabulation* (engl. cross-classification, cross-tabulation) zweier Variablen. Was unter Kreuztabulation zu verstehen ist, kann am besten an einem einfachen Beispiel verdeutlicht werden. Betrachten wir dazu die folgenden Informationen über die im Wintersemester 1971/72 an der Universität zu Köln (1973) eingeschriebenen 1240 ausländischen Studentinnen und Studenten, die an den dortigen fünf Fakultäten ein medizinisches, juristisches, wirtschafts- und sozialwissenschaftliches, philosophisches oder mathematisch-naturwissenschaftliches Studium betrieben (siehe Tabelle 4-1).

Tabelle 4-1: Herkunft und Studium ausländischer Studenten an den Fakultäten der Universität zu Köln

Student(in)	Variable X Herkunft	Variable Y Studium
0001	Europa	Jur.
0002	Nicht-Europa	Med.
0003	Nicht-Europa	Phil.
0004	Europa	WiSo
0005	Europa	Math.-Nat.
0006	Nicht-Europa	Phil.
⋮	⋮	⋮
1240	Europa	WiSo

Die so registrierten Informationen können in Form einer bivariaten Tabelle wie Tabelle 4-2 dargestellt werden.

Tabelle 4-2 ist durch Kreuzklassifikation, d.h. durch vertikale Anordnung der Kategorien der einen Variablen und durch horizontale Anordnung der Kategorien der anderen Variablen, entstanden, wobei die *unabhängige*, üblicherweise mit X bezeichnete (Spalten-)Variable in den Tabellenkopf und die *abhängige*, üblicherweise mit Y bezeichnete (Zeilen-)Variable an den linken Tabellenrand gelangte. Auf diese Weise wurden 10 Zellen gebildet, die die *gemeinsamen Häufigkeiten* enthalten. Die Häufigkeit oder Besetzung einer jeden Zelle informiert darüber, wie häufig eine bestimmte Ausprägungskombination unter den 1240 ausländischen Studenten vorkam. So studierten beispielsweise 46 der 598 aus Europa stammenden ausländischen Studenten das Fach Medizin. Die *Zellenhäufigkeiten* beziehen sich also auf das gemeinsame Auftreten einer bestimmten Kategorie der einen Variablen und einer bestimmten Kategorie der anderen Variablen. Durch zeilenweise bzw. spaltenweise Auszählung der Fälle (engl. count) der einzelnen Zellen erhält man die *Randhäufigkeiten der Zeilen-*

Tabelle 4-2: Herkunft und Studium ausländischer Studenten an den Fakultäten der Universität zu Köln

		Herkunft (X)		
		Europa	Nicht-Europa	
Studium (Y)	Med.	46	82	128
	Jur.	38	20	58
	WiSo	179	197	376
	Phil.	238	189	427
	Math.-Nat.	97	154	251
		598	642	1240

variablen (engl. row totals) bzw. die *Randhäufigkeiten der Spaltenvariablen* (engl. column totals), deren Summe die *Gesamtzahl der Fälle (N*=1240*)* ergibt.

4.2.1 Die generelle Struktur der bivariaten Tabelle

Die bivariate Tabelle besteht zunächst aus einer bestimmten Anzahl von *Zeilen*, *Spalten* und *Zellen*. Zur Identifizierung der Zellen verwendet man die Subskripte i und j, wobei das erste Subskript i die *Zeile* und das zweite Subskript j die *Spalte* bezeichnet, in der die *Zelle* lokalsiert ist. Zelle_{ij} ist folglich die Zelle der i-ten Zeile und der j-ten Spalte. Die Häufigkeit der Zelle_{ij} wird mit f_{ij} oder n_{ij} bezeichnet; sie informiert über die Anzahl der Untersuchungseinheiten, die die Ausprägungskombination y_i, x_j aufweisen. Die vollständige bivariate Tabelle hat außerdem zwei *Randhäufigkeiten* (das sind die univariaten Verteilungen der beiden kreuztabulierten Variablen) und die *Gesamthäufigkeit (N)* sowie eine möglichst ausführliche Beschriftung. Die Randhäufigkeiten heißen auch *marginale* Häufigkeiten; sie werden mit dem Buchstaben n bezeichnet, dem ein

Tabelle 4-3: Die Bezeichnungen der Zeilen, Spalten und Zellen der bivariaten Tabelle

		Variable X		
		j = 1	j = 2	j = 3
	i = 1			
Variable	i = 2			
Y	i = 3		Zelle$_{32}$	
	i = 4			

Subskript und ein Punkt bzw. ein Punkt und ein Subskript folgt. Zum Beispiel ist die Summe der Zellenhäufigkeiten der ersten Zeile der Tabelle 4-4 mit $n_{1.}$ symbolisiert, wobei die Zahl 1 anzeigt, daß es sich um die erste Zeile handelt, und der Punkt angibt, daß der Zahlenwert eine Summe über alle Spalten ist. Sinngemäß symbolisiert $n_{.1}$ die Summe der ersten Spalte, wobei der Punkt vor der Zahl 1 angibt, daß wir über alle Zeilen summiert haben. Die vollständige Tabelle sieht dann wie Tabelle 4-4 aus.

Bivariate Tabellen können selbstverständlich mehr (oder weniger) Zeilen und Spalten haben als die hier dargestellten Tabellen. Die einfachste Form einer bivariaten Tabelle ist die sog. *2 x 2-Tabelle* (lies „zwei-mal-zwei-Tabelle“), die Tabelle zweier originär dichotomer oder dichotomisierter Variablen. Werden zwei trichotome oder trichotomisierte Variablen kreuztabuliert, so entsteht eine 3 x 3-Tabelle mit neun Feldern oder Zellen. Generell ist das Ergebnis der Kreuztabulation zweier Variablen mit r (engl. rows für Zeilen) und c (engl. columns für Spalten) Kategorien eine *r x c-Tabelle*, gelegentlich auch *I x J-Tabelle* genannt. Demgemäß spricht man, falls man die Struktur unserer Beispieltabellen bezeichnen will, bei Tabelle 4-2 von einer 5 x 2-Tabelle und bei Tabelle 4-3 und 4-4 von einer 4 x 3-Tabelle.

Tabelle 4-4: Die generelle Struktur der bivariaten Tabelle

		Variable X			
		x_1	x_2	x_3	
Variable Y	y_1	f_{11}	f_{12}	f_{13}	$n_{1.}$
	y_2	f_{21}	f_{22}	f_{23}	$n_{2.}$
	y_3	f_{31}	f_{32}	f_{33}	$n_{3.}$
	y_4	f_{41}	f_{42}	f_{43}	$n_{4.}$
		$n_{.1}$	$n_{.2}$	$n_{.3}$	N

Welche Einsichten eine bivariate Tabelle vermittelt, soll ein Beispiel aus der Forschung verdeutlichen. Ihre Autoren, ARMER und YOUTZ (1971), gingen von der zentralen Hypothese aus, daß eine formale westliche Ausbildung die Perspektiven in traditionalen, nicht-industrialisierten Gesellschaften „modernisiert“. In Tabelle 4-5 ist die unabhängige Variable „Ausbildungsniveau (X)“ mit der in der Nähe des Medians dichotomisierten Variablen „individuelle Modernität (Y)“ kreuztabuliert. (Die Daten entstammen strukturierten Interviews mit 591 Jugendlichen aus Kano in Nigeria. Der Koeffizient *Gamma* (γ) beschreibt die Richtung und die Stärke der Beziehung zwischen den Variablen. Dieses Maß der ordinalen Assoziation wird in Abschnitt 6.2 vorgestellt.)

Wir können die drei Spalten der Tabelle 4-5 als drei *konditionale Verteilungen* betrachten, wobei die Spaltenüberschriften die Bedingungen spezifizieren. So beschreibt die erste Spalte die individuelle Modernität der 312 Jugendlichen, die keine formale Ausbildung haben: Von den 312 Jugendlichen ohne formale Ausbildung zeichnen sich 194 durch „niedrige“ und 118 durch „hohe“ individuelle Modernität aus; die Bedingung dafür ist „keine formale Ausbildung“. Die zweite Spalte beschreibt die konditionale Verteilung der Variablen „individuelle Modernität“ unter der Bedingung einer „primären Ausbildung“, die dritte Spalte unter der Bedingung einer „sekundären Ausbildung“.

Tabelle 4-5: Ausbildungsniveau und individuelle Modernität

		Ausbildungsniveau (X)			
		keine Ausbildung	primäre Ausbildung	sekundäre Ausbildung	
Moderni-	niedrig	194	94	11	299
tät (Y)	hoch	118	117	57	292
		312	211	68	591

$$\gamma = 0.48$$

Prinzipiell sind jedoch zwei Arten von konditionalen Verteilungen zu unterscheiden. Wir können, ARMER und YOUTZ folgend, (a) die Verteilung der Variablen „individuelle Modernität" unter verschiedenen Ausbildungsbedingungen betrachten. Diese Betrachtungsweise impliziert die Hypothese, daß die individuelle Modernität vom Ausbildungsniveau abhängt, nicht umgekehrt. Wir könnten jedoch, im Gegensatz zu ARMER und YOUTZ, (b) die Verteilung der Variablen „Ausbildungsniveau" unter verschiedenen Bedingungen der individuellen Modernität betrachten. Diese Betrachtungsweise implizierte die - ebenfalls vertretbare - Hypothese, daß das Ausbildungsniveau von der individuellen Modernität (die als Stimulus für den Schulbesuch aufgefaßt werden kann) abhängt, nicht umgekehrt.

Im Fall (a) wird das „Ausbildungsniveau" als *unabhängige Variable* (engl. independent variable) betrachtet, mit der die *abhängige Variable* (engl. dependent variable) „individuelle Modernität" vorhergesagt oder erklärt werden soll. Demgemäß betrachtet man die Kategorien der Variablen „Ausbildungsniveau" als drei verschiedene Bedingungen der zweifach gestuften (abhängigen oder bedingten) Variablen „individuelle Modernität". Im Fall (b) wird die „individuelle Modernität" als unabhängige Variable betrachtet, mit der die abhängige Variable „Ausbildungsniveau" vorhergesagt oder erklärt werden soll. Demgemäß betrachtet man die Kategorien der Variablen „individuelle Modernität" als zwei verschiedene Bedingungen der dreifach gestuften (abhängigen oder bedingten) Variablen „Ausbildungsniveau".

Fall (a) und Fall (b) sind Beispiele für die Annahme *asymmetrischer* Beziehungen. Es gibt außerdem den Fall (c), nämlich die Annahme *symmetrischer* Beziehungen. Eine symmetrische Beziehung liegt vor, wenn keine der beiden Variablen als unabhängige oder abhängige Variable angesehen werden kann oder wenn jede der beiden Variablen als von der anderen abhängig aufgefaßt werden kann. Wie wir sehen werden, gibt es sowohl asymmetrische als auch symmetrische Koeffizienten, die zur Beschreibung entsprechender Beziehungen benutzt werden können.

Mit der - theoretisch zu begründenden - Entscheidung der Frage, welche Variable als unabhängig oder abhängig zu betrachten ist, fällt eine Vorentscheidung darüber, wie die bivariate Verteilung zu analysieren und mit welchen Maßzahlen sie zu beschreiben ist. Da im vorliegenden Beispiel zwei ordinale Variablen kreuztabuliert wurden, von denen die abhängige Variable dichotomisiert ist, sind Prozentzahlen durchaus geeignete Hilfsmittel, um die Verteilung zu untersuchen und die zwischen den Variablen bestehende Beziehung zu veranschaulichen. Diese Prozentwerte sind wie folgt zu berechnen: Wir finden in der ersten Spalte der Tabelle 4-5 die Kategorie „hoch" der Variablen „individuelle Modernität" mit 118 besetzt; das sind (118/312)100 = 37.8 Prozent der Jugendlichen ohne formale Ausbildung. Der entsprechende Prozentsatz der zweiten Spalte ist (117/211)100 = 55.5 und der der dritten Spalte gleich (57/68)100 = 83.8. Als *bivariate Prozentwertverteilung* sieht Tabelle 4-5 dann wie Tabelle 4-6 und Abbildung 4-1 aus.

Die in Tabelle 4-6 enthaltenen Spaltenprozentwerte sind mit einer Stelle nach dem Komma bzw. Dezimalpunkt angegeben; das ermöglicht die genaue Rückrechnung der in Tabelle 4-5 ausgewiesenen Besetzungszahlen der Zellen. Bei graphischen Darstellungen des Musters der Abbildung 4-1 ist es üblich, die

Tabelle 4-6: Ausbildungsniveau und individuelle Modernität

		Ausbildungsniveau (X)			
		keine Ausbildung	primäre Ausbildung	sekundäre Ausbildung	insgesamt
Moderni-	niedrig	62.2 %	44.5 %	16.2 %	50.6 %
tät (Y)	hoch	37.8	55.5	83.8	49.4
		100.0	100.0	100.0	100.0
(N)		(312)	(211)	(68)	(591)

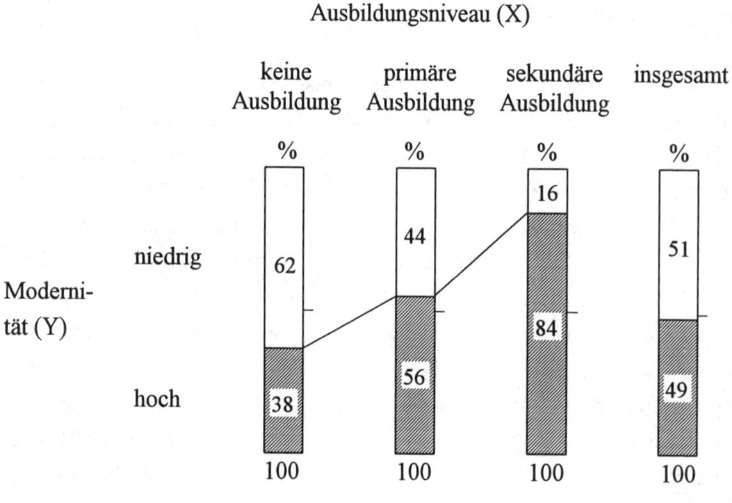

Abbildung 4-1: Graphische Darstellung zu Tabelle 4-6

Basis der Prozentuierung in Klammern auszuweisen, was ebenfalls der Rückrechnung der absoluten Häufigkeiten dient. (Wäre Abbildung 4-1 nicht in Kombination mit Tabelle 4-6 präsentiert worden, hätten die Prozentzahlen der Graphik ebenfalls mit einer Nachkommastelle angegeben werden müssen.)

Die Grundregel der Prozentuierung lautet: Nimm die als unabhängig betrachtete Variable, also die Variable, deren Effekt untersucht werden soll, als Basis der Prozentuierung. Das heißt bei konventioneller Anordnung der X-Variablen im Tabellenkopf: *Prozentuiere spaltenweise und vergleiche zeilenweise*. (Eine hervorragende Darstellung der Tabellenanalyse durch Anwendung dieser und weiterer Prozentuierungsregeln findet der Leser in ZEISEL, 1970.)

Hier führt der Vergleich der Prozentzahlen zu der Feststellung, daß nur 38 Prozent der Jugendlichen ohne formale Ausbildung in die mit „hoch" bezeichnete Kategorie der abhängigen Variablen „individuelle Modernität" fallen, während der entsprechende Anteil bei den Jugendlichen mit Primärausbildung bereits 56 Prozent und bei den Jugendlichen mit Sekundärausbildung 84 Prozent beträgt. Offensichtlich sind die Daten geeignet, die Hypothese der Autoren ARMER und YOUTZ zu unterstützen, nach der die formale westliche Ausbildung einen modernisierenden Einfluß auf die Jugend in einer traditionalen, nicht-westlichen Gesellschaft hat. Wie wir sehen werden, kann ein solches Ergebnis der Tabellenanalyse mit einer einzigen Zahl zum Ausdruck gebracht werden.

4.2.2 Die Vierfelder- oder 2 x 2-Tabelle

Ein wichtiger Spezialfall der bivariaten Tabelle ist die bereits erwähnte *Vierfelder-* oder *2 x 2-Tabelle*, auf die einige Assoziationsmaße zugeschnitten sind. Ihre besondere Bedeutung liegt darin, daß prinzipiell jede nicht-dichotome Variable durch Zusammenfassung ihrer Ausprägungen auf eine Dichotomie reduziert und mit einer anderen Dichotomie kreuztabuliert werden kann.

Für die 2 x 2-Tabelle gibt es eine parallel zur oben erläuterten generellen Nomenklatur verwendete Bezeichnung ihrer Häufigkeiten, bei der die Buchstaben a, b, c, und d die *absoluten Häufigkeiten der Zellen* und die Ausdrücke $(a + b)$, $(c + d)$, $(a + c)$ und $(b + d)$ die *marginalen Häufigkeiten* symbolisieren (siehe Tabelle 4-7).

Tabelle 4-7: Die Nomenklatur der 2 x 2-Tabelle

		Variable X		
		x_1	x_2	
Variable Y	y_1	a	b	$a + b$
	y_2	c	d	$c + d$
		$a + c$	$b + d$	$N = a + b + c + d$

Werden die Dichotomien der kreuztabulierten Variablen durch Zusammenfassung (man sagt auch: durch Kollabierung) der Ausprägungen einer Ordinal-, Intervall- oder Ratioskala gebildet, so sind die Variablen derart anzuordnen, daß die Ausprägungen x_1 und y_1 zu der Benennung „niedrig“ und die Ausprägungen x_2 und y_2 zu der Benennung „hoch“ korrespondieren. Mit anderen Worten: Die Variablenwerte sind so anzuordnen, daß sie von links nach rechts und von oben nach unten zunehmen. Die Beachtung dieser Regel ist wichtig, weil einige Koeffizienten über das Vorzeichen die Richtung der Beziehung angeben. (Diese Konvention wird allerdings häufig verletzt, siehe z.B. die auf S.105 zitierten Tabellen. Die Vorzeichen der dort angegebenen *Phi*-Koeffizienten reflektieren dennoch korrekt positive Beziehungen zwischen den Variablen, weil die Ausprägungen *beider* Variablen anders als hier beschrieben angeordnet wurden, was für das Vorzeichen unschädlich ist.)

4.2.3 Zur Bildung der Kategorien kreuztabulierter Variablen

Die Zahlenwerte aller Assoziationsmaße werden durch die Art und Weise, in der die Kategorien der kreuztabulierten Variablen gebildet werden, mehr oder weniger stark beeinflußt. Negativ formuliert heißt das: Die Größe der Koeffizienten ist durch die Bildung der Variablenklassen (durch die Wahl der Schnittstellen) manipulierbar. Nehmen wir als Beispiel die folgende 4 x 4-Tabelle.

Tabelle 4-8: Beispiel einer 4 x 4-Tabelle

		Variable X				
		x_1	x_2	x_3	x_4	
Variable Y	y_1		25			25
	y_2	25				25
	y_3				25	25
	y_4			25		25
		25	25	25	25	100

Wenn wir jeweils zwei benachbarte Kategorien dieser Tabelle, d.h. die Ausprägungen x_1 und x_2, x_3 und x_4, y_1 und y_2 sowie y_3 und y_4, zusammenfassen, erhalten wir die in Tabelle 4-9 dargestellte Vierfelder-Tabelle.

Tabelle 4-9: Beispiel einer 2 x 2-Tabelle

		Variable X		
		x_1	x_2	
Variable Y	y_1	50		50
	y_2		50	50
		50	50	100

Diese Zusammenfassung der Kategorien kann eine drastische Veränderung des Zahlenwertes des Assoziationsmaßes bewirken. Eine andere Kombination der Kategorien ist die in Tabelle 4-10 dargestellte. In Tabelle 4-10 sind die drei rechten Spalten (x_2 bis x_4) und die drei unteren Zeilen (y_2 bis y_4) der Tabelle 4-8 zusammengefaßt worden. Diese Kollabierung ergibt ein völlig anderes Bild von der Beziehung zwischen den Variablen.

Tabelle 4-10: Beispiel einer 2 x 2-Tabelle

		Variable X		
		x_1	x_2	
Variable Y	y_1		25	25
	y_2	25	50	75
		25	75	100

Dies sind zwar extreme Beispiele; nichtsdestoweniger können Veränderungen dieser Art bei fast jeder Kreuztabulation erzeugt werden. Wenn aber die willkürliche Kombination der Kategorien kreuztabulierter Variablen höchst unterschiedliche Zahlenwerte der Assoziationsmaße hervorbringen kann, dann drängt sich die Frage auf, welchen tieferen Sinn die Berechnung derartiger Maße haben soll. Die Antwort hierauf kann nur lauten: Der Zahlenwert eines Assoziationsmaßes reflektiert die Stärke der Beziehung zwischen den Variablen, *wie diese Variablen definiert sind.*

Auf unser Beispiel der Tabelle 4-5 angewandt, heißt das: Man sollte nicht von einer Beziehung zwischen dem Ausbildungsniveau und der individuellen Modernität sprechen, ohne die Kategorien der kreuztabulierten Variabeln genau definiert zu haben. In der Tat erfüllen ARMER und YOUTZ diese Forderung, indem sie die Kategorien der X-Variablen „Ausbildungsniveau" wie folgt spezifizieren: Mit Primärausbildung ist ein ein- bis siebenjähriger Besuch einer Primarschule, mit Sekundärausbildung ein mindestens einjähriger Schulbesuch jenseits der Primarschule bezeichnet. Gleichermaßen geben die Autoren genau an, wie die Y-Variable „individuelle Modernität" gemessen wurde, nämlich mit Hilfe einer bestimmten Skala, und wie die Kategorien gebildet wurden, nämlich durch Dichotomisierung der Verteilung der Skalenwerte in der Nähe des Medians (deshalb die fast gleich starke Besetzung der Kategorien „niedrig" und „hoch" mit 299 und 292 Jugendlichen).

Es muß hinzugefügt werden, daß eine sinnvolle Reorganisation bzw. Zusammenfassung der Kategorien in vielen Fällen keine drastische Veränderung des Zahlenwertes des Assoziationskoeffizienten bewirkt. Da aber die Bildung der Variablenklassen den Grad der Beziehung beeinflussen *kann*, sollte man der Kategorienbildung - der Interpretation der Ergebnisse wegen - Aufmerksamkeit schenken.

4.3 Das Konzept der statistischen Beziehung oder Assoziation

Bevor wir verschiedene Aspekte des Konzepts der statistischen Beziehung oder Assoziation diskutierern, seien zwei weitere substantielle Beispiele aus der empirischen Sozialforschung zitiert, die geeignet sind, ein grundlegendes Verständnis für die Beziehung zwischen Variablen zu vermitteln; beide Beispiele sind übrigens von wissenssoziologischem Interesse.

Edward GROSS (1968) stellte bei einer großangelegten Untersuchung in den USA fest, daß die Administratoren und Fakultätsmitglieder von 68 ausgewählten Universitäten als das höchste Ziel der Universität die Bewahrung der akademischen Freiheit bezeichneten. An zweiter Stelle rangierte das Ziel, das Prestige der Universität zu steigern, an dritter, die Spitzenqualität wichtiger Programme zu erhalten, an vierter, das Vertrauen und die Unterstützung derjenigen zu sichern, die die Universität finanziell und materiell ausstatten, usw. Höchst bemerkenswert findet GROSS die Tatsache, daß die meisten der 18 Ziele mit direktem Bezug zu studentischen Belangen - von insgesamt 47 im Fragebogen vorgegebenen Zielen - nicht nur nicht an der Spitze der Rangliste, sondern an deren Ende zu finden sind.

Die uns hier interessierende Unterteilung der Universitäten in Staats- und Privatuniversitäten sowie die graduelle Differenzierung der Betonung des in beiden Typen an der Spitze rangierenden Ziels ergab folgende bivariate Tabelle (siehe Tabelle 4-11).

Tabelle 4-11: Universitätstyp und Grad der Betonung der akademischen Freiheit

		Universitätstyp		
		Staatliche Universität	Private Universität	
Grad der Betonung der akademischen Freiheit	niedrig	20	3	23
	mittel	13	9	22
	hoch	9	14	23
		42	26	68

$\gamma = 0.627$

Tabelle 4-11 demonstriert, daß die Bewahrung der akademischen Freiheit als wichtigstes Ziel in beträchtlich größerem Ausmaß in privaten als in staatlichen Universitäten betont wird: Über die Hälfte der 26 privaten Universitäten, nämlich 14, fallen in das mit „hoch" bezeichnete Drittel, während fast die Hälfte der 42 staatlichen Universitäten, nämlich 20, in das mit „niedrig" bezeichnete Drittel fallen. Es besteht also offensichtlich eine enge Beziehung zwischen den Variablen „Universitätstyp" und „Grad der Betonung der akademischen Freiheit". GROSS fügt seiner Interpretation des Tabelleninhalts den folgenden Satz hinzu (1968, S.533): „Ein recht hoher Gamma-Koeffizient ($\gamma = 0.627$) zeigt, daß unser aus der Inspektion der Tabelle gewonnene Eindruck durch dieses Maß, das die Stärke der Beziehung mißt, unterstützt wird."

Als zweites Beispiel sei eine Tabelle zitiert, die ebenfalls einer Untersuchung aus den USA entstammt. John WALTON (1966) fand bei der Durchsicht einschlägiger Forschungsarbeiten von 33 Autoren und Autorengruppen, die 55 Lokalgemeinden auf deren Machtstruktur hin untersucht hatten, die in Tabelle 4-12 wiedergegebene Beziehung zwischen der Disziplin der Forscher und der von den Forschern angewandten Technik zur Identifizierung von Gemeindemachtstrukturen.

Tabelle 4-12: Disziplin der Forscher und angewandte Forschungstechnik

		Disziplin der Forscher: Soziologie	Politische Wissenschaft	
Angewandte Technik	Reputationstechnik	23	4	27
	Andere Technik	5	23	28
		28	27	55

$$Q = 0.93$$

Aus Tabelle 4-12 geht hervor, daß sich die Soziologen weit häufiger als die Politikwissenschaftler der Reputationstechnik bedienten (bei der die Informanten gebeten werden, die einflußreichsten Personen der Gemeinde zu nennen). Da jedoch, wie WALTON zeigt, die Forschungstechniken nicht ergebnisneutral sind, sondern den Typ der identifizierten Machtstruktur beeinflussen, belegt Tabelle 4-12 den Einfluß ideologischer Perspektiven in einem Spezialbereich der empirischen Sozialforschung. WALTON benutzt das Assoziationsmaß Q, um die Beziehung zwischen den Variablen zu beschreiben. Da dessen Zahlenwert nahe 1 ist, wurde hier offenbar eine sehr starke Beziehung zwischen den Variablen „Disziplin“ und „Forschungstechnik“ nachgewiesen.

Wenn wir im Anschluß an die Betrachtung der oben zitierten Tabellen eine Definition der statistischen Beziehung (Assoziation) geben wollten, so könnte diese wie folgt lauten: Zwischen zwei Variablen *besteht* eine statistische Beziehung, wenn die konditionalen Verteilungen *verschieden* sind; zwei Variablen stehen *nicht* miteinander in Beziehung, wenn die konditionalen Verteilungen *gleich* sind. Im Beispiel der Tabelle 4-5 und 4-6 weisen die in Abbildung 4-1 veranschaulichten unterschiedlichen konditionalen Prozentsätze auf eine *beträchtliche* Beziehung zwischen den Variablen hin; zwischen den Variablen bestünde *keine* Beziehung, wenn die konditionalen Prozentsätze völlig unterschiedslos wären. Das illustrieren die folgenden Tabellen.

Tabelle 4-13: Verschiedene Grade der Beziehung in 2 x 2-Tabellen mit gleichen Randverteilungen

(a) *Keine* Beziehung

		Beschäftigtenstatus		
		Arbeiter	Angest.	
Lohnzufriedenheit	gering	25	25	50
	hoch	25	25	50
		50	50	100

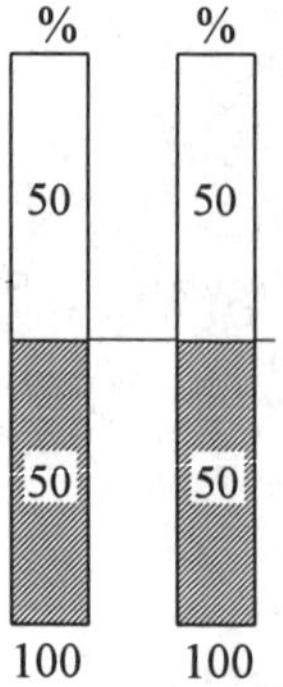

(b) *Schwache* Beziehung

		Beschäftigtenstatus		
		Arbeiter	Angest.	
Lohnzufriedenheit	gering	28	22	50
	hoch	22	28	50
		50	50	100

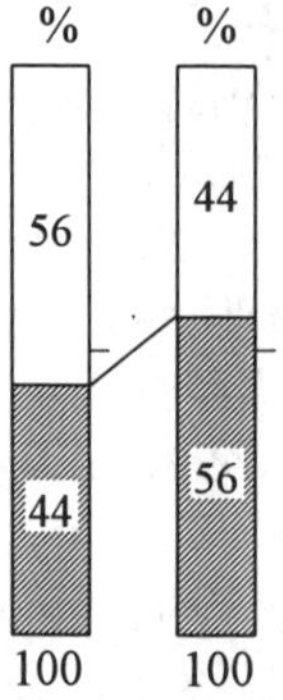

(c) *Starke* Beziehung

		Beschäftigtenstatus		
		Arbeiter	Angest.	
Lohnzufriedenheit	gering	40	10	50
	hoch	10	40	50
		50	50	100

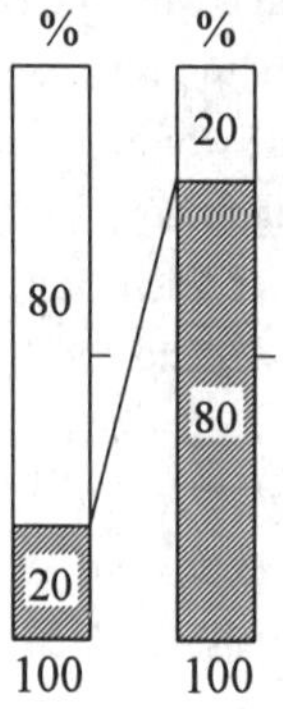

Tabelle 4-13: (Fortsetzung)

(d) *Perfekte* Beziehung

		Beschäftigtenstatus		
		Arbeiter	Angest.	
Lohnzufrie-denheit	gering	50		50
	hoch		50	50
		50	50	100

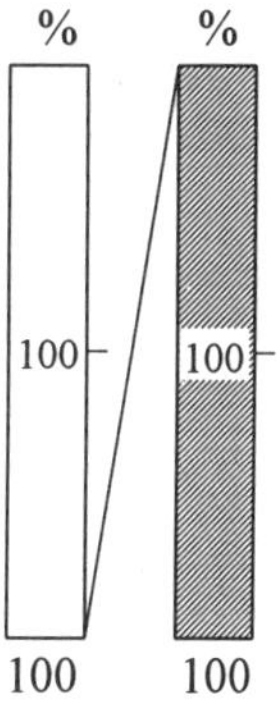

Tabelle 4-14: Verschiedene Grade der Beziehung in 3 x 3-Tabellen mit gleichen Randverteilungen

(a) *Keine* Beziehung

		Lohneinkommen			
		gering	mittel	hoch	
Lohn-zufrie-denheit	gering	11	11	11	33
	mittel	11	11	11	33
	hoch	11	11	11	33
		33	33	33	99

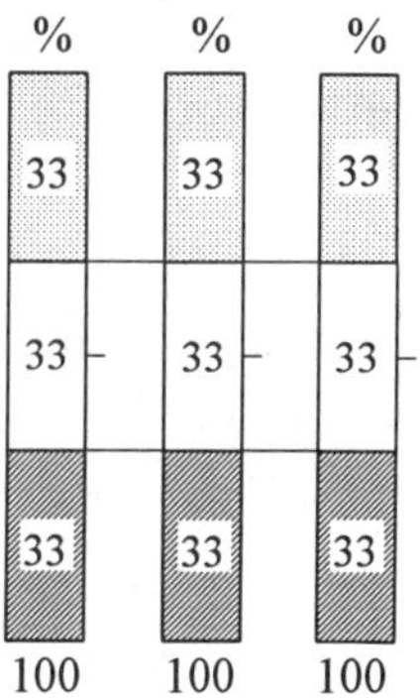

Tabelle 4-14: (Fortsetzung)

(b) *Schwache* Beziehung

		Lohneinkommen			
		gering	mittel	hoch	
Lohn-zufrie-denheit	gering	14	10	9	33
	mittel	10	13	10	33
	hoch	9	10	14	33
		33	33	33	99

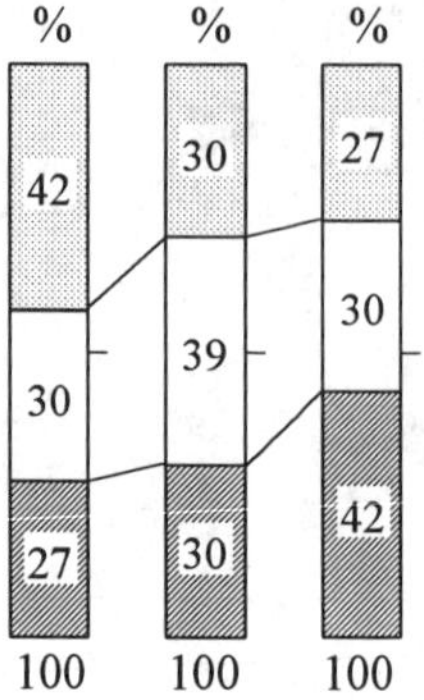

(c) *Starke* Beziehung

		Lohneinkommen			
		gering	mittel	hoch	
Lohn-zufrie-denheit	gering	26	4	3	33
	mittel	4	25	4	33
	hoch	3	4	26	33
		33	33	33	99

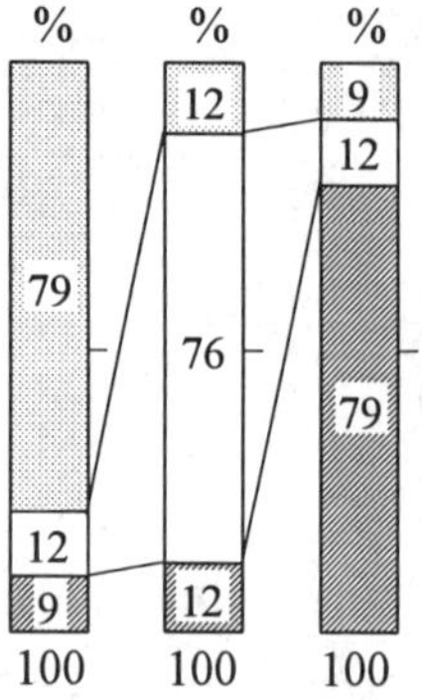

(d) *Perfekte* Beziehung

		Lohneinkommen			
		gering	mittel	hoch	
Lohn-zufrie-denheit	gering	33			33
	mittel		33		33
	hoch			33	33
		33	33	33	99

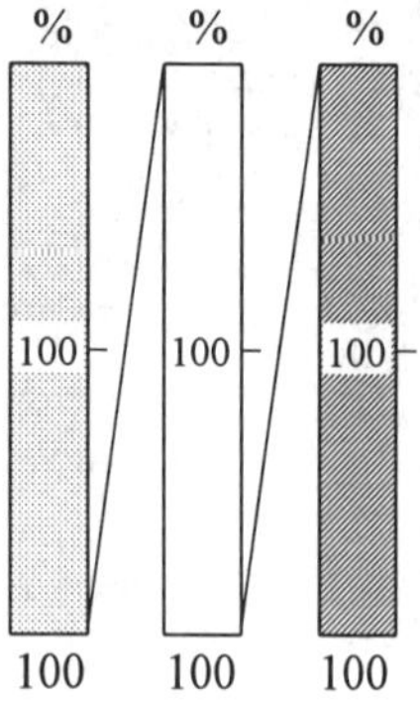

In den Tabellen 4-13a und 4-14a weisen die konditionalen Verteilungen keine Unterschiede auf; in diesen Fällen liegt *keine* Beziehung zwischen den Variablen vor. In den Tabellen 4-13b und 4-14b sind die Unterschiede zwischen den konditionalen Verteilungen schwach und in den Tabellen 4-13c und 4-14c stark ausgeprägt; in diesen Fällen ist eine *schwache* bzw. *starke* Beziehung zwischen den Variablen vorhanden. In den Tabellen 4-13d und 4-14d liegen maximale Differenzen zwischen den konditionalen Verteilungen vor; in diesen Fällen besteht eine *perfekte* Beziehung zwischen den Variablen.

Grundsätzlich sind zwei Betrachtungsweisen zu unterscheiden, die definieren, was unter einer statistischen Beziehung oder Assoziation zu verstehen ist, nämlich erstens die *Abweichung von der statistischen Unabhängigkeit* und zweitens die *Vorhersagbarkeit der einen Variablen auf der Basis der anderen*. Die erste, herkömmliche Betrachtungsweise des Konzepts der Beziehung oder Assoziation betont einen spezifischen Aspekt, nämlich den der *Abweichung von der Nichtbeziehung*. Danach ist eine statistische Beziehung gewissermaßen doppelt negativ bestimmt: Zwei Variablen sind assoziiert, wenn sie keine Nichtbeziehung aufweisen. Der klassische Gedankengang des Statistikers ist der folgende (vgl. DAVIS, 1971, S.36):

1. Entweder die Daten einer Tabelle stehen in Beziehung zueinander (X und Y sind assoziiert) oder aber nicht.

2. Man prüft zunächst, wie die Tabelle aussähe, wenn X und Y nicht assoziiert wären.

3. Alsdann vergleicht man die Daten der aktuellen Tabelle, in diesem Zusammenhang häufig *Kontingenztabelle* genannt, mit den Daten der Tabelle der Nichtbeziehung zwischen X und Y, in diesem Zusammenhang häufig *Indifferenztabelle* genannt.

4. Differieren die Daten der Kontingenztabelle und der Indifferenztabelle, so sagt man, daß X und Y miteinander in Beziehung stehen (assoziiert sind).

Dabei verwendet der Fachmann als Terminus technicus für Indifferenz den Ausdruck *statistische Unabhängigkeit* (engl. statistical independence), obwohl ein neutraler Ausdruck wie Nichtbeziehung (engl. lack of association) angemessener wäre. Wie wir sehen werden, beruhen etliche Assoziationsmaße auf dieser Konzeption der *Abweichung von der statistischen Unabhängigkeit*.

Die zweite, aktuellere Betrachtungsweise des Konzepts der Beziehung oder Assoziation ist die der *prädiktiven Assoziation*, der ebenfalls eine Reihe von Maßzahlen entsprechen, nämlich die sogenannten *PRE-Maße* (engl. proportional reduction in error measures). Bei der prädiktiven Assoziation geht es um die Frage, ob und in welchem Maße eine Schätzung oder Vorhersage (engl. prediction) der abhängigen (Y-)Variablen, bei der man darauf verzichtet, die zur Verfügung stehende Information über die unabhängige (X-)Variable auszunutzen, verbessert werden kann, wenn man in einer zweiten Vorhersage die Information über die unabhängige Variable ausnutzt, d.h., wenn die Vorhersage der abhängigen Variablen nicht auf ihre eigene Verteilung, sondern auf die gemeinsame Verteilung der X- und Y-Variablen gestützt wird.

Greift man etwa aus einer gegebenen Population zufällig Personen heraus, um deren Zugehörigkeit zu einer von mehreren Kategorien der Y-Variablen zu schätzen bzw. vorherzusagen, so kann das auf zweierlei Weise geschehen, nämlich einmal *ohne* und einmal *mit* Ausnutzung der Information darüber, daß die betreffenden Personen bestimmten Kategorien der X-Variablen zugehörig sind. Welcher Vorhersageregel man dabei auch folgen mag, man wird stets einige Vorhersagefehler begehen, jedenfalls bei der ersten Vorhersage. Besteht nun eine Beziehung zwischen X und Y, dann führt die Ausnutzung der Kenntnis der X-Variablen (genauer: die Ausnutzung der Kenntnis der Zugehörigkeit der Personen zu bestimmten Kategorien der X-Variablen) zu einer Verminderung (engl. reduction) der Vorhersagefehler. Fallen beispielsweise alle Personen je spezifischer Kategorien der X-Variablen in je spezifische Kategorien der Y-Variablen, so ermöglicht die Kenntnis der X-Kategorien eine exakte (fehlerfreie) Vorhersage der Y-Kategorien; es besteht dann eine *perfekte prädiktive*

Assoziation zwischen den Variablen. Liegt keine perfekte, aber doch eine gewisse Korrespondenz zwischen den Kategorien der beiden Variablen vor, so ist die auf die X-Variable gestützte Vorhersage der Y-Variablen zwar nicht fehlerfrei, aber stets besser als die erste Vorhersage, die die X-Variable ignoriert. Ist die (Vorhersage-)Fehlerreduktion erheblich, so ist die (prädiktive) Assoziation stark, ist sie gering, so ist die Assoziation schwach, und ist sie gleich Null, so ist die Assoziation gleich Null, und zwar selbst dann, wenn die Abweichung von der statistischen Unabhängigkeit ungleich Null ist. Bei dieser zweiten (prädiktiven) Konzeption ist folglich die *Verbesserung der Vorhersage* im Sinne einer (Vorhersage-)Fehlerreduktion das entscheidende *Kriterium der Assoziation*. Wie wir sehen werden, zeichnen sich die dieser Konzeption entsprechenden PRE-Maße durch den Vorteil aus, daß sie im Gegensatz zu anderen Assoziationsmaßen eine einfache und klare Interpretation haben.

4.3.1 Assoziationsmaße

Wie gezeigt, kann man sich auf verschiedene Weise Aufschluß darüber verschaffen, ob eine Beziehung zwischen zwei Variablen vorliegt, etwa durch sorgfältige Inspektion der bivariaten Tabelle, durch die Berechnung relativer Häufigkeiten und deren Vergleich, durch die Überprüfung der Frage, ob die Daten der Kontingenztabelle von den Daten der Indifferenztabelle abweichen, oder durch die Beantwortung der Frage, ob die Anwendung zweier Vorhersageregeln zu einer Vorhersagefehlerreduktion und damit zu einer Verbesserung der Vorhersage führt. Mit diesen elementaren Aktivitäten der Tabellenanalyse ist jedoch noch kein summarisches Maß gewonnen, das uns in die Lage versetzt, den wesentlichen Inhalt der Tabelle *mit einer einzigen Zahl* zu beschreiben, einer Zahl, die sich leicht mit anderen Zahlen *vergleichen* läßt (leichter als Tabellen mit Tabellen) und die sich leicht *mitteilen* läßt (z.B. in wissenschaftlichen Publikationen). Genau das ermöglichen die schon mehrfach erwähnten *Assoziationsmaße* (engl. measures of association), auch Assoziations-, Kontingenz- oder Korrelationskoeffizienten genannt.

4.3.2 Generelle Eigenschaften der Assoziationsmaße

Assoziationsmaße sind Kennwerte, die der zusammenfassenden Beschreibung der Beziehung zwischen Variablen dienen. Zur Erfüllung dieser Funktion sollten sie eine Reihe von Eigenschaften besitzen, von denen hier nur einige angeführt seien. (Siehe beispielsweise die Auflistung und Abwägung der Einzelkriterien bei GALTUNG, 1970, Kap.2.) Da es, wie erwähnt, unterschiedliche Konzeptionen der Assoziation und ihnen entsprechende Maßzahlen gibt, ist nicht zu erwarten, daß ein bestimmtes Assoziationsmaß alle angeführten Eigenschaften besitzt.

1. Konventionell sollen die Zahlenwerte eines Assoziationsmaßes zwischen 0 und 1 variieren, wobei der Wert 1 eine perfekte Beziehung und der Wert 0 eine Nichtbeziehung anzeigen soll. Für den Fall, daß das Assoziationsmaß auch die Richtung der Beziehung angibt, kommt hinzu, daß der Wert –1 eine perfekte negative (oder inverse) Beziehung und der Wert +1 eine perfekte positive Beziehung anzeigen soll. Nicht alle (ohnehin vorzeichenlosen) Koeffizienten, die auf der Maßzahl *Chi-Quadrat* basieren, erfüllen die Forderung, als Obergrenze den Zahlenwert 1 zu haben. Andererseits kann z.B. das PRE-Maß *Lambda* den Zahlenwert 0 annehmen, ohne daß eine statistische Unabhängigkeit vorliegt.

2. Die vielleicht wichtigste Forderung ist die einer klaren Interpretation. Der Koeffizient sollte eine eindeutige Aussage ermöglichen, wie etwa die PRE-Maße die Interpretation erlauben, daß bei einer Vorhersage der einen Variablen durch die Auswertung der Information über die andere Variable eine Fehlerreduktion von soundsoviel Prozent erzielt wird. Einige Maßzahlen erlauben jedoch keine andere Aussage als die, daß ein höherer Zahlenwert des Koeffizienten eine engere Beziehung zum Ausdruck bringt als ein niedrigerer Wert. Die sogenannten traditionellen Maßzahlen, die eine Funktion der Maßzahl *Chi-Quadrat* sind, lassen in dieser Hinsicht nahezu alles vermissen. Ihre für unter-

schiedlich große Tabellen berechneten Werte können kaum sinnvoll miteinander verglichen werden. GOODMAN und KRUSKAL (1954, S.740) bemerken hierzu, daß sie nicht in der Lage waren, in der statistischen Literatur eine einzige überzeugende Verteidigung chi-quadrat-basierter Assoziationsmaße zu finden.

3. Assoziationsmaße sollen für unterschiedliche Grade der Beziehung empfindlich sein, d.h., sie sollen mit dem Grad der Beziehung variieren. Oder anders gesagt: Sie sollen nicht gleiche oder annähernd gleiche Zahlenwerte für Tabellen produzieren, die offensichtlich durch unterschiedlich starke Beziehungen gekennzeichnet sind. Die PRE-Maße *Lambda* und *Gamma* lassen diesbezüglich einiges zu wünschen übrig.

4. Maßzahlen der Beziehung sollen invariant sein gegenüber unterschiedlichen absoluten Häufigkeiten der Tabellen, d.h. nicht für unterschiedliche absolute, sondern nur für unterschiedliche relative Häufigkeiten empfindlich sein. Einige Maße, z.B. die Prozentsatzdifferenz *d%* und das Assoziationsmaß *Q*, besitzen diese Eigenschaft, andere nicht.

5. Des weiteren sollen Assoziationsmaße gegenüber unterschiedlich vielen Variablenkategorien möglichst invariant sein, eine Forderung, die das in Abschnitt 4.2.3 angesprochene Problem der Zusammenfassung von Variablenausprägungen berührt. Die relative Unabhängigkeit eines Assoziationsmaßes von der Anzahl der Kategorien der Variablen ist deshalb wünschenswert, weil die in der Forschungsliteratur publizierten Koeffizienten von den verschiedensten Autoren stammen und deshalb auf Tabellen unterschiedlicher Größe beruhen. Mit Ausnahme des Koeffizienten *C*, der unter bestimmten Bedingungen (bei symmetrischen Verteilungen der kreuztabulierten Variablen) in dieser Hinsicht relativ stabil ist, variieren alle Assoziationsmaße mehr oder weniger stark, wenn die Anzahl der Kategorien der kreuztabulierten Variablen vermindert oder vermehrt und dadurch die bivariate Tabelle verkleinert oder vergrößert wird.

4.3.3 Das Modell der proportionalen Fehlerreduktion (PRE-Modell)

Statt Assoziationsmaße aus bloßer Tradition oder Konvention mehr oder weniger unreflektiert auszuwählen, empfehlen GOODMAN und KRUSKAL (1954) dem empirischen Forscher, eher solche Maße zu verwenden, die eine klare Bedeutung haben. Einen ähnlichen Vorschlag hatte schon Louis GUTTMAN (1941) unterbreitet, der dafür eintrat, die Assoziation zwischen zwei Variablen als den Grad zu definieren, in dem uns die eine Variable hilft, die andere vorherzusagen. Die von GUTTMAN gegebene Definition eines dieser Konzeption entsprechenden „prädiktiven" Assoziationmaßes lautet wie folgt (1941, S.261-262):

> „By a measure of the association of variate Y (whether Y is qualitative or quantitative) with variate X (whether X is qualitative or quantitative) is meant a measure whose absolute value increases with the decrease in amount of errors of prediction of Y from knowledge of the bivariate distribution of Y and X and knowledge of the X values of the individuals, the decrease being from the amount of error of prediction that would exist from knowledge of the univariate distribution of Y alone."

(Anmerkung: In Übereinstimmung mit der üblichen Notation haben wir im vorstehenden Zitat, anders als GUTTMAN in seinem frühen Beitrag, die unabhängige Variable mit X und die abhängige Variable mit Y bezeichnet.)

GOODMAN und KRUSKAL entwickelten in ihrem klassischen Aufsatz von 1954, dem vielleicht wichtigsten Beitrag über Maßzahlen der Assoziation, einige inzwischen gut eingeführte Assoziationsmaße, die eine *„predictive interpretation"*, d.h. eine Interpretation im Sinne der von GUTTMAN definierten Fehlerreduktion erlauben. Derartige Maßzahlen favorisiert auch COSTNER (1965), dessen Ratschlag dahin geht, in der soziologischen Forschung prinzipiell Assoziationsmaße zu bevorzugen, die im Sinne der proportionalen Fehlerreduktion, die durch eine gegebene Beziehung zwischen zwei Variablen ermöglicht wird, interpretierbar sind.

Dieses generelle Interpretationsmodell soll im folgenden kurz erläutert werden. Die hier präsentierte Darstellung lehnt sich sehr eng an den Aufsatz von COSTNER (1965) und das vorzügliche Lehrbuch von MUELLER, SCHUESSLER und COSTNER (1977) an, die ihrerseits einen engen Bezug zu den Arbeiten von GUTTMAN (1941) und GOODMAN und KRUSKAL (1954) haben. Dabei werden wir auch die aus dem Angelsächsischen kommende Abkürzung „PRE“ (proportional reduction in error), z.B. die Ausdrücke „PRE-Interpretation“ und „PRE-Maße“, verwenden. Wenn also von PRE-Maßen die Rede ist, sind jene Assoziationsmaße gemeint, die im Sinne der proportionalen Fehlerreduktion interpretierbar sind, d.h. eine PRE-Interpretation erlauben. Wie wir sehen werden, gibt es PRE-Maße, die für nominale Daten (*Lambda*), ordinale Daten (*Gamma*) und metrische Daten (r^2 und η^2) verwendet werden können.

Bei der Berechnung von PRE-Maßen kommen zwei Vorhersageregeln zur Anwendung: 1. eine Regel für die Vorhersage der abhängigen Variablen *ohne* Auswertung der Information über die unabhängige Variable und 2. eine Regel für die Vorhersage der abhängigen Variablen *mit* Auswertung der Information über die unabhängige Variable. Alsdann wird ein Verhältnis berechnet, das die graduelle Verbesserung der Vorhersage als proportionale Fehlerreduktion ausdrückt, die bei der Anwendung der beiden Vorhersageregeln erzielt wird.

Greifen wir zur Illustration der PRE-Logik auf die Tabellen 4-13 und 4-14 zurück. Tabelle 4-13d und 4-14d sind Beispiele perfekter Beziehungen. Im Fall der Tabelle 4-13 ermöglicht die Kenntnis des Beschäftigtenstatus die Vorhersage der Lohnzufriedenheit, ohne einen Vorhersagefehler zu begehen; denn wenn wir wissen, daß eine Person Arbeiter ist, dann wissen wir auch, daß sich diese Person durch eine geringe Lohnzufriedenheit auszeichnet; und wenn wir wissen, daß jemand Angestellter ist, dann wissen wir auch, daß er sich durch eine hohe Lohnzufriedenheit auszeichnet.

Gleichermaßen erlaubt die in Tabelle 4-13d dargestellte Beziehung zwischen den Variablen „Lohneinkommen“ und „Lohnzufriedenheit“ die Lohnzufriedenheit aufgrund der Kenntnis des Lohneinkommens nach der folgenden Regel *fehlerfrei* vorherzusagen: „Wenn das Lohneinkommen gering ist, dann ist auch die Lohnzufriedenheit gering; wenn das Lohneinkommen mittelmäßig ist, dann ist auch die Lohnzufriedenheit mittelmäßig; und wenn das Lohneinkommen hoch ist, dann ist auch die Lohnzufriedenheit hoch.“ Perfekte Beziehungen wie diese kommen in der Realität höchst selten vor, weil auch andere Variablen als die isoliert betrachtete unabhängige Variable die abhängige Variable beeinflussen und weil fast immer Klassifikations- bzw. Meßfehler auftreten (hier bei der Unterscheidung von Arbeitern und Angestellten, bei der Ermittlung des Lohneinkommens und bei der Messung der Lohnzufriedenheit).

Tabelle 4-13c stellt keine perfekte, sondern eine offensichtlich starke Beziehung dar. Nichtsdestoweniger können wir auch hier aufgrund der Kenntnis des Beschäftigtenstatus die Lohnzufriedenheit vorhersagen. Unsere Vorhersage ist allerdings bei Anwendung derselben Regel „Wenn Arbeiter, dann geringe Lohnzufriedenheit, und wenn Angestellter, dann hohe Lohnzufriedenheit“ nicht fehlerfrei. Bei durchgehender Anwendung dieser Regel auf alle 100 Beschäftigten trifft unsere Vorhersage in 80 Prozent der Fälle zu und in 20 Prozent der Fälle nicht. Nun ist der Prozentwert 80 (bzw. der Wert 0.80) kein sinnvoller Kennwert der Assoziation zwischen den Variablen, weil er den Grad der (Un-) Genauigkeit der Vorhersage der Lohnzufriedenheit *ohne* Kenntnis des Beschäftigtenstatus außer acht läßt. Das heißt, der Zahlenwert 0.80 wäre der Wert eines nicht genormten Assoziationsmaßes. In Tabelle 4-13c entfallen je 50 Beschäftigte auf die Kategorien „gering“ und „hoch“ der Variablen „Lohnzufriedenheit“. Allein auf diese Information gestützt, können wir genau die Hälfte der Fälle korrekt klassifizieren; wenn wir für jeden Beschäftigten entweder eine geringe oder eine hohe Lohnzufriedenheit vorhersagen, sind genau 50 dieser Vorhersagen falsch. Wie wir sahen, sind bei Anwendung der anderen Regel von 100 Vorhersagen nur 20 falsch. Mit anderen Worten: Bei der Vorhersage der Lohnzufriedenheit hilft uns die Kenntnis des Beschäftigtenstatus, die Vorhersage erheblich zu verbessern, weil wir bei 100 Vorhersagen statt 50 nur noch 20 Fehler begehen. Das bedeutet eine Fehlerreduktion von (50 – 20)/50 = 0.60 oder 60 Prozent.

Bei Anwendung der Vorhersageregel „Wenn das Lohneinkommen gering ist, dann ist auch die Lohnzufriedenheit gering; ...“ auf Tabelle 4-14c können wir die Lohnzufriedenheit für die in der sog. Hauptdiagonalen vorfindlichen Fälle (26 + 25 + 26 = 77) genau vorhersagen. Wir sind aber, wie erwähnt, nicht an der Anzahl korrekter Vorhersagen interessiert, sondern an der proportionalen Fehlerreduktion. In Tabelle 4-14c sind die Kategorien der abhängigen Variablen „Lohnzufriedenheit“ mit je 33 Fällen besetzt. Ohne Berücksichtigung des Lohneinkommens kann deshalb die Vorhersage einer dieser Kategorien (z.B. „hoch“) für alle 99 Beschäftigten in nur 33 Fällen korrekt sein; 66 Vorhersagen sind notwendig falsche Vorhersagen. *Ohne* Kenntnis des Lohneinkommens begehen wir folglich bei der Vorhersage der Lohnzufriedenheit 66 Fehler, *mit* Kenntnis des Lohneinkommens hingegen nur 99 – 77 = 22 Fehler. Die Fehlerreduktion beträgt in diesem Fall (66 – 22)/66 = 0.67 oder 67 Prozent.

Betrachten wir schließlich die in den Tabellen 4-13b und 4-14b dargestellten schwachen Beziehungen. Im ersten Beispiel ist die Vorhersage der Lohnzufriedenheit bei Berücksichtigung des Beschäftigtenstatus in 28 + 28 = 56 von 100 Fällen richtig und in 44 Fällen falsch. Auf der Basis der (Rand-)Verteilung der Variablen „Lohnzufriedenheit“ allein begehen wir 50 Vorhersagefehler. Die Fehlerreduktion ist in diesem Beispiel sehr gering; sie beträgt nur (50 – 44)/50 = 0.12 oder 12 Prozent. Bei Tabelle 4-14b führt die Auswertung der Information über das Lohneinkommen zu 14 + 13 + 14 = 41 fehlerfreien Vorhersagen der Lohnzufriedenheit; in diesem Beispiel sind folglich 99 – 41 = 58 Vorhersagen falsch. Gegenüber der allein auf der (Rand-)Verteilung der Variablen „Lohnzufriedenheit“ beruhenden Vorhersage mit 66 Fehlern stellt dies eine sehr geringe Fehlerreduktion von nur (66 – 58)/66 = 0.12 oder 12 Prozent dar.

Aus den in den Tabellen 4-13a und 4-14a dargestellten Nichtbeziehungen erhellt unmittelbar, daß die Kenntnis der zweiten Variablen nichts zur Verbesserung der Vorhersage beiträgt; aufgrund der bivariaten Verteilung ist keine Fehlerreduktion und damit keine Vorhersageverbesserung möglich.

Die vorangehenden Beispiele illustrieren nicht nur die Anwendung gewisser Regeln zur Berechnung eines PRE-Maßes, sondern auch gewisse *Eigenschaften des PRE-Modells*. Diese Eigenschaften können wie folgt beschrieben werden: Jedes PRE-Maß repräsentiert die *proportionale* bzw. (mit 100 multipliziert) *relative* Fehlerreduktion, die aus der Enge der Beziehung zwischen den Variablen resultiert. Die PRE-Maße unterscheiden sich zwar nach *Vorhersageregeln* und nach *Definitionen der Vorhersagefehler;* sie haben jedoch eine gemeinsame Logik. Die gemeinsame Logik besteht in der zahlenmäßigen Bestimmung des Fehlers einer ersten Vorhersage der abhängigen Variablen, die sich lediglich auf die Verteilung der abhängigen Variablen stützt, und in einer Spezifikation des Grades, in dem dieser Fehler der Vorhersage reduziert werden kann, wenn in einer zweiten Vorhersage der abhängigen Variablen auch die Information über die unabhängige Variable ausgewertet wird.

Demgemäß sind den PRE-Maßen vier Elemente gemeinsam: 1. eine Vorhersageregel, die auf der Verteilung der abhängigen Variablen basiert, 2. eine Vorhersageregel, die auf der gemeinsamen Verteilung der Variablen basiert, 3. eine Fehlerdefinition und 4. eine Formel zur Berechnung der proportionalen Fehlerreduktion. Die PRE-Interpretation setzt folglich voraus:

1. *Eine Regel für die Vorhersage der abhängigen Variablen auf der Basis ihrer eigenen Verteilung.* Bei der Analyse der Tabellen 4-13 und 4-14 lief die Anwendung dieser Regel darauf hinaus, daß wir jeweils eine der in diesen Beispielen gleich stark besetzten Kategorien der abhängigen Variablen für alle Untersuchungseinheiten vorhersagten. Wie wir sehen werden, lautet die Regel für die Vorhersage der abhängigen Variablen auf der Basis ihrer eigenen Verteilung bei anderen Daten und bei PRE-Maßen, die von ordinalen und metrischen Daten ausgehen, anders.

2. *Eine Regel für die Vorhersage der abhängigen Variablen auf der Basis der unabhängigen Variablen.* Im ersten der obigen Rechenbeispiele lautete die auf die unabhängige Variable gestützte Vorhersageregel: „Wenn Arbeiter, dann geringe Lohnzufriedenheit, ...“, im zweiten Beispiel: „Wenn geringes Lohneinkommen, dann geringe Lohnzufriedenheit, ...“. Auf andere Daten und PRE-Maße sind, wie wir sehen werden, andere Regeln für die Vorhersage der abhängigen Variablen auf der Basis der unabhängigen Variablen zugeschnitten.

3. *Eine Fehlerdefinition.* Die obigen Rechenbeispiele implizieren eine unmittelbar einsichtige Fehlerdefinition: Jeder nicht korrekt klassifizierte, d.h. von einer Vorhersageregel abweichende Fall wurde als Fehler behandelt. Wie wir sehen werden, beziehen sich die Vorhersagen z.B. bei metrischen Daten nicht auf die kategoriale Zugehörigkeit oder Nichtzugehörigkeit der Fälle. Vielmehr geht bei metrischen Daten die exakte Größe der Differenzen zwischen Beobachtungs- und Vorhersagewerten in die Berechnung des Fehlers bzw. des PRE-Maßes ein. Damit ist angedeutet, daß die Fehlerdefinition bei Variablen anderen Meßniveaus eine andere ist.

4. *Eine Definition des PRE-Maßes.* Obwohl die Vorhersageregeln und Fehlerdefinitionen maßzahlspezifisch sind, haben alle PRE-Maße diese generelle Form:

$$\text{PRE-Maß} = \frac{(\text{Fehler nach Regel 1}) - (\text{Fehler nach Regel 2})}{(\text{Fehler nach Regel 1})}$$

$$= \frac{E_1 - E_2}{E_1}$$

wobei E_1 = Fehler bei Anwendung der Regel 1 und
E_2 = Fehler bei Anwendung der Regel 2.

5. Die Beschreibung der Beziehung zwischen nominalen Variablen

Da es eine Vielzahl von Maßzahlen gibt, die zur Beschreibung der Beziehung zwischen *nominalen* Variablen geeignet sind (siehe etwa BISHOP et al., 1975, Kap.11), können wir hier nur eine Auswahl besprechen. Diese Auswahl orientiert sich an zwei Kriterien: erstens daran, wie häufig die Maßzahlen in der sozialwissenschaftlichen Forschung verwendet werden, zweitens daran, ob sie mit Datenanalysesystemen, die in den Sozialwissenschaften bevorzugt werden (SPSS, BMDP, SAS und SYSTAT), berechenbar sind.

Einige der zu behandelnden Maßzahlen, nämlich jene, die eine Funktion von *Chi-Quadrat* sind, erfahren oft berechtigte Kritik, weil deren Zahlenwerte nur schwer interpretierbar sind. Dennoch werden wir auch auf diese Koeffizienten, denen man nicht nur in der älteren Forschungsliteratur begegnet, eingehen. Wir werden aber auch ein Assoziationsmaß für nominale Variablen kennenlernen, das den „traditionellen" Maßen in dieser Hinsicht überlegen ist, nämlich das von GOODMAN und KRUSKAL (1954) vorgeschlagene Maß *Lambda*.

Die in diesem Kapitel behandelten Maßzahlen sind sämtlich geeignet, die Beziehung zwischen Variablen zu beschreiben, die das Niveau einer *Nominalskala* haben, wie z.B. die Variablen Geschlechtszugehörigkeit, Familienstand, Konfessionszugehörigkeit, Beschäftigtenstatus, Parteipräferenz oder Nationalität. Die für nominale Variablen konzipierten Assoziationsmaße können lediglich voraussetzen, daß eine Klassifikation der Untersuchungseinheiten in rangmäßig nicht geordnete Kategorien vorgenommen wurde. Da die Kategorien nominaler Variablen beliebig angeordnet, d.h. jederzeit vertauscht werden können, ist unmittelbar einsichtig, daß wir nicht von einer positiven oder negativen Beziehung sprechen können, wenn auch nur eine der beiden kreuztabulierten Variablen nominales Meßniveau hat. Die Maßzahlen zur Charakterisierung der Beziehung zwischen nominalen Variablen brauchen deshalb nicht über die

Richtung der Beziehung zu informierern; sie können vorzeichenlos sein, weil Vorzeichen bei nominalen Variablen inhaltlich nicht interpretierbar sind. In der Tat sind etliche für nominale Variablen geeignete Maße vorzeichenlose Kennwerte, z.B. alle chi-quadrat-basierten Maßzahlen. Zwei auf nominale Variablen anwendbare und im folgenden behandelte Assoziationsmaße produzieren jedoch Vorzeichen; es sind dies die *Prozentsatzdifferenz (d%)* und der *Phi-Koeffizient* (falls letzterer direkt aus den Originaldaten einer 2 x 2-Tabelle berechnet wird). Deren über den Richtungssinn einer Beziehung informierende Vorzeichen können von besonderem Interesse sein, wenn - was prinzipiell möglich ist - *d%* oder *Phi* für dichotomisierte Variablen höheren Meßniveaus berechnet werden. Bei nominalen Variablen beschränkt sich die Interpretation der Vorzeichen dieser Maße auf die Feststellung, daß bei positivem Vorzeichen eine (ad)-Dominanz und bei negativem Vorzeichen eine (bc)-Dominanz in der 2 x 2-Tabelle vorliegt (vgl. Abschnitt 4.2.2).

5.1 Die Prozentsatzdifferenz

Welch nützliche Funktion das vielleicht einfachste aller Assoziationsmaße, die *Prozentsatzdifferenz (d%)*, hat, sei an einem Beispiel veranschaulicht, das einer von HYMAN und WRIGHT (1971) durchgeführten Replikationsuntersuchung entnommen ist, in der die Mitgliedschaft Erwachsener in freiwilligen Organisationen erforscht wurde. Die Daten entstammen einer Befragung von US-Bürgern aus dem Jahre 1960; sie zeigen, daß Schwarze - in der damaligen Zeit und zur Zeit der Veröffentlichung der Forschungsergebnisse noch nicht „Blacks" oder „Afro-Americans", sondern allgemein „Negroes" genannt - seltener als Weiße Mitglieder freiwilliger Organisationen (ohne Gewerkschaften) waren (siehe Tabelle 5-1).

Da HYMAN und WRIGHT die Basis der Prozentuierung mitteilen, können die die Daten der Tabelle 5-1 leicht in einer Weise rekonstruiert werden, daß sich eine 2 x 2-Tabelle ergibt (siehe Tabelle 5-2).

Tabelle 5-1: Percent of Respondents Belonging to Voluntary Associations (Excluding Unions) by Race, 1960

Race	0	1	2+	N
Negro	59 %	19 %	22 %	96
White	48 %	22 %	30 %	834

Tabelle 5-2: Rassenzugehörigkeit und Mitgliedschaft in freiwilligen Organisationen

		Rassenzugehörigkeit		
		schwarz	weiß	
Mitglied freiwilliger	nein	57	400	457
Organisationen	ja	39	434	473
		96	834	930

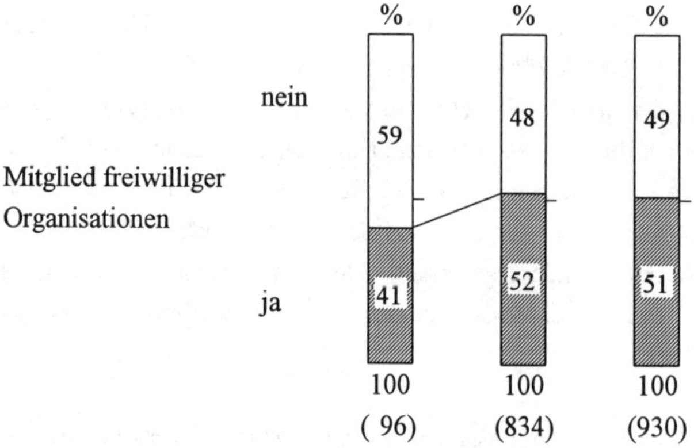

Abbildung 5-1: Graphische Darstellung zu Tabelle 5-2

Diese Form der Daten legt es nahe, die Differenz zwischen den Prozentsätzen zur Beschreibung der Beziehung zwischen den Variablen „Rassenzugehörigkeit“ und „Mitgliedschaft in freiwilligen Organisationen“ zu verwenden.

Abbildung 5-1 ist zu entnehmen, daß 49 Prozent aller Befragten nicht Mitglied freiwilliger Organisationen sind. Die Darstellung drückt jedoch nicht nur die Marginalverteilung, sondern auch die konditionalen Verteilungen in Prozentsätzen aus. Wir können infolgedessen prüfen, in welchem Maße die Mitgliedschaft in freiwilligen Organisationen mit der Rassenzugehörigkeit assoziiert ist. Wie leicht auszumachen ist, beträgt die Differenz zwischen den beiden Subgruppen 59 – 48 = 11 Prozentpunkte. Diese Differenz zwischen den Prozentsätzen ist ein Maß der Beziehung zwischen den Variablen.

Mit Bezug zur Nomenklatur der 2 x 2-Tabelle (siehe Abschnitt 4.2.2) ist die *Prozentsatzdifferenz (d%)* wie folgt definiert:

$$d\% = 100\left(\frac{a}{a+c} - \frac{b}{b+d}\right)$$

oder $$d\% = \frac{100(ad - bc)}{(a+c)(b+d)}$$

Setzen wir die Daten der Tabelle 5-2 in diese Formeln ein, so erhalten wir:

$$d\% = 100\left(\frac{57}{96} - \frac{400}{834}\right) = 100(0.59 - 0.48) = 11$$

oder $$d\% = \frac{100[(57)(434) - (400)(39)]}{(96)(834)} = \frac{100(24738 - 15600)}{80064} = 11$$

Die Prozentsatzdifferenz beträgt bei vollständiger Unabhängigkeit (Indifferenz) 0, bei vollständiger Abhängigkeit bzw. Assoziation ±100. Dieser Variationsbereich könnte unter Verzicht auf die Multiplikation mit 100 in den Variationsbereich zwischen –1 und +1 umgewandelt und auf diese Weise die Prozentsatzdifferenz den Koeffizienten, die konventionell zwischen –1 und +1 variieren, angeglichen werden, nämlich als Proportionsdifferenz. Das ist jedoch nicht üblich. Insofern nimmt die Prozentsatzdifferenz unter den Assoziationsmaßen eine Sonderstellung ein.

Die Prozentsatzdifferenz vermittelt als einfaches, leicht errechnetes Maß einen plastischen Eindruck von der Beziehung zwischen den Variablen. Die Richtung wird durch das Vorzeichen ausgedrückt. Ein positives Vorzeichen gibt zu erkennen, daß die Beziehung entlang der (ad)-Diagonalen verläuft, während ein negatives Vorzeichen das Übergewicht entlang der (bc)-Diagonalen anzeigt.

Es gibt keinen Grund, die Prozentsatzdifferenz als ein primitives Assoziationsmaß zu betrachten, das eines qualifizierten Forschers unwürdig ist, weil es keinen Grund gibt, ein Konzept seiner klaren Bedeutung wegen abzulehnen. Prozentwerte sind die einzigen Kennwerte, die nicht-professionellen Lesern geläufig sind. Man kann sicher sein, daß jedes andere Assoziationsmaß bei Laien auf größere Verständnisschwierigkeiten stößt. Da aber viele sozialwissenschaftliche Aussagen und Forschungsberichte an ein nicht einschlägig vorgebildetes Publikum gerichtet sind, sollte man die erhellende Funktion eines leicht verständlichen Assoziationsmaßes nicht unterschätzen. Die Prozentsatzdifferenz ist durchaus geeignet, ein intuitives, wenn nicht fundamentales Verständnis für das Konzept der Assoziation zu vermitteln. Infolgedessen ist die Verwendung der Prozentsatzdifferenz als Maß der Beziehung stets zu erwägen, wenn die kreuztabulierten Variablen zwei Kategorien haben, d.h. Dichotomien sind.

Was für 2 x 2-Tabellen gilt, gilt nicht für beliebig große Tabellen. Größere als Vierfeldertabellen weisen mehr als eine Prozentsatzdifferenz auf. Nehmen wir beispielsweise an, eine aus der Kreuztabulation der dichotomisierten Variablen „Autoritarismus“ (niedrig/hoch) und der trichotomisierten Variablen „Schichtzugehörigkeit“ (Unterschicht/Mittelschicht/Oberschicht) resultierende 2 x 3-Tabelle hätte folgende Prozentwerte in der Kategorie „niedrig“: Unterschicht 70 Prozent, Mittelschicht 60 Prozent und Oberschicht 40 Prozent. Hier wäre die Differenz zwischen der Unter- und Mittelschicht 10 Prozent, zwischen der Unter- und Oberschicht 30 Prozent und zwischen der Mittel- und Oberschicht 20 Prozent. Läge überdies die Variable „Autoritarismus“ nicht dichotomisiert, sondern trichotomisiert vor, so wäre das Bild noch komplizierter, weil dann in jeder Schicht drei statt zwei Prozentwerte aufträten. Es liegt auf der Hand, daß bei größeren als 2 x 2-Tabellen der Rekurs auf Prozentsatzdifferenzen eher Verwirrung stiften würde als ein Maß der Beziehung, das unabhängig von der Tabellengröße die Assoziation zwischen den Variablen mit einer einzigen Zahl beschreibt.

Prinzipiell besteht natürlich immer die Möglichkeit, eine größere als 2 x 2-Tabelle durch Zusammenfassung der Kategorien auf eine 2 x 2-Tabelle zu reduzieren. Von dieser Möglichkeit haben wir in unserem oben zitierten Beispiel aus der Untersuchung von HYMAN und WRIGHT (1971) Gebrauch gemacht. Man sollte sich jedoch hüten, dieses Vorgehen als eine geschickte Datenanalysepolitik anzusehen und gewissermaßen blind anzuwenden, weil dadurch leicht Informationen verschenkt und falsche Eindrücke erzeugt werden können. So haben wir in unserem Beispiel lediglich die Information ausgewertet, die sich auf die Dichotomie „Mitgliedschaft“ versus „Nicht-Mitgliedschaft“ bezieht; wir haben darauf verzichtet, die gegebene Information zu berücksichtigen, daß nur 19 Prozent der befragten Schwarzen, aber 22 Prozent der befragten Weißen Mitglied *einer* freiwilligen Organisation sind, und daß nur 22 Prozent der befragten Schwarzen, aber 30 Prozent der befragten Weißen Mitglied *zweier oder mehrerer* freiwilliger Organisationen sind. Es sollte klar sein, daß wenig dafür spricht, diese Information zu unterschlagen, sondern viel dafür, sie in der Datenanalyse auszuwerten. Dazu benötigen wir Assoziationsmaße, die auch für größere als 2 x 2-Tabellen geeignet sind.

5.2 Assoziationsmaße auf der Basis von Chi-Quadrat

Statt, wie bei der Prozentsatzdifferenz, die konditionalen Verteilungen einer Vierfeldertabelle miteinander zu vergleichen, kann man die vorgefundene Besetzung der Zellen (auch größerer als 2 x 2-Tabellen) mit einer Besetzung vergleichen, die man erwarten würde, wenn keine Beziehung zwischen den Variablen bestünde. Auf einem solchen Vergleich der *Häufigkeiten der sog. Kontingenztabelle* (f_b) mit den *Häufigkeiten der sog. Indifferenztabelle* (f_e) beruhen die traditionellen chi-quadrat-basierten Maßzahlen, die sich für Daten aller Meßniveaus, also auch für nominalskalierte Daten, berechnen lassen. Dabei wird die Maßzahl *Chi-Quadrat* (χ^2) nach der folgenden Formel berechnet:

$$\chi^2 = \sum \frac{(f_b - f_e)}{f_e}$$

Wie wir sehen werden, kann *Chi-Quadrat* für 2 x 2-Tabellen auch unter Verzicht auf die Ermittlung der erwarteten Häufigkeiten nach der folgenden Formel berechnet werden:

$$\chi^2 = \frac{N(ad - bc)^2}{(a+b)(c+d)(a+c)(b+d)}$$

In allen anderen Fällen besteht der erste Schritt zur Berechnung eines chi-quadrat-basierten Assoziationsmaßes darin, die erwarteten Häufigkeiten der Indifferenztabelle zu ermitteln. Die *Indifferenztabelle* ist insofern eine imaginäre Tabelle, als sie die gemeinsamen Häufigkeiten bei gegebenen Randverteilungen in einer Weise darstellt, wie wir sie anträfen bzw. zu erwarten hätten, wenn keine Beziehung zwischen den Variablen bestünde, d.h., wenn die Variablen voneinander unabhängig wären. Der zweite Schritt besteht darin, die beobachteten gemeinsamen Häufigkeiten der *Kontingenztabelle* (f_b) mit den erwarteten, den, wie man auch sagt, „theoretischen“ gemeinsamen Häufigkeiten der *Indifferenztabelle* (f_e) zu vergleichen. Je größer die Differenz zwischen den

Häufigkeiten der beiden Tabellen ist, desto größer ist die *Abweichung von der statistischen Unabhängigkeit* und der Grad der Assoziation zwischen den Variablen. Der dritte und letzte Schritt besteht darin, die Differenzen zwischen beiden Tabellen zur Berechnung des Assoziationsmaßes heranzuziehen.

Zur Erläuterung der Rechenschritte sollen uns die in Tabelle 5-3 und Abbildung 5-2 zitierten Teilergebnisse einer Untersuchung aus den USA dienen. McDILL und COLEMAN (1963) fanden bei der Analyse von Befragungsdaten folgende Beziehung zwischen dem sozialen Status - innerhalb der Schülerschaft von High-School-Besuchern, die zunächst als „Freshmen" (1957) und später als „Seniors" (1961) befragt worden waren - und der Absicht, nach dem Besuch der High-School ein College zu besuchen:

Tabelle 5-3: Die Beziehung zwischen dem Status in einem Sozialsystem und der Absicht, ein College zu besuchen

(a) Freshmen

		Social Status: High	Social Status: Low	
College Plans	Yes	85	206	291
	No	59	252	311
		144	458	602

$\phi = 0.12$

(b) Seniors

	Social Status: High	Social Status: Low	
Yes	112	155	267
No	57	278	335
	169	433	602

$\phi = 0.28$

Aus Tabelle 5-3 und Abbildung 5-2 geht hervor, daß (a) die Korrelation zwischen den Variablen „Sozialer Status" und „Collegepläne" zu beiden Befragungszeitpunkten positiv ist (obwohl die Kategorien der Variablen nicht entsprechend der Konvention angeordnet wurden - wobei man darüber streiten kann, ob auch die Variable „College Plans" eine ordinale oder nicht lediglich eine nominale Variable ist -, ist das Vorzeichen des *Phi*-Koeffizienten korrekt,

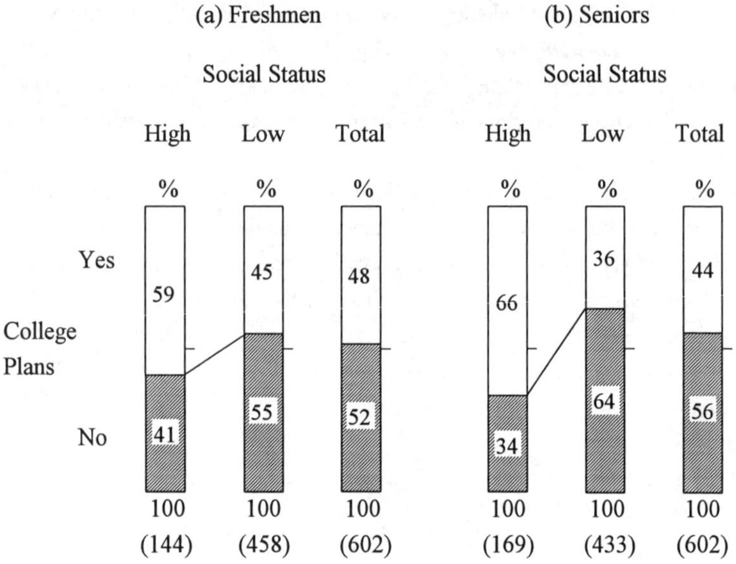

Abbildung 5-2: Die Beziehung zwischen dem Status in einem Sozialsystem und der Absicht, ein College zu besuchen (siehe Tabelle 5-3)

da die Kategorien *beider* Variablen vertauscht wurden, was unschädlich ist) und daß (b) die Korrelation im Laufe der vier Schuljahre, die zwischen den Befragungen liegen, zunimmt. Darüber geben nicht nur die in Tabelle 5-3 ausgewiesenen Zahlenwerte des von McDILL und COLEMAN berechneten (und gleich zu erläuternden) *Phi*-Koeffizienten Aufschluß ($\phi = 0.12$ und $\phi = 0.28$), sondern auch die schnell berechneten Prozentsatzdifferenzen: Für die „Freshmen" erhalten wir einen Wert von $d\% = 59 - 45 = 14$ und für die „Seniors" einen Wert von $d\% = 66 - 36 = 30$.

Uns soll zunächst die Frage beschäftigen, wie man, dargestellt am Beispiel der „Freshmen", die gemeinsamen Häufigkeiten der *Indifferenztabelle* berechnet.

Dazu greifen wir auf die marginalen Häufigkeiten der Tabelle 5-3a zurück, jener Tabelle, die in diesem Zusammenhang *Kontingenztabelle* genannt wird. Auf der Basis der marginalen Häufigkeiten der Kontingenztabelle berechnen wir für jede Zelle der Indifferenztabelle die sog. theoretische oder erwartete Häufigkeit. Aus dieser Berechnung gehen konditionale Verteilungen hervor, die, ausgedrückt in Prozentwerten, unterschiedslos oder „indifferent" sind.

Nach der in Abschnitt 4.2.1 beschriebenen Notation hat die Zelle_{ij} der Indifferenztabelle die *erwartete Häufigkeit*

$$fe_{ij} = \frac{n_{i.}n_{.j}}{N}$$

Beziehen wir uns auf Tabelle 5-3a, so erhalten wir z.B. für Zelle_{11} die erwartete Häufigkeit

$$fe_{11} = \frac{n_{1.}n_{.1}}{N} = \frac{(291)(144)}{602} = 69.6$$

Das Ergebnis der gesamten Rechnung ist die in Tabelle 5-4 mit der Kontingenztabelle kontrastierte Indifferenztabelle.

Tabelle 5-4: Kontrastierung der Kontingenztabelle mit der Indifferenztabelle

Kontingenztabelle (f_b)

Freshmen

		Social Status		
		High	Low	
College	Yes	85	206	291
Plans	No	59	252	311
		144	458	602

Indifferenztabelle (f_e)

Freshmen

		Social Status		
		High	Low	
College	Yes	69.6	221.4	291.0
Plans	No	74.4	236.6	311.0
		144.0	458.0	602.0

Man beachte und kontrolliere, daß sich die Häufigkeiten der Indifferenztabelle zu den Randhäufigkeiten der Tabelle addieren. (Da die marginalen Häufigkeiten der Indifferenztabelle fixiert sind, ist eine 2 x 2-Tabelle mit der Bestimmung von nur einer erwarteten Häufigkeit determiniert; die erwarteten Häufigkeiten der übrigen drei Zellen sind die jeweilige Differenz zwischen der errechneten Häufigkeit und der entsprechenden Randhäufigkeit. Zwecks Vermeidung von Folgefehlern empfiehlt sich jedoch die Berechnung aller erwarteten Häufigkeiten durch Multiplikation der marginalen Zeilen- und Spaltenhäufigkeit, geteilt durch die Gesamthäufigkeit.)

Ob die ermittelten theoretischen Häufigkeiten der Indifferenztabelle in der Tat eine Tabelle ergeben, in der die Variablen voneinander unabhängig sind, läßt sich durch die Berechnung der relativen Häufigkeiten der konditionalen Verteilungen leicht überprüfen. Falls keine Beziehung zwischen den Variablen besteht, müssen *per definitionem* die konditionalen Verteilungen, in Proportionen oder Prozentwerten ausgedrückt, identisch sein; nur dann liegt eine Indifferenztabelle vor. Da in unserem Beispiel die abhängige Variable lediglich zwei Kategorien hat, genügt es, die Prozentwerte von nur einer Kategorie jeder konditionalen Verteilung zu berechnen. Es zeigt sich, daß die konditionalen Verteilungen tatsächlich unterschiedslos sind und mit der Marginalverteilung der Variablen „College Plans" übereinstimmen (siehe Abbildung 5-3):

$$\frac{69.6}{144}(100) = 48.3 \qquad \frac{221.4}{458}(100) = 48.3 \qquad \frac{291}{602}(100) = 48.3$$

Infolge von Rundungen ergeben sich hierbei gelegentlich kleine Differenzen.

Mit der Bestimmung der erwarteten Häufigkeiten ist der erste Schritt zur Berechnung chi-quadrat-basierter Assoziationsmaße getan. Der zweite Schritt besteht darin, die Differenzen zwischen den beobachteten Häufigkeiten der Kontingenztabelle und den erwarteten Häufigkeiten der Indifferenztabelle festzustellen. Faktisch bedeutet dies, die Maßzahl *Chi-Quadrat* zu berechnen. Da-

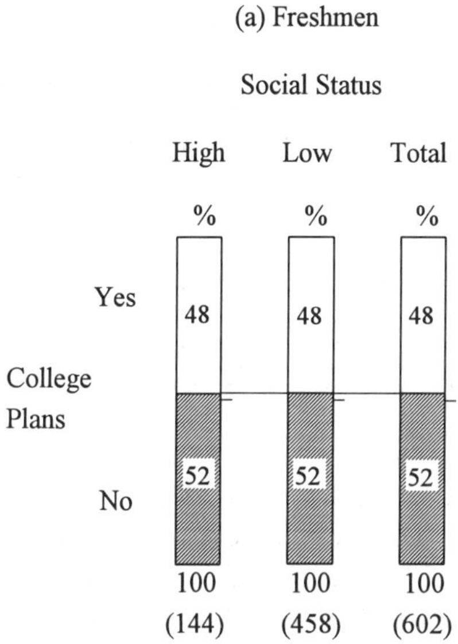

Abbildung 5-3: Veranschaulichung der Indifferenztabelle (siehe Tabelle 5-4)

zu bedient man sich einer nützlichen Arbeitstabelle und einer vereinfachten Notation. Die vereinfachte Notation benutzt anstelle der Symbole fb_{ij} und fe_{ij} für die *beobachteten* und die *erwarteten* Häufigkeiten die Symbole f_b und f_e.

Die aktuelle Berechnung der Maßzahl *Chi-Quadrat* mit Hilfe der Arbeitstabelle (siehe Tabelle 5-5) ist überaus einfach. Dabei wird *erstens* die Differenz zwischen der beobachteten Häufigkeit (f_b) und der erwarteten Häufigkeit (f_e) einer jeden Zelle berechnet: $(f_b - f_e)$, *zweitens* jede ermittelte Differenz quadriert: $(f_b - f_e)^2$, *drittens* jede quadrierte Differenz durch die erwartete Häufigkeit dividiert: $(f_b - f_e)^2 / f_e$, und schließlich *viertens* über alle Zellen summiert: $\sum (f_b - f_e)^2 / f_e = \chi^2$.

Tabelle 5-5: Arbeitstabelle zur Berechnung von Chi-Quadrat

Zeile i	Spalte j	f_b	f_e	$(f_b - f_e)$	$(f_b - f_e)^2$	$\frac{(f_b - f_e)^2}{f_e}$
1	1	85	69.6	15.4	237.2	3.408
1	2	206	221.4	– 15.4	237.2	1.071
2	1	59	74.4	– 15.4	237.2	3.188
2	2	252	236.6	15.4	237.2	1.003
Summe		602	602.0	0.0		8.670

Obwohl der in Tabelle 5-5 errechnete Wert von $\chi^2 = 8.670$ das Ausmaß der Abweichung der Kontingenztabelle von der Indifferenztabelle und damit den Grad der Abweichung der bivariaten Verteilung von der statistischen Unabhängigkeit reflektiert, kann er in dieser Form nicht als sinnvoller Kennwert der Beziehung zwischen den Variablen fungieren. Denn wie die in Tabelle 5-6 dargestellten Häufigkeitsverteilungen zeigen, führt eine Verdoppelung der Zellenhäufigkeiten bei identischen konditionalen Verteilungen bzw. bei denselben Proportionen der Tabellen zur Verdoppelung des *Chi-Quadrat*-Wertes:

Tabelle 5-6: Tabellen mit identischen Proportionen, aber unterschiedlichen Chi-Quadrat-Werten

(a)

24	16	40
16	24	40
40	40	80

$\chi^2 = 3.2$

(b)

48	32	80
32	48	80
80	80	160

$\chi^2 = 6.4$

(c)

96	64	160
64	96	160
160	160	320

$\chi^2 = 12.8$

Chi-Quadrat variiert also direkt mit *N*. Da wir aber nicht an einer Maßzahl interessiert sind, die bei identischen Graden der Beziehung in Abhängigkeit von der Anzahl der Fälle unterschiedliche Werte annimmt, muß ein auf *Chi-Quadrat* basierendes Assoziationsmaß die Anzahl der Fälle (N) berücksichtigen. Ein solches Maß ist der *Phi-Koeffizient*, definiert als

$$\phi^2 = \frac{\chi^2}{N} \qquad \text{bzw.} \qquad \phi = \sqrt{\frac{\chi^2}{N}}$$

Für die Beispiele der Tabelle 5-6 erhalten wir einen Zahlenwert von

$$\phi = \sqrt{\frac{3.2}{80}} = \sqrt{\frac{6.4}{160}} = \sqrt{\frac{12.8}{320}} = 0.20$$

Der letzte Schritt zur Berechnung eines chi-quadrat-basierten Assoziationsmaßes besteht - wie gezeigt - darin, den *Chi-Quadrat*-Wert in die Formel des Koeffizienten einzusetzen. Für unser obiges Rechenbeispiel erhalten wir bei $\chi^2 = 8.67$ und $N = 602$ einen Zahlenwert von

$$\phi^2 = \frac{\chi^2}{N} = \frac{8.67}{602} = 0.0144$$

bzw. $$\phi = \sqrt{0.0144} = 0.12$$

Wie oben erwähnt, hätten wir den *Chi-Quadrat*-Wert für unsere Vierfeldertabelle auch ohne Ermittlung der erwarteten Häufigkeiten nach der folgenden Formel berechnen können:

$$\chi^2 = \frac{N(ad - bc)^2}{(a+b)(c+d)(a+c)(b+d)}$$

Das Ergebnis der folgenden Rechnung zeigt, daß der mit dieser Formel ermittelte *Chi-Quadrat*-Wert bis auf eine geringfügige, auf Rundungen zurückgehende Differenz mit dem obigen Wert übereinstimmt:

$$\chi^2 = \frac{602[(85)(252)-(206)(59)]^2}{(291)(311)(144)(458)} = 8.66$$

Eine mit der obigen Definitionsformel von *Phi* algebraisch übereinstimmende, auf das Vierfelderschema bezogene *Formel zur direkten Berechnung des Phi-Koeffizienten* ist

$$\phi = \frac{ad-bc}{\sqrt{(a+b)(c+d)(a+c)(b+d)}}$$

Auf unser Rechenbeispiel angewandt, erhalten wir mit dieser Formel einen Wert von

$$\phi = \frac{(85)(252)-(206)(59)}{\sqrt{(291)(311)(144)(458)}} = 0.12$$

Dieser Zahlenwert ist mit dem oben errechneten identisch. Ein beachtenswerter Unterschied liegt darin, daß ein nach der Formel $\phi^2 = \chi^2 / N$ berechneter Wert vorzeichenlos ist, ein nach der zuletzt verwendeten Formel berechneter Wert jedoch zwischen –1 und +1 variieren kann. Da es stets von Interesse ist, die Richtung der Beziehung zu kennen (Übergewicht entlang der (ad)-Diagonalen oder der (bc)-Diagonalen), ist die auf die Vierfeldertabelle zugeschnittene Formel zu bevorzugen, falls man den Koeffizienten *Phi* „von Hand" berechnet. Bei ordinalen und metrischen Daten kommt hinzu, daß das Vorzeichen nicht nur formal, sondern auch inhaltlich interpretiert werden kann.

Für 2 x 2-Tabellen ist *Phi* ein sensibles Assoziationsmaß. Es nimmt den Wert 0 an, wenn die beobachteten Häufigkeiten mit den unter der Bedingung der statistischen Unabhängigkeit erwarteten Häufigkeiten übereinstimmen. *Phi* erreicht den Wert 1, wenn *Chi-Quadrat* seinen maximalen Wert, nämlich *N*, erreicht. Das ist der Fall, wenn zwei Diagonalzellen der 2 x 2-Tabelle unbesetzt sind.

Für größere als 2 x 2-Tabellen kann $\phi^2 > 1$ werden - eine bei Assoziationsmaßen unerwünschte Eigenschaft, die sie als Vergleichsgrößen untauglich werden läßt. Deshalb sind für r x c-Tabellen andere Koeffizienten vorgeschlagen worden, die ebenfalls eine Funktion von *Chi-Quadrat* sind, aber den Wert 1 als Obergrenze haben. Eines dieser Maße ist der nach TSCHUPROW benannte Koeffizient *T*, definiert als

$$T^2 = \frac{\chi^2}{N\sqrt{(r-1)(c-1)}} \qquad \text{bzw.} \qquad T = \sqrt{\frac{\chi^2}{N\sqrt{(r-1)(c-1)}}}$$

wobei r die Anzahl der Zeilen und c die Anzahl der Spalten symbolisiert. Bei 2 x 2-Tabellen ist T^2 mit ϕ^2 identisch, weil dann der Wurzelausdruck im Nenner gleich 1 ist. *T* kann allerdings die Obergrenze 1 nur dann erreichen, wenn die Anzahl der Zeilen und Spalten der Tabelle gleich ist. In einer 2 x 3- oder 3 x 4-Tabelle ist *T* stets kleiner als 1. Dieser Schwäche wegen spielt der Koeffizient *T* in der empirischen Sozialforschung praktisch keine Rolle.

Eine Variante, die statt dessen verwendet wird, ist der 1946 von CRAMER vorgeschlagene Koeffizient *V*, definiert als

$$V^2 = \frac{\chi^2}{N\min(r-1,c-1)} \qquad \text{bzw.} \qquad V = \sqrt{\frac{\chi^2}{N\min(r-1,c-1)}}$$

wobei r die Anzahl der Zeilen und c die Anzahl der Spalten bezeichnet. Der Ausdruck „min“ steht für Minimum und besagt, daß zunächst zu prüfen ist, ob die Anzahl der Zeilen oder die Anzahl der Spalten kleiner ist; der kleinere Wert geht in die Berechnung des Koeffizienten ein. Auch V^2 ist bei 2 x 2-Tabellen mit ϕ^2 identisch, weil dann der Klammerausdruck im Nenner $(2-1) = 1$ ist. *V* ist *T* überlegen, weil der Koeffizient auch dann den Wert 1 annehmen kann, wenn r und c ungleich sind.

Als Anwendungsbeispiele des Koeffizienten *V* sind in den Tabellen 5-7 und 5-8 Teilergebnisse einer Forschungsarbeit wiedergegeben, die von der Hypothese ausging, daß die Integration des manuellen Arbeiters in die betriebliche Organisation vom Typ des sozio-technischen Systems beeinflußt wird. Ihr Autor, FULLAN (1970), unterschied drei Typen industrieller Technologie: den Typ des kontinuierlichen Produktionsprozesses (Mineralölindustrie), den Typ der handwerklichen Fertigung (Druckindustrie) und den Typ der Massengüterproduktion (Automobilindustrie). Das zugrundeliegende Untersuchungsmaterial sind schriftliche Befragungsdaten von 1491 kanadischen Arbeitern, die in den genannten Industrien beschäftigt waren.

Die beiden abhängigen Variablen der Tabellen 5-7 und 5-8 verlangen eine kurze Erläuterung. Die Arbeiter waren u.a. gefragt worden, ob ihr Vorarbeiter normalerweise eine Anweisung erteile („tells"), ob er eine Bitte ausspreche („asks") oder ob er eine Erklärung gebe („explains"), wenn das, was getan werden solle, einige Informationen erfordere. Die so operationalisierte Variable „Kommunikationsstil des Vorarbeiters" ist in Tabelle 5-7 mit der Variablen „Industrietyp" kreuztabuliert.

Die Variable „Firmenbewertung" (Tabelle 5-8) basiert auf fünf Fragen, aus denen ein - hier nicht näher zu diskutierender - Index konstruiert wurde. Die Antworten der Arbeiter auf die fünf Fragen informierten darüber, (1) ob die Firma, verglichen mit anderen Firmen, als besser oder schlechter beurteilt wurde, (2) ob die Firma nach Ansicht des Befragten eher an Kostensenkung als an ihre Beschäftigten dächte, (3) ob die Beschäftigten für das, was sie von der Firma erhielten, kämpfen müßten, (4) ob der Befragte die Firmenleitung positiv beurteilte, und (5) ob der Befragte sich als über Firmenangelegenheiten gut informiert betrachtete. Der aus diesen Fragen gebildete Index „Firmenbewertung" ist in Tabelle 5-8 mit der Variablen „Industrietyp" kreuztabuliert.

FULLAN ermittelte folgende Beziehungen zwischen dem Industrietyp und dem Kommunikationsstil des Vorarbeiters bzw. der Firmenbewertung:

Tabelle 5-7: Type of Communication from Foreman by Industry

		Industry			
		Oil	Printing	Automobile	
Communi-	Tells	36 % (166)	46 % (274)	50 % (210)	44 % (650)
cation from	Asks	29 (135)	36 (213)	32 (131)	33 (479)
Foreman	Explains	35 (164)	18 (104)	18 (77)	23 (345)
		100 (465)	100 (591)	100 (418)	100 (1474)

$$\chi^2 = 56.80 \qquad V = 0.139$$

Tabelle 5-8: Index of Company Evaluation by Industry

		Industry			
		Oil	Printing	Automobile	
Index of	High	70 % (329)	65 % (390)	32 % (136)	57 % (855)
Evaluation	Low	30 (144)	35 (207)	68 (282)	43 (633)
		100 (473)	100 (597)	100 (418)	100 (1488)

$$\chi^2 = 149.66 \qquad V = 0.317$$

Wir erhalten die von FULLAN ausgewiesenen V-Werte der Tabellen 5-7 und 5-8 durch Einsetzen der entsprechenden Größen in die Formel

$$V^2 = \frac{\chi^2}{N \min(r-1, c-1)}$$

Für Tabelle 5-7 mit 3 Zeilen und 3 Spalten, einem *Chi-Quadrat*-Wert von 56.80 und $N = 1474$ Befragten erhalten wir:

$$V^2 = \frac{56.80}{1474(2)} = 0.0193 \qquad \text{bzw.} \qquad V = \sqrt{0.0193} = 0.139$$

Für Tabelle 5-8 mit 2 Zeilen und 3 Spalten, einem *Chi-Quadrat*-Wert von 149.66 und $N = 1488$ Befragten erhalten wir:

$$V^2 = \frac{149.66}{1488(1)} = 0.1006 \qquad \text{bzw.} \qquad V = \sqrt{0.1006} = 0.317$$

FULLAN erläutert in einer Fußnote, daß er CRAMERs V wählte, weil dieser Koeffizient ein adäquates Maß für den Vergleich der Stärke der Beziehung verschiedener Tabellen sei, die nominalskalierte Variablen enthielten und eine unterschiedliche Anzahl von Zeilen und Spalten aufwiesen (so auch BLALOCK, 1972, S.297), und erklärt: „Although it is not possible to attach a precise meaning to Cramér's V, it can be a useful guideline for comparing the relative strength of relationships across tables" (S.1032).

Die älteste für r x c-Tabellen vorgeschlagene und auf *Chi-Quadrat* beruhende Maßzahl ist der 1904 von Karl PEARSON eingeführte *Kontingenzkoeffizient C,* definiert als

$$C = \sqrt{\frac{\chi^2}{\chi^2 + N}}$$

Der Kontingenzkoefficient (engl. contingency coefficient) hat zwar den Vorteil, für Tabellen beliebiger Größe (rechteckige oder quadratische) berechnet werden zu können, und wie die übrigen auf *Chi-Quadrat* basierenden Maße nimmt er im Falle der statistischen Unabhängigkeit den Wert 0 an. Der Hauptnachteil des Koeffizienten C liegt jedoch darin, daß er praktisch eine unterhalb 1 liegende Obergrenze hat, obwohl sich die Obergrenze dem Wert 1 nähert, wenn die Anzahl der Zeilen und Spalten zunimmt. Der Maximalwert hängt also von der Größe der zugrundeliegenden Tabelle ab. Im Falle einer 2 x 2-Tabelle mit zwei unbesetzten Diagonalzellen ist

$C = \sqrt{\frac{N}{N+N}}$, weil χ^2 den Höchstwert N erreicht. Wie das folgende Beispiel veranschaulicht, ist der Maximalwert des Kontingenzkoeffizienten C für die Vierfeldertabelle gleich 0.707:

50		50
	50	50
50	50	100

$$\chi^2 = 100$$

$$C = \sqrt{\frac{100}{100+100}} = 0.707$$

Die Höchstwerte von C, die überdies nur für quadratische Tabellen genau bestimmbar sind, betragen in der 3 x 3-Tabelle 0.816, in der 4 x 4-Tabelle 0.866 und in der 5 x 5-Tabelle 0.894. Generell ist

$$C_{\max} = \sqrt{\frac{r-1}{r}}$$

wobei r die Anzahl der Zeilen der quadratischen Tabelle bezeichnet. Daraus folgt, daß sich C-Werte nur vergleichen lassen, wenn sie für Tabellen gleicher Größe berechnet wurden. Sollen C-Werte unterschiedlich großer Tabellen miteinander verglichen werden, sind sie nach der folgenden Formel, deren Anwendung stets zu einer Vergrößerung des Zahlenwertes führt, zu korrigieren:

$$C_{korr} = \frac{C}{C_{\max}}$$

Die Berechnung des Koeffizienten C soll an einem Ergebnis aus der empirischen Sozialforschung demonstriert werden. HOLLINGSHEAD (1949) fand bei seiner berühmten Untersuchung der Konsequenzen sozialer Schichtung in einer US-Kleinstadt, daß die Gemeindebürger sich selbst als zu fünf sozialen Klassen zugehörig empfanden. Eine seiner Hypothesen war, daß die Jugendlichen der verschiedenen Klassen verschiedene Curricula der Elmtown-High-School (College preparatory, General und Commercial) gewählt haben würden. HOLLINGSHEAD überprüfte diese Hypothese, indem er die Variable „Schichtzugehörigkeit“ der 390 Schüler mit der Variablen „Curriculum“ kreuz-

Tabelle 5-9: Frequency of Enrollment of Elmtown Youths from Five Social Classes in Three Alternative High School Curriculums

		Class				
		I and II	III	IV	V	
Curriculum	College	23	40	16	2	81
	General	11	75	107	14	207
	Commercial	1	31	60	10	102
		35	146	183	26	390

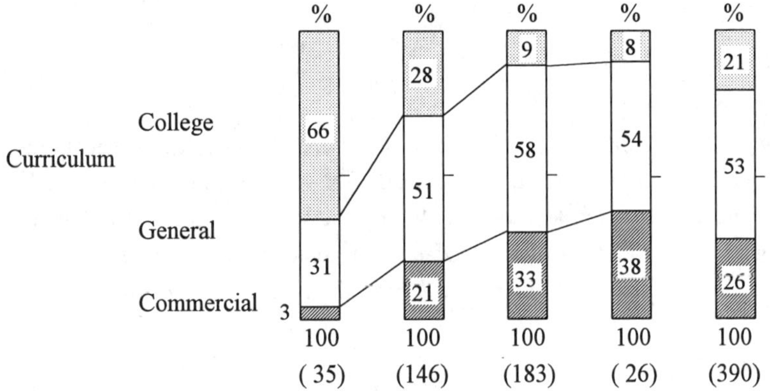

Abbildung 5-4: Graphische Darstellung zu Tabelle 5-9

tabulierte. Da er die Klassen I und II der geringen Besetzung wegen zusammenfaßte, ergab sich die oben wiedergegebene 3 x 4-Tabelle.

Wenn wir die in Abbildung 5-4 veranschaulichte Beziehung zwischen den Variablen „Class" und „Curriculum" mit dem Koeffizienten C beschreiben wollen, müssen wir zunächst die erwarteten Häufigkeiten der Indifferenztabelle und dann die Kenngröße *Chi-Quadrat* berechnen. Dazu bedienen wir uns der schon bekannten Arbeitstabelle, deren erwartete Häufigkeiten (f_e) nach

Tabelle 5-10: Arbeitstabelle zur Berechnung von Chi-Quadrat

Zeile i	Spalte j	f_b	f_e	$(f_b - f_e)$	$(f_b - f_e)^2$	$\frac{(f_b - f_e)^2}{f_e}$
1	1	23	7.3	15.7	246.49	33.77
1	2	40	30.3	9.7	94.09	3.11
1	3	16	38.0	– 22.0	484.00	12.74
1	4	2	5.4	– 3.4	11.56	2.14
2	1	11	18.6	– 7.6	57.76	3.11
2	2	75	77.5	– 2.5	6.25	0.08
2	3	107	97.1	9.9	98.01	1.01
2	4	14	13.8	0.2	0.04	0.00
3	1	1	9.1	– 8.1	65.61	7.21
3	2	31	38.2	– 7.2	51.84	1.36
3	3	60	47.9	12.1	146.41	3.06
3	4	10	6.8	3.2	10.24	1.51
Summe		390	390.0	0.0		69.10

dem in Tabelle 5-4 beschriebenen Verfahren ermittelt werden. Durch Einsetzen der entsprechenden Größen in die Formel für C erhalten wir:

$$C = \sqrt{\frac{\chi^2}{\chi^2 + N}} = \sqrt{\frac{69.1}{69.1 + 390}} = \sqrt{\frac{69.1}{459.1}} = \sqrt{0.1506} = 0.388$$

Die Korrelation zwischen der sozialen Schichtzugehörigkeit und der Wahl eines High-School-Curriculums in Elmtown ist folglich $C = 0.388$. Da wir den errechneten C-Wert nicht mit anderen C-Werten vergleichen wollen, ist es entbehrlich, einen korrigierten C-Wert zu berechnen. Wäre ein solcher Vergleich erwünscht gewesen, hätten wir - da wir es im vorliegenden Beispiel mit einer 3 x 4-Tabelle zu tun haben - eine Mittelung der Maximalwerte einer 3 x 3- und einer 4 x 4-Tabelle vornehmen müssen. Das hätte ergeben:

$$C_{\max} = \frac{0.816 + 0.866}{2} = 0.841$$

und
$$C_{korr} = \frac{C}{C_{\max}} = \frac{0.388}{0.841} = 0.461$$

Wie aus der Formel für *C* hervorgeht, kann der Kontingenzkoeffizient - ein vorzeichenloser Kennwert - nicht über die Richtung der Beziehung informieren. Nun läßt sich aber aus Tabelle 5-9 und Abbildung 5-4 ablesen, daß die von links oben nach rechts unten verlaufende Diagonale (soweit man bei einer nicht quadratischen Tabelle von einer Diagonalen reden kann) die stärkste Besetzung aufweist. Hätte auch die abhängige Variable „Curriculum" wie die unabhängige Variable „Class" das Niveau einer Ordinalskala, könnte man bei einem solchen Muster der Beziehung, eine sinnfällige Anordnung der Kategorien beider Variablen vorausgesetzt, von einer positiven Beziehung sprechen. Für den Fall wäre es durchaus wünschenswert, wenn die Richtung der Beziehung durch das Vorzeichen des Koeffizienten ausgedrückt würde. Diesen Dienst kann *C*, ebensowenig wie die übrigen auf *Chi-Quadrat* basierenden Maße, nicht leisten, weil sich bei einer anderen Anordnung der Kategorien ein identischer *Chi-Quadrat*-Wert ergibt. Die Interpretation einer mit *C* ausgedrückten Beziehung zwischen mindestens ordinalen Variablen als positiv oder negativ muß sich infolgedessen auf die Inspektion der Tabelle stützen, d.h. auf die Inspektion der relativen Häufigkeiten der konditionalen Verteilungen. Ist das identifizierte Muster eindeutig, dann ist es völlig legitim, die Assoziation als positiv oder negativ zu bezeichnen. Prinzipiell sind jedoch für ordinalskalierte Daten andere als chiquadrat-basierte Maßzahlen der Beziehung zu bevorzugen.

Zusammenfassend läßt sich von den auf *Chi-Quadrat* beruhenden Assoziationskoeffizienten sagen, daß sie im Falle der statistischen Unabhängigkeit den Wert 0 haben und daß sie als vor allem für nominale Variablen berechenbare Maßzahlen vorzeichenlose Kennwerte sind. Der Maximalwert des Koeffizienten *C* hängt von der Anzahl der Zeilen und Spalten der Tabelle ab. Für *T* gilt dasselbe bei nicht-quadratischen Tabellen. Im übrigen variieren die Zahlenwerte zwischen 0 und 1. Beim *Phi*-Koeffizienten ist zu beachten, daß er nur für 2 x 2-Tabellen berechnet werden darf. Für größere als 2 x 2-Tabellen ist der Koeffizient *V* zu bevorzugen, falls man die Assoziation mit einem Koeffizienten beschreiben will, der die Abweichung von der statistischen Unabhängigkeit ausdrückt.

Die größte Schwäche der chi-quadrat-basierten Maßzahlen ist, daß ihre Zahlenwerte mangels einer „operationalen Interpretation" (GOODMAN und KRUSKAL) kaum miteinander verglichen werden können. Da *Chi-Quadrat*-Werte häufig zur Überprüfung der *Signifikanz* der Abweichung von der statistischen Unabhängigkeit berechnet werden (ein Verfahren der schließenden Statistik, das hier nicht erläutert werden kann), mögen manche dazu neigen, auch die *Stärke* der Beziehung mit Hilfe einer Maßzahl auszudrücken, die eine Funktion von *Chi-Quadrat* ist. Jedoch, wie GOODMAN und KRUSKAL (1954, S.740) bemerken: „The fact that an excellent test of independence may be based on χ^2 does not at all mean that χ^2, or some simple function of it, is an appropriate *measure* of degree of association ... One difficulty with the use of the traditional measures, or of any measures that are not given operational interpretation, is that it is difficult to compare meaningfully their values for two cross-classifications." BLALOCK (1972, S.298) stellt zu Recht fest, „that all measures based on chi square are somewhat arbitrary in nature, and their interpretations leave a lot to be desired." Im nächsten Abschnitt werden wir ein Assoziationsmaß kennenlernen, nämlich das von GOODMAN und KRUSKAL vorgeschlagene Maß *Lambda*, das in dieser Hinsicht nichts zu wünschen übrig läßt.

5.3 Ein Maß der prädiktiven Assoziation: Lambda

Eine Betrachtungsweise, bei der nicht die Abweichung von der statistischen Unabhängigkeit, sondern die Vorhersagbarkeit der einen Variablen auf der Basis der anderen Variablen das Kriterium der Assoziation ist, ist die im Englischen mit „predictive association" bezeichnete Perspektive. Die dieser Konzeption entsprechenden PRE-Maße (engl. proportional reduction in error measures) reflektieren den Grad, in dem uns die Kenntnis der einen Variablen die andere Variable vorherzusagen hilft. Ein solches Maß der prädiktiven Assoziation ist das von GOODMAN und KRUSKAL (1954) vorgeschlagene Assoziationsmaß *Lambda* (λ). Da *Lambda* jener Konzeption entspricht, die schon Louis GUTTMAN (1941) formuliert hatte, wird es von einigen Autoren, die mitunter anstelle des kleinen griechischen *Lambda* (λ) das Symbol *g* benutzen, auch „Guttman's coefficient of (relative) predictability" genannt.

Lambda ist ein für nominale Variablen konzipiertes Maß, das keine Restriktionen der Tabellengröße kennt, zwischen 0 und 1 (einschließlich) variiert und als PRE-Maß eine klare Interpretation hat. Bei der Diskussion der Tabellen 4-13 und 4-14 haben wir bereits eine ganze Reihe von *Lambda*-Werten berechnet, ohne dies erwähnt zu haben. Nachfolgend wollen wir die Logik dieses Koeffizienten, seine Anwendungsweise und seine Interpretation erörtern.

Lambda ist ein *asymmetrisches* Maß, d.h., man kann für jede Kreuztabulation zwei *Lambda*-Werte berechnen, indem man einmal die Zeilenvariable (engl. row variable) und einmal die Spaltenvariable (engl. column variable) vorhersagt. Wenn, wie üblich, die Zeilenvariable *abhängige* Variable (engl. dependent variable) ist, hat *Lambda* das Symbol λ_r (lies „Lambda-sub-r" oder kurz „Lambda-r"), weil dann die R-Variable vorhergesagt wird. Wenn umgekehrt die Spaltenvariable abhängige Variable ist, hat *Lambda* das Symbol λ_c, weil dann die C-Variable vorhergesagt wird. Aus der Kombination beider *Lambdas* geht eine dritte Version hervor, die λ_s genannt wird (s für „symmetric"). Das *symmetrische Lambda* kann zur Beschreibung einer symmetrischen Beziehung verwendet werden, bei der keine der beiden Variablen als von der anderen abhängig betrachtet wird.

In einer anderen Schreibweise versieht man λ mit *zwei* Subskripten. Dabei gibt das erste Subskript an, welche Variable die (vorherzusagende) *abhängige* Variable ist (üblicherweise Y), während das zweite Subskript angibt, welche Variable die *unabhängige* Variable ist (in der Regel X). Bei konventioneller Anordnung der Variablen X (Spaltenvariable) und Y (Zeilenvariable) in der bivariaten Tabelle ist dann $\lambda_r = \lambda_{yx}$ und $\lambda_c = \lambda_{xy}$ (siehe das folgende Schema).

	X C-Variable ist *unabhängige* Variable
Y R-Variable ist *abhängige* Variable	λ_r bzw. λ_{yx}

	X C-Variable ist *abhängige* Variable
Y R-Variable ist *unabhängige* Variable	λ_c bzw. λ_{xy}

Weder die R- noch die C-Variable
ist abhängige Variable: λ_s

Lambda setzt - wie alle PRE-Maße - die Spezifizierung der in Abschnitt 4.3.3 aufgezählten vier Elemente voraus, nämlich die Spezifizierung (1) einer Regel für die Vorhersage der abhängigen Variablen auf der Basis ihrer eigenen Verteilung, (2) einer Regel für die Vorhersage der abhängigen Variablen auf der Basis der unabhängigen Variablen, (3) der Fehler und (4) der generellen Formel zur Berechnung der proportionalen Fehlerreduktion. Das sei an einem Beispiel aus der amerikanischen Sozialisationsforschung erläutert.

In einer interkulturell vergleichenden Untersuchung zur sexuellen Sozialisation unterschied HEISE (1967) drei für verschiedene Altersgruppen (Kleinkinder, Kinder, Jugendliche und Erwachsene) geltende Sexualnormen, nämlich restriktive, semi-restriktive und großzügige. Diese Restriktiv-Permissiv-Klassifikation basiert auf Bewertungen dessen, was in Bezug auf bestimmte Altersgruppen als gesellschaftlich erlaubt gilt, was bestraft wird, wozu ermuntert wird usw. und korrespondiert nicht notwendig zu aktuellen Verhaltensweisen in den untersuchten Gesellschaften. Eine der von HEISE mitgeteilten Tabellen kreuztabuliert die Variable X „Sexualnormen für Kinder“ (in den Jahren zwischen der Vorschulzeit und der Pubertät) mit der Variablen Y „Sexualnormen für Jugendliche“ (in den Jahren zwischen der Pubertät und dem Heiratsalter). Die Daten betreffen 64 Gesellschaften.

Tabelle 5-11: Sexualnormen für Kinder und Sexualnormen für Jugendliche

		Sexualnormen für Kinder (X)			
		restriktiv	semi-restr.	großzügig	
Sexualnormen für Jugendliche (Y)	restriktiv	9	1	2	12
	semi-restr.	6	19	6	31
	großzügig	6	5	10	21
		21	25	18	64

$$\lambda_r = 0.21 \qquad \lambda_c = 0.33$$

Angenommen, wir sollten auf der Basis der Verteilung „Sexualnormen für Jugendliche“ schätzen, welcher der drei Kategorien eine beliebig herausgegriffene Untersuchungseinheit zugehörig sei. Die beste Vorhersage auf der Basis der Verteilung der Y-Variablen allein wäre die Kategorie „semi-restriktiv“, weil diese Kategorie eine größere Häufigkeit hat als die beiden anderen Kategorien. Auf alle 64 Gesellschaften angewandt, wäre die Vorhersage dieser *Modalkategorie* in 31 Fällen richtig und in 12 + 21 = 33 Fällen falsch. Oder anders gesagt: Bei der Vorhersage der marginalen Modalkategorie wäre die Anzahl der Vorhersagefehler 64 – 31 = 33.

Die Frage ist, ob die Anzahl dieser Fehler vermindert und damit die Vorhersage verbessert werden kann, wenn wir die Vorhersage auf eine zusätzliche Information stützen. Tabelle 5-11 gibt nicht nur über die Randverteilung, sondern auch über die konditionalen Verteilungen der Y-Variablen in den drei Kategorien der X-Variablen Aufschluß. Wie man sofort sieht, sind die Sexualnormen für Jugendliche in diesen drei Kategorien unterschiedlich verteilt, und zwar in Abhängigkeit davon, ob die Sexualnormen für Kinder restriktiv, semi-restriktiv oder großzügig sind.

Was ist diese zusätzliche Information wert? Hilft sie, unsere Vorhersage der abhängigen Variablen „Sexualnormen für Jugendliche" in dem Sinne zu verbessern, daß wir weniger Vorhersagefehler begehen, wenn wir die Sexualnormen für Kinder kennen, bevor wir die modale Kategorie der abhängigen Variablen vorhersagen? Die Antwort hierauf lautet: Ja, die zusätzliche Information hilft. Denn für die 21 Gesellschaften, in denen die Sexualnormen für Kinder restriktiv sind, sagen wir jetzt restriktive Sexualnormen für Jugendliche vorher; diese Vorhersage ist in 9 von 21 Fällen richtig und in 6 + 6 = 12 Fällen falsch. Für die 25 Gesellschaften, in denen die Sexualnormen für Kinder semi-restriktiv sind, sagen wir jetzt semi-restriktive Sexualnormen für Jugendliche vorher; diese Vorhersage ist in 19 von 25 Fällen richtig und in 1 + 5 = 6 Fällen falsch. Und für die 18 Gesellschaften, in denen die Sexualnormen für Kinder großzügig sind, sagen wir jetzt großzügige Sexualnormen für Jugendliche vorher; diese Vorhersage ist in 10 von 18 Fällen richtig und in 2 + 6 = 8 Fällen falsch.

Vergleichen wir die Anzahl der 12 + 21 = 33 Fehler unserer *ersten* Vorhersage (d.h. der Vorhersage der modalen Kategorie der Y-Variablen *ohne* Berücksichtigung der X-Variablen) mit der Anzahl der 12 + 6 + 8 = 26 Fehler unserer *zweiten* Vorhersage (d.h. der Vorhersage der modalen Kategorie der Y-Variablen *mit* Berücksichtigung der X-Variablen), so stellen wir eine Verminderung der Vorhersagefehler fest: Die *proportionale Fehlerreduktion* beträgt genau (33 – 26)/33 = 0.21. Dies ist der Zahlenwert des Assoziationsmaßes *Lambda*, und zwar für den Fall, daß die Y-Variable „Sexualnormen für Jugendliche" auf der Basis der X-Variablen „Sexualnormen für Kinder" vorhergesagt wird, also $\lambda_r = \lambda_{yx} = 0.21$. Der Zahlenwert 0.21 besagt, daß man die Vorhersage der Variablen „Sexualnormen für Jugendliche" um 21 Prozent verbessern kann, wenn man sie, statt sie auf die eigene Verteilung zu stützen, auf die Verteilung der Variablen „Sexualnormen für Kinder" stützt, d.h., wenn man anstelle der marginalen Modalkategorie die konditionalen Modalkategorien vorhersagt.

Im Anschluß an diese Betrachtung ist es ein leichtes, die oben erwähnten vier PRE-Elemente zu spezifizieren und anzuwenden, nämlich wie folgt:

(1) Lambda: Die Regel für die Vorhersage der abhängigen Variablen auf der Basis ihrer eigenen Verteilung. Durch Inspektion der marginalen Häufigkeiten der Tabelle wird die Modalkategorie identifiziert und als beste Vorhersage für alle Untersuchungseinheiten (Fälle) genommen. Zur Berechnung von λ_r ist die *Modalkategorie der Zeilenvariablen* (der R-Variablen) zu identifizieren. Das ist in Tabelle 5-11 die mit 31 Fällen besetzte Kategorie „semi-restriktiv". Die beste Vorhersage der Variablen „Sexualnormen für Jugendliche" *ohne* Berücksichtigung der zweiten Variablen ist folglich „semi-restriktiv". Bei der Berechnung von λ_c ist die *Modalkategorie der Spaltenvariablen* (der C-Variablen) zu identifizieren und vorherzusagen. Das ist in Tabelle 5-11 die mit 25 Fällen besetzte Kategorie „semi-restriktiv" der Variablen „Sexualnormen für Kinder". Generell lautet die erste Vorhersageregel: „Sage für alle Untersuchungseinheiten die *marginale Modalkategorie* der abhängigen Variablen vorher."

(2) Lambda: Die Regel für die Vorhersage der abhängigen Variablen auf der Basis der unabhängigen Variablen. Für jede Kategorie der unabhängigen Variablen gibt es eine (konditionale) Verteilung der Fälle über die Kategorien der abhängigen Variablen. Zur Berechnung von λ_r sind die Verteilungen der Spalten im Hinblick auf die *spaltenspezifischen Modalkategorien* zu betrachten. Das sind in Tabelle 5-11 die mit den Häufigkeiten 9, 19 und 10 besetzten Kategorien. Bei der Berechnung von *Lambda* werden diese Kategorien der abhängigen Variablen vorhergesagt, weil die spaltenspezifische Modalkategorie die beste Vorhersage für die Fälle der jeweiligen Spalte ist. Bei der Berechnung von λ_c werden die *zeilenspezifischen Modalkategorien* identifiziert und vorhergesagt. Das sind in Tabelle 5-11 die mit den Häufigkeiten 9, 19 und 10 be-

setzten Kategorien. Generell lautet die zweite Vorhersageregel: „Sage für die Untersuchungseinheiten einer jeden Kategorie der unabhängigen Variablen die jeweilige *konditionale Modalkategorie* der abhängigen Variablen vorher."

(3) Lambda: Die Fehlerdefinition. Jeder von einer Vorhersageregel abweichende Fall ist ein Fehler (engl. error). Die Anzahl der Fehler der Vorhersage der abhängigen Variablen auf der Basis ihrer eigenen Verteilung (E_1) ist die Differenz zwischen der Gesamthäufigkeit (N) und der Häufigkeit der (vorhergesagten) marginalen Modalkategorie. Bei der Berechnung von λ_r für Tabelle 5-11 ist das die Differenz 64 – 31 = 33, bei der Berechnung von λ_c die Differenz 64 – 25 = 39.

Je nachdem, ob man λ_r oder λ_c berechnet, ist die generelle Definition dieser *ersten* Fehler

bei λ_r: $$E_1 = N - \max n_{i.}$$

bei λ_c: $$E_1 = N - \max n_{.j}$$

wobei E_1 = Anzahl der Fehler bei der Vorhersage der Modalkategorie der abhängigen Variablen auf der Basis ihrer eigenen Verteilung,

N = Gesamthäufigkeit,

$\max n_{i.}$ = modale Häufigkeit (Häufigkeit der Modalkategorie) der Zeilenvariablen und

$\max n_{.j}$ = modale Häufigkeit (Häufigkeit der Modalkategorie) der Spaltenvariablen.

Für Tabelle 5-11 erhalten wir folgende Zahlenwerte

bei λ_r: $E_1 = 64 - 31 = 33$

bei λ_c: $E_1 = 64 - 25 = 39$

Die Fehler, die man bei der Vorhersage der abhängigen Variablen auf der Basis der unabhängigen Variablen begeht (E_2), werden auf ganz ähnliche Weise berechnet, d.h. für jede Kategorie der unabhängigen Variablen ermittelt und dann summiert.

Bei der Berechnung von λ_r für Tabelle 5-11 erhalten wir für die erste Spalte 6 + 6 = 12 Fehler; das ist die Differenz zwischen der (Rand-)Häufigkeit und der Häufigkeit der vorhergesagten Modalkategorie *der ersten Spalte*: 21 – 9 = 12. Für die zweite Spalte ist das Ergebnis 25 – 19 = 6 und für die dritte Spalte 18 – 10 = 8. Die Gesamtzahl dieser Fehler ist die Summe 12 + 6 + 8 = 26.

Je nachdem, ob man λ_r oder λ_c berechnet, ist die generelle Definition dieser *zweiten* Fehler

bei λ_r: $$E_2 = \sum_{j=1}^{c} \left(n_{.j} - \max n_j \right)$$

bei λ_c: $$E_2 = \sum_{i=1}^{r} \left(n_{i.} - \max n_i \right)$$

wobei E_2 = Anzahl der Fehler bei der Vorhersage der Modalkategorie der abhängigen Variablen auf der Basis der Kategorien der unabhängigen Variablen,

$n_{.j}$ = (Rand-)Häufigkeit der j-ten Spalte,

$\max n_j$ = modale Häufigkeit der j-ten Spalte,

$n_{i.}$ = (Rand-)Häufigkeit der i-ten Zeile,

$\max n_i$ = modale Häufigkeit der i-ten Zeile,

$\sum_{j=1}^{c}$ = Instruktion, den spezifizierten Ausdruck über alle Spalten zu summieren, und

$\sum_{i=1}^{r}$ = Instruktion, den spezifizierten Ausdruck über alle Zeilen zu summieren.

Für Tabelle 5-11 erhalten wir bei der Berechnung von λ_r:

$$E_2 = (21 - 9) + (25 - 19) + (18 - 10) = 12 + 6 + 8 = 26$$

Für Tabelle 5-11 erhalten wir bei der Berechnung von λ_c:

$$E_2 = (12 - 9) + (31 - 19) + (21 - 10) = 3 + 12 + 11 = 26$$

(4) Lambda: Die generelle Formel zur Berechnung der proportionalen Fehlerreduktion lautet

$$\lambda = \frac{E_1 - E_2}{E_1}$$

Für Tabelle 5-11 erhalten wir folgende *Lambda*-Werte:

$$\lambda_r = \frac{E_1 - E_2}{E_1} = \frac{33 - 26}{33} = \frac{7}{33} = 0.21$$

$$\lambda_c = \frac{E_1 - E_2}{E_1} = \frac{39 - 26}{39} = \frac{13}{39} = 0.33$$

Die *symmetrische Version Lambdas* ist eine einfache Kombination der Vorhersagefehler E_1 und E_2 der asymmetrischen *Lambdas*, die in unserem Beispiel der Tabelle 5-11 folgenden Zahlenwert ergibt:

$$E_1 = 33 + 39 = 72$$

$$E_2 = 26 + 26 = 52$$

$$\lambda_s = \frac{E_1 - E_2}{E_1} = \frac{72 - 52}{72} = \frac{20}{72} = 0.28$$

Man beachte, daß dieser Wert nicht das arithmetische Mittel des *Lambda-r*-Wertes (0.21) und des *Lambda-c*-Wertes (0.33) ist:

$$(0.21 + 0.33) / 2 = 0.27 \neq 0.28$$

Die hier gewählte Darstellungsweise sollte die Logik des Assoziationsmaßes *Lambda* erläutern, dessen Zahlenwerte ebensogut mit den folgenden *Rechenformeln* ermittelt werden können:

$$\lambda_r = \frac{\sum_{j=1}^{c} \max n_j - \max n_{i.}}{N - \max n_{i.}}$$

$$\lambda_c = \frac{\sum_{i=1}^{r} \max n_i - \max n_{.j}}{N - \max n_{.j}}$$

$$\lambda_s = \frac{\sum_{j=1}^{c} \max n_j + \sum_{i=1}^{r} \max n_i - \max n_{i.} - \max n_{.j}}{2N - \max n_{i.} - \max n_{.j}}$$

wobei N = Gesamthäufigkeit,

$\max n_j$ = modale Häufigkeit der j-ten Spalte,

$\max n_i$ = modale Häufigkeit der i-ten Zeile,

$\max n_{.j}$ = modale Häufigkeit (Häufigkeit der Modalkategorie) der Spaltenvariablen,

$\max n_{i.}$ = modale Häufigkeit (Häufigkeit der Modalkategorie) der Zeilenvariablen,

$\sum_{j=1}^{c}$ = Instruktion, den spezifizierten Ausdruck über alle Spalten zu summieren, und

$\sum_{i=1}^{r}$ = Instruktion, den spezifizierten Ausdruck über alle Zeilen zu summieren.

Für Tabelle 5-11 erhalten wir diese bereits bekannten Zahlenwerte:

$$\lambda_r = \frac{(9+19+10)-31}{64-31} = \frac{38-31}{33} = \frac{7}{33} = 0.21$$

$$\lambda_c = \frac{(9+19+10)-25}{64-25} = \frac{38-25}{39} = \frac{13}{39} = 0.33$$

$$\lambda_s = \frac{(9+19+10)+(9+19+10)-31-25}{2(64)-31-25} = \frac{38+38-56}{128-56} = 0.28$$

Gewisse Besonderheiten weisen die folgenden drei Rechenbeispiele auf. In Tabelle 5-12 haben zwei Kategorien der Zeilenvariablen R und alle vier Kategorien der Spaltenvariablen C identische „maximale“ Randhäufigkeiten. In derartigen Fällen ist eine beliebige Kategorie mit der „stärksten“ Besetzung, hier 40 und 25, für die Berechnung des jeweiligen *Lambda*-Wertes auszuwählen. In Tabelle 5-13 weisen die Spalten c_1 und c_2 je zwei Kategorien mit identischen „maximalen“ Besetzungen auf. In derartigen Fällen ist eine beliebige Kategorie mit der „stärksten“ Besetzung, hier 11 und 15, für die Berech-

Tabelle 5-12: Beispiel einer Tabelle mit gleich stark besetzten „maximalen“ Marginalkategorien

Spaltenvariable C

		c_1	c_2	c_3	c_4	
Zeilen-	r_1	10	5		4	20
variable	r_2	15	16	8	1	40
R	r_3		4	17	19	40
		25	25	25	25	100

$$\lambda_r = \frac{(15+16+17+19)-40}{100-40} = \frac{67-40}{60} = \frac{27}{60} = 0.45$$

$$\lambda_c = \frac{(10+16+19)-25}{100-25} = \frac{45-25}{75} = \frac{20}{75} = 0.27$$

$$\lambda_s = \frac{(15+16+17+19)+(10+16+19)-40-25}{2(100)-40-25} = \frac{112-65}{200-65} = \frac{47}{135} = 0.35$$

Tabelle 5-13: Beispiel einer Tabelle mit gleich stark besetzten „maximalen“ Kategorien der Spaltenvariablen C

Spaltenvariable C

		c_1	c_2	c_3	
Zeilen-	r_1	11	10	14	35
variable	r_2	11	15		26
R	r_3	8	15	16	39
		30	40	30	100

$$\lambda_r = \frac{(11+15+16)-39}{100-39} = \frac{42-39}{61} = \frac{3}{61} = 0.05$$

$$\lambda_c = \frac{(14+15+16)-40}{100-40} = \frac{45-40}{60} = \frac{5}{60} = 0.08$$

$$\lambda_s = \frac{(11+15+16)+(14+15+16)-39-40}{2(100)-39-40} = \frac{87-79}{200-79} = \frac{8}{121} = 0.07$$

nung des jeweiligen *Lambda*-Wertes auszuwählen. Gleiches gilt für gleich stark besetzte „maximale" Kategorien der Zeilenvariablen R. Tabelle 5-14 illustriert eine Situation, in der *Lambda-r* den Wert 0 annimmt, obwohl eine von der statistischen Unabhängigkeit abweichende Beziehung vorliegt.

Tabelle 5-14: Beispiel einer Tabelle mit *Lambda-r* = 0 trotz Abweichung von der statistischen Unabhängigkeit

Spaltenvariable C

		c_1	c_2	c_3	
Zeilen-	r_1	7	6	4	17
variable R	r_2	7	8	11	26
		14	14	15	43

$$\lambda_r = \frac{(7+8+11)-26}{43-26} = \frac{26-26}{17} = \frac{0}{17} = 0$$

$$\lambda_c = \frac{(7+11)-15}{43-15} = \frac{18-15}{28} = \frac{3}{28} = 0.11$$

$$\lambda_s = \frac{(7+8+11)+(7+11)-26-15}{2(43)-26-15} = \frac{44-41}{86-41} = \frac{3}{45} = 0.07$$

Im Fall der Tabelle 5-14 nimmt *Lambda-r* den Zahlenwert 0 an, weil die vorherzusagenden konditionalen Modalkategorien mit der marginalen Modalkategorie der abhängigen Variablen R übereinstimmen; da alle modalen Häufigkeiten in derselben Zeile liegen, ist die Anzahl der Fehler der zweiten Vorhersage ($E_2 = 7+6+4 = 17$) gleich der Anzahl der Fehler der ersten Vorhersage ($E_1 = 17$). Das aber bedeutet, daß mit der zweiten Vorhersage der Zeilenvariablen R keine Fehlerreduktion ($E_1 - E_2 = 17 - 17 = 0$) und damit keine Vorhersageverbesserung möglich ist. Hier zeigt sich eine Besonderheit *Lambdas*: Ist die Modalkategorie der abhängigen Variablen in allen Kategorien der unabhängigen Variablen dieselbe, so ist *Lambda*, ungeachtet anderer Eigenschaften der gemeinsamen Verteilung, gleich Null. Und in Tabellen mit einem starken Übergewicht der Fälle in einer der Kategorien der abhängigen Variablen nimmt *Lambda* häufig sehr kleine Werte an - was vor allem jenen als Nachteil erscheinen mag, die auf eine Demonstration starker Beziehungen aus sind.

GOODMAN und KRUSKAL - die in ihrer Notation die Variablen mit A und B und den Koeffizienten mit λ_b bezeichnen, wenn B die abhängige Variable ist - kommentieren die Tatsache, daß *Lambda* den Wert Null annehmen kann, ohne daß eine statistische Unabhängigkeit gegeben ist, wie folgt (1954, S.742):

> „That λ_b may be zero without statistical independence holding may be considered by some as a disadvantage of this measure. We feel, however, that this is not the case, for λ_b is constructed specifically to measure association in a restricted but definite sense, namely the predictive interpretation given. If there is no association in that sense, even though there is association in other senses, one would want λ_b to be zero. Moreover, all the measures of association of which we know are subject to this kind of criticism in one form or another, and indeed it seems inevitable. To obtain a measure of association one must sharpen the definition of association, and this means that of the many vague intuitive notions of the concept some must be dropped."

In diesem *restriktiven, aber definitiven Sinn* erlaubt *Lambda* die Beantwortung der Frage, in welchem Maße uns die Kenntnis der einen Variablen die andere vorherzusagen hilft, je nachdem, welche der beiden Variablen als von der anderen abhängig betrachtet wird. Wie es mit der Assoziation in einem anderen Sinn bestellt ist, spielt dabei keine Rolle. Entscheidend ist, ob eine als Fehlerreduktion definierte Vorhersageverbesserung möglich ist oder nicht. Darüber gibt der Zahlenwert *Lambdas* Aufschluß: „λ_b gives the proportion of errors that can be eliminated by taking account of knowledge of the A classifications of individuals“ (GOODMAN und KRUSKAL, 1954, S.741). *Lambda*-Werte informieren folglich über die proportionale bzw. (mit 100 multipliziert) relative Eliminierung oder Reduktion der Fehler, die bei der Anwendung zweier Vorhersageregeln auf die Daten einer bivariaten Tabelle erzielt wird. Oder anders gesagt: *Lambda*-Werte repräsentieren die proportionale Fehlerreduktion, die erzielt wird, wenn eine auf der bivariaten Verteilung basierende Vorhersage (der konditionalen Modalkategorien) mit einer auf der Randverteilung der abhängigen Variablen basierenden Vorhersage (der marginalen Modalkategorie) verglichen wird. So sagt ein *Lambda*-Wert von 0.25 aus, daß man bei der Vorhersage der abhängigen Variablen 25 Prozent weniger Fehler begeht, wenn man die Information über die unabhängige Variable ausnutzt, gegenüber einer Vorhersage, die sich lediglich auf die Verteilung der abhängigen Variablen stützt.

Trägt die Kenntnis der Variablen C überhaupt nichts dazu bei, die Vorhersage der Variablen R zu verbessern, so ist *Lambda* gleich Null; es liegt dann keine prädiktive Assoziation vor. Erlaubt hingegen die Kenntnis der Variablen C, die Variable R fehlerfrei vorherzusagen, ist *Lambda* gleich 1; dann ist der Fall einer perfekten prädiktiven Assoziation gegeben.

Die Interpretation der beiden *Lambda*-Werte unseres ersten Rechenbeispiels der Tabelle 5-11 lautet infolgedessen für den *Fall (a)*, bei dem die Variable „Sexualnormen für Jugendliche“ als abhängige Variable betrachtet wird: Der Wert $\lambda_r = 0.21$ besagt, daß bei der Vorhersage der Variablen „Sexualnormen für Jugendliche“ gegenüber der allein auf dieser abhängigen Variablen basierenden Vorhersage eine Fehlerreduktion von 21 Prozent erzielt wird, wenn die Information über die unabhängige Variable ausgenutzt und die abhängige Variable auf der Basis der Variablen „Sexualnormen für Kinder" vorhergesagt wird. Die Interpretation lautet im *Fall (b)*, bei dem die Variable „Sexualnormen für Kinder" als abhängige Variable betrachtet wird: Der Wert $\lambda_c = 0.33$ besagt, daß bei der Vorhersage der Variablen „Sexualnormen für Kinder" gegenüber der allein auf dieser abhängigen Variablen basierenden Vorhersage eine Fehlerreduktion von 33 Prozent erzielt wird, wenn die Information über die unabhängige Variable ausgenutzt und die abhängige Variable auf der Basis der Variablen „Sexualnormen für Jugendliche" vorhergesagt wird. Beide Lambda-Werte besagen, daß in den untersuchten Gesellschaften eine mäßig starke prädiktive Assoziation zwischen den Sexualnormen besteht, die für verschiedene Altersgruppen gelten.

Wie gezeigt, ist *Lambda* ein *asymmetrisches* Assoziationsmaß, das insbesondere für nominale Variablen geeignet ist. Normalerweise sind Beziehungen zwischen Variablen von vornherein (aufgrund vorangehender theoretischer Überlegungen) als asymmetrische oder „one-way associations" spezifiziert, so daß eine der beiden Variablen als unabhängig (als der anderen Variablen zeitlich vorangehend und sie beeinflussend) betrachtet wird. Ist das nicht der Fall, kann das symmetrische Maß *Lambda-s* berechnet werden.

6. Die Beschreibung der Beziehung zwischen ordinalen Variablen

Haben zwei Variablen das Niveau einer *Ordinalskala*, so ist die zwischen ihnen bestehende Beziehung mit anderen als den bisher behandelten Maßzahlen zu beschreiben, obwohl wir im Prinzip auch die für nominale Variablen geeigneten Assoziationsmaße zur Charakterisierung der Beziehung zwischen ordinalen Variablen (und metrischen oder Kombinationen aus beiden Typen) verwenden können. Letzteres ist zwar möglich, aber nicht empfehlenswert. Denn wenn wir Assoziationsmaße, die für nominale Variablen konzipiert wurden, zur Beschreibung der Beziehung zwischen ordinalen (und/oder metrischen) Variablen benutzen, gehen uns Informationen verloren, auf die wir nicht verzichten sollten. Zwischen ordinalen (und/oder metrischen) Variablen können nämlich *positive* und *negative* Beziehung bestehen, die durch das Vorzeichen der für diese Variablen konzipierten Assoziationsmaße angezeigt werden. Die Zahlenwerte dieser Assoziationskoeffizienten variieren zwischen –1, wenn eine perfekte negative Beziehung gegeben ist, über 0, wenn keine Beziehung vorliegt, bis +1, wenn eine perfekte positive Beziehung zwischen den Variablen besteht.

Aufgrund ordinalen Messens sind Sozialwissenschaftler oft in der Lage anzugeben, welche von zwei Untersuchungseinheiten im Hinblick auf eine bestimmte Variable vor der anderen rangiert, das heißt, welche von beiden bezüglich der gemessenen Variablen „größer" oder „kleiner" ist (falls nicht - dritte Möglichkeit - beide dieselbe Ausprägung haben, also bezüglich der betrachteten Variablen nicht unterscheidbar oder verknüpft sind). So sind Sozialwissenschaftler bestrebt, Personen im Hinblick auf den Grad der Entfremdung, der sozialen Distanz, des politischen Interesses, des Berufsprestiges, der Leistungsorientierung, der Bildung oder des sozialen Status zu unterscheiden.

Obwohl einige Variablen dieses in den Sozialwissenschaften häufig vorkommenden Typs von ursprünglich ordinaler Natur sein mögen (wie etwa die Variable „perzipierte soziale Distanz", bei der der Perzipient nur ordinale Unterschiede wahrnimmt), ist die Basis ordinaler Variablen nicht selten eine Situation, in der man bestimmte manifeste Variablen als Indikatoren einer nicht beobachtbaren zugrundeliegenden theoretischen Variablen betrachtet und annimmt, daß zwischen der zugrundeliegenden theoretischen Variablen und den manifesten Indikatoren monotone Beziehungen bestehen. Beispielsweise kann man die Variable „Anzahl vollendeter Schuljahre" zweifellos in dem Sinne als Ratioskala behandeln, als jemand, der 12 Schuljahre vollendet hat, doppelt soviel Schuljahre aufzuweisen hat wie jemand, der die Schule nur sechs Jahre lang besuchte. In vielen Fällen ist der Forscher aber nicht an der Anzahl vollendeter Schuljahre interessiert, sondern an der Abbildung des Individuums auf einem Kontinuum, das mit „Kenntnisstand, Verständnisfähigkeit und Fertigkeiten" oder so ähnlich umschrieben werden kann. Da diese theoretische „Bildungs"-Variable kaum gemessen werden kann, wird die verhältnismäßig leicht meßbare Variable „Anzahl vollendeter Schuljahre" als (durchaus gute) Indikatorvariable benutzt. Auf ganz ähnliche Weise wird mitunter die in Mark ausgedrückte Schwere von Fehlern, die jemand bei seinen Routinearbeiten machen kann, als Indikatorvariable der theoretischen Variablen „persönliche Verantwortung" benutzt. Von solchen Indikatorvariablen kann jedoch kaum angenommen werden, daß sie metrische Messungen der zugrundeliegenden Zielvariablen sind. Diese Beispiele illustrieren, weshalb viele Variablen, die metrisches Meßniveau zu haben scheinen, in Wahrheit ordinale Variablen sind. Dies wiederum weist den Maßzahlen der ordinalen Assoziation einen besonderen Stellenwert zu (siehe hierzu SOMERS, 1962, S.800).

Wenn wir beispielsweise nicht sagen können, daß eine Person mit zwölf Schuljahren doppelt soviel „Bildung" hat wie eine Person mit sechs Schuljahren, und wenn wir nicht einmal annehmen können, daß die Abstände zwischen nebeneinanderliegenden Variablenwerten gleich sind, können wir in der Datenanalyse lediglich die Information auswerten, daß die eine Person im Hinblick auf die Variable „Bildung" höher rangiert als die andere. Wenn wir den Vergleich zweier Personen (generell: Untersuchungseinheiten oder Fälle) auf *zwei* Variablen beziehen, können wir ein *Paar* von Personen daraufhin betrachten, ob diejenige Person, die im Hinblick auf die Variable X „größer" ist als die andere, auch im Hinblick auf die Variable Y „größer" ist oder nicht. Dies ist eine Betrachtungsweise der Untersuchungseinheiten und Variablen, die für das Verständnis der ordinalen Assoziation von zentraler Bedeutung ist. Deshalb werden wir uns zunächst mit dem Begriff der Paare befassen.

6.1 Zum Begriff der Paare

Beginnen wir mit einem denkbar einfachen Beispiel, das sich auf zwei Untersuchungseinheiten und zwei Variablen bezieht. Nehmen wir an, zwei Schüler, a und b, hätten für ihre Leistungen in den Fächern Mathematik und Physik folgende Noten erhalten:

Schüler	Mathematik-note X	Physik-note Y
a	5	5
b	4	4

Da die Vier eine bessere Note ist als die Fünf, stellen wir fest, daß Schüler b in beiden Fächern eine bessere Note erhielt als Schüler a. Im Hinblick auf die eine (X) wie auf die andere Variable (Y) besteht folglich *dieselbe* Rangordnung zwischen den Schülern. Ein solches Paar wird *konkordant* (engl. concordant, same-ordered), auch konsistent, positiv oder „gleichsinnig" genannt.

Nehmen wir an, zwei weitere Schüler, c und d, hätten folgende Noten in den Fächern Mathematik und Physik erhalten:

Schüler	Mathematik-note X	Physik-note Y
c	1	3
d	2	2

Hier stellen wir fest, daß Schüler c im Fach Mathematik eine bessere, im Fach Physik hingegen eine schlechtere Note erzielte als Schüler d. Im Hinblick auf die Variablen X und Y besteht folglich eine *unterschiedliche* Rangordnung zwischen den Schülern. Ein solches Paar wird *diskordant* (engl. discordant, differently-ordered), auch inkonsistent, negativ oder „gegensinnig" genannt.

Im ersten dieser beiden Beispiele spricht man von einer *positiven* Beziehung, im zweiten von einer *negativen* Beziehung zwischen den Variablen X und Y. Generell wird eine Beziehung *positiv* genannt, wenn hohe (niedrige) Werte der einen Variablen mit hohen (niedrigen) Werten der anderen Variablen einhergehen; eine Beziehung wird *negativ* oder invers genannt, wenn hohe (niedrige) Werte der einen Variablen mit niedrigen (hohen) Werten der anderen Variablen einhergehen.

Bezeichnen wir die Anzahl der konkordanten Paare mit N_c (c für „concordant") und die Anzahl der diskordanten Paare mit N_d (d für „discordant"), so wird das Übergewicht der einen oder anderen Rangordnung durch die Differenz $N_c - N_d$ ausgedrückt. Ist diese Differenz positiv, so gibt es offensichtlich mehr Paare, bei denen die Variablen dieselbe Rangordnung erzeugten; ist die Differenz negativ, so liegen offensichtlich mehr Paare vor, bei denen die Variablen eine unterschiedliche Rangordnung erzeugten. Dividieren wir die Differenz $N_c - N_d$ durch die Gesamtzahl der möglichen Paare, so erhalten wir das 1938 von Maurice KENDALL vorgeschlagene Assoziationsmaß τ_a (lies das kleine griechische Tau, versehen mit dem Subskript a, „Tau-sub-a“ oder kurz „Tau-a“). Der Koeffizient *Tau-a* ist wie folgt definiert:

$$\tau_a = \frac{N_c - N_d}{\frac{N(N-1)}{2}}$$

wobei N_c = Anzahl der konkordanten Paare,

N_d = Anzahl der diskordanten Paare und

$\frac{N(N-1)}{2}$ = Gesamtzahl der möglichen Paare.

Zwecks Anwendung der hier eingeführten Begriffe wollen wir unser Beispiel um einen fünften Schüler erweitern (siehe die folgende Datenmatrix).

Schüler	Mathematik-note X	Physik-note Y
a	5	5
b	4	4
c	1	3
d	2	2
e	3	1

Unser erstes Problem besteht darin, alle möglichen Paare zu identifizieren, die aus diesen fünf Individuen gebildet werden können. Betrachten wir zunächst das erste Individuum. Schüler a kann mit jedem der übrigen vier Schüler gepaart werden. Die resultierenden Paare sind: (a,b), (a,c), (a,d) und (a,e). Betrachten wir alsdann das zweite Individuum. Auch Schüler b kann mit jedem der vier anderen Schüler gepaart werden. Die resultierenden vier Paare sind:

(b,a), (b,c), (b,d) und (b,e). Generell gibt es für jedes der fünf Individuen vier andere, mit denen es gepaart werden kann, insgesamt 5 x 4 oder $N(N-1)$ Paare. Unsere obige Aufzählung enthält allerdings das Paar (a,b) wie auch das Paar (b,a). Die Wendung „alle möglichen Paare" soll aber lediglich bedeuten, daß aus gleichen Untersuchungseinheiten gebildete Paare nur einmal zu zählen sind (als sog. Kombinationen). Da in unserem Beispiel fünf Individuen gegeben sind, ist die *Anzahl aller möglichen Paare* (lies „N über zwei")

$$\binom{N}{2} = \frac{N(N-1)}{2} = \frac{5(5-1)}{2} = 10$$

Unser nächstes Problem besteht darin, jedes der 10 Paare daraufhin zu untersuchen, ob es ein konkordantes oder diskordantes Paar ist. Das kann mit Hilfe einer Arbeitstabelle wie der folgenden geschehen:

Tabelle 6-1: Arbeitstabelle zur Identifizierung der Paartypen

Paar	Rangordnung im Hinblick auf X	Rangordnung im Hinblick auf Y	Paartyp
a, b	a < b	a < b	konkordant
a, c	a < c	a < c	"
a, d	a < d	a < d	"
a, e	a < e	a < e	"
b, c	b < c	b < c	"
b, d	b < d	b < d	"
b, e	b < e	b < e	"
c, d	c > d	c < d	diskordant
c, e	c > e	c < e	"
d, e	d > e	d < e	"

Um den KENDALLschen Assoziationskoeffizienten *Tau-a* berechnen zu können, brauchen wir nur noch die Anzahl der konkordanten (N_c) und diskordanten (N_d) Paare zu zählen. Nach Tabelle 6-1 erhalten wir $N_c = 7$ und $N_d = 3$. Durch Einsetzen dieser Werte in die angeführte Formel für *Tau-a* erhalten wir:

$$\tau_a = \frac{N_c - N_d}{\frac{N(N-1)}{2}} = \frac{7-3}{\frac{5(5-1)}{2}} = \frac{4}{10} = 0.40$$

Der Grad der mit *Tau-a* ausgedrückten (positiven) ordinalen Assoziation zwischen den Variablen X (Mathematiknote) und Y (Physiknote) ist folglich 0.40.

Das Assoziationsmaß *Tau-a* ist am ehesten für Daten geeignet, in denen keine sog. *Bindungen* oder *Verknüpfungen* (engl. ties) auftreten. Diese liegen vor, wenn nicht alle Untersuchungseinheiten *verschiedene* Variablenwerte aufweisen, so daß eine strenge Rangordnung ausgeschlossen ist. Anders gesagt: Zwei Untersuchungseinheiten sind verknüpft, wenn sie bezüglich einer oder beider Variablen denselben Wert haben. Das folgende Paar ist ein Paar, das bezüglich der X-Variablen verknüpft und bezüglich der Y-Variablen nicht verknüpft ist:

Schüler	Mathematik-note X	Physik-note Y
f	3	2
g	3	4

Werden Untersuchungseinheiten im Hinblick auf bestimmte Variablen rangmäßig geordnet, treten normalerweise viele „Ties" auf. Beispielsweise erhalten viele Schüler für ihre Leistungen dieselbe Note. Werden, wie in unserem Beispiel, die Leistungen mit nur fünf Noten bewertet, so können maximal fünf Schüler *verschiedene* Noten erzielen. Es tritt notwendig ein „Tie" auf, sobald die Leistung eines sechsten Schülers beurteilt wird, weil nur fünf verschiedene Noten zur Beurteilung zur Verfügung stehen.

Dieses Beispiel macht deutlich, daß „Ties“ besonders häufig vorkommen, wenn man - etwa zwecks Bildung von Kreuztabellen - Variablenwerte klassiert, das heißt, wenn Variablenausprägungen zu Klassen zusammengefaßt werden; es sind dann alle Untersuchungseinheiten, die in dieselbe Klasse oder Kategorie fallen, miteinander verknüpft. Da aber Maßzahlen der ordinalen Assoziation typischerweise für Tabellen mit kreuztabulierten Variablen berechnet werden, deren Ausprägungen mehr oder weniger stark zusammengefaßt wurden und deshalb viele „Ties“ aufweisen, ist es wichtig zu wissen, wie „Ties“ identifiziert und behandelt werden.

Generell gibt es fünf verschiedene Erscheinungsformen von Paaren; drei dieser *fünf Paartypen* involvieren „Ties“:

1. Die Untersuchungseinheiten können im Hinblick auf X und Y dieselbe Rangordnung haben. Diese *konkordanten* Paare werden mit dem Symbol N_c bezeichnet.

2. Die Untersuchungseinheiten können im Hinblick auf X und Y eine verschiedene Rangordnung haben. Diese *diskordanten* Paare werden mit dem Symbol N_d bezeichnet.

3. Die Untersuchungseinheiten können im Hinblick auf X verknüpft (engl. tied on X), jedoch im Hinblick auf Y verschieden sein. Diese Paare werden mit dem Symbol T_x bezeichnet.

4. Die Untersuchungseinheiten können im Hinblick auf X verschieden, jedoch im Hinblick auf Y verknüpft sein (engl. tied on Y). Diese Paare werden mit dem Symbol T_y bezeichnet.

5. Die Untersuchungseinheiten können im Hinblick auf X und Y verknüpft sein. Diese Paare werden mit dem Symbol T_{xy} bezeichnet.

Die genannten Alternativen erschöpfen alle möglichen Erscheinungsformen eines Paares. Deshalb ist die Summe der fünf Paartypen gleich der *Anzahl aller möglichen Paare*:

$$\binom{N}{2} = \frac{N(N-1)}{2} = N_c + N_d + T_x + T_y + T_{xy}$$

Wie wir sehen werden, gibt es verschiedene Varianten der Behandlung, d.h. der Berücksichtigung oder Ignorierung einiger dieser Paartypen, deren Kombination verschiedene Maßzahlen der ordinalen Assoziation ergeben.

Zuvor wollen wir uns anhand zweier Beispiele damit vertraut machen, wie die Paare in einer bivariaten Tabelle verteilt sind und wie man sie ermittelt. Das sei zunächst an einer gemeinsamen Häufigkeitsverteilung zweier ordinaler Variablen in einer 2 x 3-Tabelle illustriert. Die bivariate Tabelle 6-3, die wir genauer betrachten wollen, basiert auf - dem Verfasser freundlicherweise zur Verfügung gestellten - Daten eines von MARLOWE, FRAGER und NUTTALL (1965) in den USA durchgeführten Experiments. Da wir es in unserem ersten Beispiel mit einer 2 x 3-Tabelle zu tun haben, ist auch das generelle Schema der Tabelle 6-2 auf eine 2 x 3-Tabelle zugeschnitten. Dem Leser wird jedoch bald klarwerden, daß die hier erläuterte Vorgehensweise zur *Ermittlung der Paare* auf jede beliebige bivariate Tabelle analog angewendet werden kann, gleichgültig welches Format bzw. welche Größe die r x c-Tabelle hat.

Wie aus Tabelle 6-4 hervorgeht, bezeichnen die kleinen Buchstaben a bis f die Zellenbesetzungen der in Tabelle 6-2 dargestellten 2 x 3-Tabelle, für die Tabelle 6-3 ein numerisches Beispiel zur Berechnung der Paare abgibt. Auf der Basis der ermittelten Paare können alle unterhalb der Tabelle 6-3 aufgeführten Maßzahlen der ordinalen Assoziation berechnet werden. Dabei handelt es sich um die von Maurice KENDALL konzipierten *Tau*-Koeffizienten, um den von Leo GOODMAN und William KRUSKAL eingeführten *Gamma*-Koeffizienten und um die von Robert SOMERS vorgeschlagenen *d*-Koeffizienten.

Tabelle 6-2: Generelles Schema einer 2 x 3-Tabelle, zugeschnitten auf Tabelle 6-3 und Tabelle 6-4

		Variable X		
		x_1	x_2	x_3
Variable Y	y_1	a	b	c
	y_2	d	e	f

Tabelle 6-3: Die Beziehung zwischen der Einstellung und dem Verhalten weißer Studenten gegenüber Schwarzen

		Einstellung gegenüber Schwarzen			
		negativ		positiv	
Verhalten gegenüber Schwarzen	negativ	7	6	4	17
	positiv	7	8	11	26
		14	14	15	43

$$\tau_a = 0.107$$
$$\tau_b = 0.186$$
$$\tau_c = 0.210$$
$$\gamma = 0.322$$
$$d_{yx} = 0.157$$
$$d_{xy} = 0.219$$
$$d_s = 0.183$$

Bevor wir uns in Abschnitt 6.2 mit diesen Maßzahlen beschäftigen, wollen wir uns einem zweiten Beispiel (Tabelle 6-5) zuwenden, das auf anschauliche

Tabelle 6-4: Ermittlung der Paare in einer 2 x 3-Tabelle, bezogen auf Tabelle 6-2 und Tabelle 6-3

Paartyp	Symbol	Anzahl der Paare (Tabelle 6-2)	Rechenbeispiel (Tabelle 6-3)
konkordant	N_c	a(e + f) + b(f)	7(8 + 11) + 6(11) = 199
diskordant	N_d	c(d + e) + b(d)	4(7 + 8) + 6(7) = 102
verknüpft in X	T_x	a(d) + b(e) + c(f)	7(7) + 6(8) + 4(11) = 141
verknüpft in Y	T_y	a(b + c) + b(c) + d(e + f) + e(f)	7(6 + 4) + 6(4) + 7(8 + 11) + 8(11) = 315
verknüpft in X und Y	T_{xy}	0.5[a(a-1) + b(b-1) + c(c-1) + d(d-1) + e(e-1) + f(f-1)]	0.5 [7(7-1) + 6(6-1) + 4(4-1) + 7(7-1) + 8(8-1) + 11(11-1)] = 146
mögliche Paare insgesamt	$\binom{N}{2}$	$\frac{N(N-1)}{2}$	$\frac{43(43-1)}{2}$ = 903

Weise über die Verteilung der Paare in einer 2 x 2-Tabelle mit geringer Besetzung (N = 8) informiert. In Tabelle 6-5 sind die Untersuchungseinheiten als Punkte dargestellt und die Paare mittels Verbindungslinien zwischen den Untersuchungseinheiten kenntlich gemacht. Diese Prozedur zur Identifizierung und Veranschaulichung der Paare kann prinzipiell auf jede r x c-Tabelle angewendet werden, praktisch allerdings nur dann, wenn die Anzahl der Fälle nicht zu groß ist und die Darstellung übersichtlich bleibt.

Tabelle 6-5: Die Verteilung der Paare in einer 2 x 2-Tabelle mit bestimmten Zellenbesetzungen

	x_1	x_2	
y_1	1	2	3
y_2	3	2	5
	4	4	8

$$\frac{N(N-1)}{2} = \frac{8(8-1)}{2} = 28$$

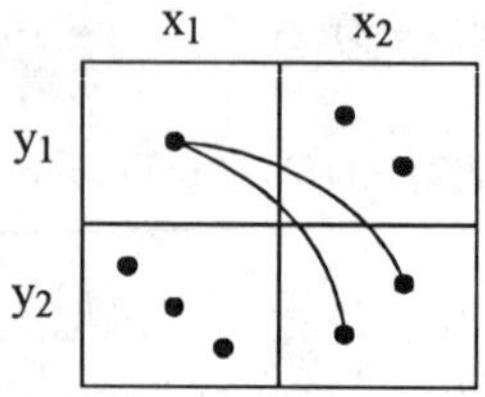

$N_c = (1)(2) = 2$

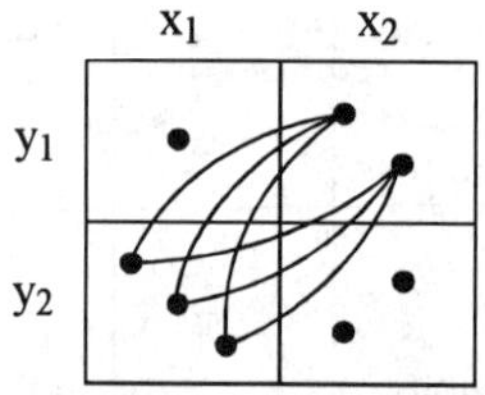

$N_d = (2)(3) = 6$

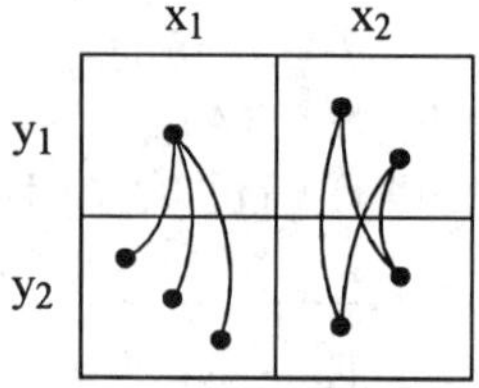

$T_x = (1)(3) + (2)(2) = 7$

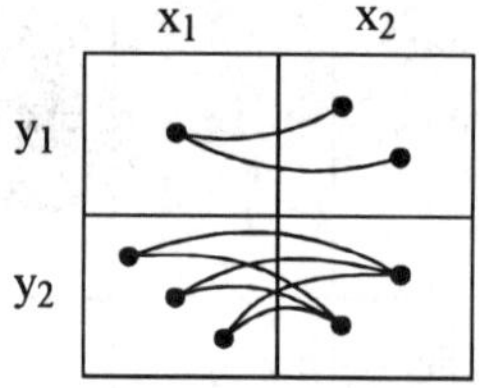

$T_y = (1)(2) + (3)(2) = 8$

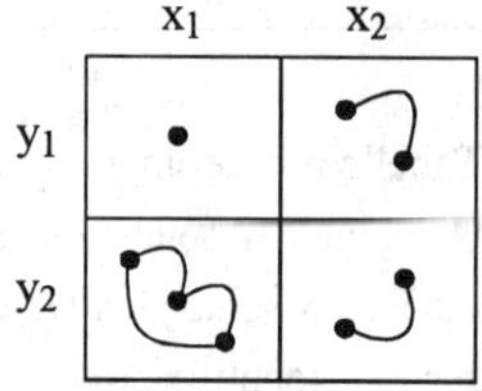

Die Anzahl der Paare in Zelle$_{21}$ ist $\frac{n(n-1)}{2} = \frac{3(3-1)}{2} = 3$ und in Zelle$_{12}$ und Zelle$_{22}$ je $= \frac{2(2-1)}{2} = 1$. Folglich ist $T_{xy} = 1 + 3 + 1 = 5$.

$$\binom{N}{2} = \frac{N(N-1)}{2} = N_c + N_d + T_x + T_y + T_{xy} = 2 + 6 + 7 + 8 + 5 = 28$$

6.2 Maßzahlen der ordinalen Assoziation

Wir sind jetzt in der Lage, verschiedene Maßzahlen der ordinalen Assoziation zu betrachten, die alle auf dem Konzept des paarweisen Vergleichs der Untersuchungseinheiten beruhen und deren Formeln alle denselben Zählerausdruck haben, nämlich $N_c - N_d$. Jede Maßzahl hat jedoch einen anderen Nennerausdruck, in dem sich die unterschiediche Behandlung der „Ties“ niederschlägt.

KENDALLs $$\tau_a = \frac{N_c - N_d}{\frac{N(N-1)}{2}}$$

KENDALLs $$\tau_b = \frac{N_c - N_d}{\sqrt{(N_c + N_d + T_x)(N_c + N_d + T_y)}}$$

KENDALLs $$\tau_c = \frac{N_c - N_d}{\frac{1}{2}N^2\left(\frac{m-1}{m}\right)} = \frac{2(N_c - N_d)}{N^2\left(\frac{m-1}{m}\right)}$$

wobei *N* die Gesamtzahl der Untersuchungseinheiten und *m* die Zahl der Zeilen oder Spalten der r x c-Tabelle symbolisiert, die die kleinere von beiden ist.

GOODMAN und KRUSKALs $$\gamma = \frac{N_c - N_d}{N_c + N_d}$$

SOMERS' $$d_{yx} = \frac{N_c - N_d}{N_c + N_d + T_y}$$

SOMERS' $$d_{xy} = \frac{N_c - N_d}{N_c + N_d + T_x}$$

SOMERS' $$d_s = \frac{N_c - N_d}{N_c + N_d + \frac{1}{2}(T_y + T_x)}$$

Bevor wir einige Eigenschaften dieser Assoziationsmaße diskutieren, wollen wir den Zahlenwert eines jeden Koeffizienten berechnen. Dazu greifen wir auf Tabelle 6-3 zurück, deren Paare in Tabelle 6-4 ermittelt wurden. Tabelle 6-4 weist für die $N = 43$ Teilnehmer des Experiments folgende Paare aus:

$$\begin{aligned} N_c &= 199 \\ N_d &= 102 \\ T_x &= 141 \\ T_y &= 315 \\ T_{xy} &= 146 \\ \hline \frac{N(N-1)}{2} &= 903 \end{aligned}$$

Wir erhalten einen relativ niedrigen KENDALLschen *Tau-a*-Koeffizienten von

$$\tau_a = \frac{N_c - N_d}{\frac{N(N-1)}{2}} = \frac{199-102}{903} = \frac{97}{903} = 0.107$$

Der KENDALLsche *Tau-b*-Koeffizient hat einen höheren Zahlenwert, nämlich

$$\tau_b = \frac{N_c - N_d}{\sqrt{(N_c + N_d + T_x)(N_c + N_d + T_y)}}$$

$$= \frac{199-102}{\sqrt{(199+102+141)(199+102+315)}} = \frac{97}{\sqrt{(422)(616)}} = \frac{97}{521.80} = 0.186$$

Eine noch höheren Zahlenwert hat KENDALLs *Tau-c*-Koeffizient:

$$\tau_c = \frac{N_c - N_d}{\frac{1}{2}N^2\left(\frac{m-1}{m}\right)} = \frac{199-97}{\frac{1}{2}(43)^2\left(\frac{2-1}{2}\right)} = \frac{97}{462.25} = 0.210$$

Der von GOODMAN und KRUSKAL konzipierte *Gamma*-Koeffizient hat den höchsten Zahlenwert, nämlich

$$\gamma = \frac{N_c - N_d}{N_c + N_d} = \frac{199-102}{199+102} = \frac{97}{301} = 0.322$$

Die von SOMERS vorgeschlagenen *d*-Koeffizienten nehmen diese Werte an:

$$d_{yx} = \frac{N_c - N_d}{N_c + N_d + T_y} = \frac{199-102}{199+102+315} = \frac{97}{616} = 0.157$$

$$d_{xy} = \frac{N_c - N_d}{N_c + N_d + T_x} = \frac{199-102}{199+102+141} = \frac{97}{442} = 0.219$$

$$d_s = \frac{N_c - N_d}{N_c + N_d + \frac{1}{2}\left(T_y + T_x\right)} = \frac{199-102}{199+102+\frac{1}{2}(315+141)} = \frac{97}{529} = 0.183$$

Für den (seltenen) Fall, daß keine „Ties“ vorkommen, sind die Koeffizienten τ_a, τ_b, τ_c, γ, d_{yx}, d_{xy} und d_s ein und dasselbe Maß, das denselben Zahlenwert produziert. Beim Vorliegen von „Ties“ können die Koeffizienten erheblich voneinander abweichen.

Wie bereits erwähnt, ist *Tau-a* am ehesten für Daten geeignet, die keine „Ties“ aufweisen; nur unter dieser Bedingung kann *Tau-a* die Extremwerte –1 und +1 erreichen. Das illustrieren die folgenden Beispiele.

Student	Test 1 X	Test 2 Y
a	1	1
b	2	2
c	3	3
d	4	4

Test 1 (X)

Test 2 (Y)	x_1	x_2	x_3	x_4	
y_1	1				1
y_2		1			1
y_3			1		1
y_4				1	1
	1	1	1	1	4

Im vorliegenden Fall ist eine perfekte positive ordinale Assoziation gegeben, weil nur konkordante Paare und keine „Ties" auftreten:

$$N_c = 1(1 + 1 + 1) + 1(1 + 1) + 1(1) = 3 + 2 + 1 = 6$$

$$\frac{N(N-1)}{2} = \frac{4(4-1)}{2} = 6$$

$$\tau_a = \frac{N_c - N_d}{\frac{N(N-1)}{2}} = \frac{6-0}{6} = 1$$

Das folgende Beispiel veranschaulicht eine perfekte negative ordinale Assoziation, weil nur diskordante Paare und wiederum keine „Ties" auftreten.

Student	Test 1 X	Test 2 Y
a	1	4
b	2	3
c	3	2
d	4	1

Test 1 (X)

Test 2 (Y)		x_1	x_2	x_3	x_4	
	y_1				1	1
	y_2			1		1
	y_3		1			1
	y_4	1				1
		1	1	1	1	4

Hier ist die Anzahl der diskordanten Paare:

$$N_d = 1(1+1+1) + 1(1+1) + 1(1) = 3 + 2 + 1 = 6$$

$$\tau_a = \frac{N_c - N_d}{\frac{N(N-1)}{2}} = \frac{0-6}{6} = -1$$

Daß der Koeffizient *Tau-a* diese Extremwerte nicht erreichen kann, wenn „Ties“ vorkommen, demonstriert das folgende Beispiel einer ebenfalls perfekten positiven Beziehung zwischen X und Y (siehe Tabelle 6-6).

Tabelle 6-6: Beispiel einer 4 x 4-Tabelle

		Variable X				
		x_1	x_2	x_3	x_4	
Variable Y	y_1	25				25
	y_2		25			25
	y_3			25		25
	y_4				25	25
		25	25	25	25	100

$\tau_a = 0.758$ $\tau_b = 1$ $\gamma = 1$

In diesem Fall erhalten wir folgende Werte:

$$N_c = 25(25+25+25) + 25\,(25+25) + 25(25) = 1875 + 1250 + 625 = 3750$$

$$\frac{N(N-1)}{2} = \frac{100(100-1)}{2} = 4950$$

$$\tau_a = \frac{N_c - N_d}{\frac{N(N-1}{2}} = \frac{3750-0}{4950} = 0.758$$

Da keine N_d, keine T_x und keine T_y vorkommen, lautet die Gleichung:

$$\frac{N(N-1)}{2} = N_c + N_d + T_x + T_y + T_{xy}$$

$$4950 = 3750 + 0 + 0 + 0 + 1200$$

$$4950 = 4950$$

Die Differenz zwischen den möglichen (4950) und den konkordanten (3750) Paaren ist

$$T_{xy} = 4\left[\frac{n(n-1)}{2}\right] = 4\left[\frac{25(25-1)}{2}\right] = 1200$$

Obwohl also eine perfekte Beziehung zwischen den Variablen X und Y der Tabelle 6-6 besteht, nimmt *Tau-a* nicht den Maximalwert 1 an, wenn auch der aktuelle Zahlenwert von 0.758 ziemlich hoch ist. Daraus erhellt, daß der Zahlenwert des *Tau-a*-Koeffizienten für Tabellen mit einem ungünstigen Verhältnis verknüpfter Paare zur Gesamtzahl der Paare sehr niedrig ist (wie beispielsweise für Tabelle 6-3 mit einem Verhältnis von 602 : 903 = 2 : 3) - eine Tatsache, die das Forschungsergebnis in den Augen mancher Autoren „schlecht aussehen" läßt. Da Koeffizienten, die niedrige Zahlenwerte produzieren, nicht besonders gerne verwendet werden, und da ein niedriger Zahlenwert sowohl auf einer schwachen Korrelation als auch auf einer hohen Zahl von Verknüpfungen beruhen kann - wobei die Anzahl der „Ties" sehr stark von der Bildung der Kategorien der kreuztabulierten Variablen beeinflußt wird -, ist der Koeffizient *Tau-a* in der empirischen Sozialforschung ausgesprochen unpopulär.

Als Alternative für Daten, in denen „Ties" auftreten, entwickelte KENDALL den Koeffizienten *Tau-b*. Dieses Maß nimmt eine Korrektur für Verknüpfungen vor, die den Effekt hat, den numerischen Wert des Koeffizienten zu erhöhen. Die Nennerausdrücke von *Tau-a* und *Tau-b* lassen erkennen, daß $|\tau_a| \leq |\tau_b|$. So ist der für Tabelle 6-3 ermittelte *Tau-b*-Koeffizient nahezu doppelt so hoch wie der *Tau-a*-Koeffizient ($\tau_b = 0.186$ versus $\tau_a = 0.107$). *Tau-b* kann die Extremwerte –1 und +1 auch in solchen Fällen erreichen, in denen *Tau-a* kleiner als $|1|$ ist. Wir erhalten beispielsweise für die perfekte Beziehung der Tabelle 6-6 (im Vergleich zu $\tau_a = 0.758$) einen Wert von

$$\tau_b = \frac{N_c - N_d}{\sqrt{(N_c + N_d + T_x)(N_c + N_d + T_y)}} = \frac{3750 - 0}{\sqrt{(3750 + 0 + 0)(3750 + 0 + 0)}} = 1$$

Nichtsdestowenger gibt es - in der empirischen Sozialforschung häufig vorkommende - Fälle, in denen *Tau-b* die Extremwerte –1 und +1 *nicht* erreichen kann. *Tau-b kann* die Extremwerte erreichen, wenn die Anzahl der Zeilen und Spalten der Tabelle gleich ist. Wenn in einer quadratischen Tabelle alle Untersuchungseinheiten entlang einer der beiden Diagonalen angeordnet sind, hat *Tau-b* den Wert +1 (wie in Tabelle 6-6) oder –1 (wie in Tabelle 6-7). Die Tabellen 6-8 und 6-9 illustrieren Fälle, in denen $\tau_b < |1|$, weil die marginalen Häufigkeiten nicht symmetrisch sind (Tabelle 6-8) bzw. weil die Anzahl der Zeilen und Spalten ungleich ist (Tabelle 6-9) und infolgedessen x- und/oder y-verknüpfte Paare auftreten.

Tabelle 6-7: Beispiel einer 3 x 3-Tabelle

		Variable X			
		x_1	x_2	x_3	
Variable Y	y_1			10	10
	y_2		50		50
	y_3	100			100
		100	50	10	160

$\tau_a = -0.511$ $\tau_b = -1$ $\gamma = -1$

$N_c = 0$

$N_d = 10(10 + 50 + 100) + 50(100) = 1600 + 5000 = 6600$

$T_x = 0$

$T_y = 0$

$$\tau_b = \frac{N_c - N_d}{\sqrt{(N_c + N_d + T_x)(N_c + N_d + T_y)}} = \frac{0 - 6600}{\sqrt{(0 + 6600 + 0)(0 + 6600 + 0)}} = -1$$

Tabelle 6-8: Beispiel einer 3 x 3-Tabelle

Variable X

Variable Y		x_1	x_2	x_3	
	y_1			10	10
	y_2	10	40		50
	y_3	100			100
		110	40	10	160

$$\tau_a = -0.432 \qquad \tau_b = -0.888 \qquad \gamma = -1$$

$$N_c = 0$$
$$N_d = 10(10 + 40 + 100) + 40(100) = 1500 + 4000 = 5500$$
$$T_x = 10(100) = 1000$$
$$T_y = 10(40) = 400$$

$$\tau_b = \frac{N_c - N_d}{\sqrt{(N_c + N_d + T_x)(N_c + N_d + T_y)}}$$

$$= \frac{0 - 5500}{\sqrt{(0 + 5500 + 1000)(0 + 5500 + 400)}} = -0.888$$

Tabelle 6-9: Beispiel einer 3 x 4-Tabelle

Variable X

		x_1	x_2	x_3	x_4	
	y_1				5	25
Variable Y	y_2			25		25
	y_3	25	25			50
		25	25	25	25	100

$\tau_a = -0.631$ $\tau_b = -0.913$ $\gamma = -1$

$$N_c = 0$$
$$N_d = 25(25 + 25 + 25) + 25(25 + 25) = 3150$$
$$T_x = 0$$
$$T_y = 25(25) = 625$$

$$\tau_b = \frac{N_c - N_d}{\sqrt{(N_c + N_d + T_x)(N_c + N_d + T_y)}}$$

$$= \frac{0 - 3150}{\sqrt{(0 + 3150 + 0)(0 + 3150 + 625)}} = -0.913$$

Im Unterschied zu *Tau-a* und *Tau-b* wurde *Tau-c* explizit für Kontingenztabellen entwickelt. KENDALL begründet den Koeffizienten *Tau-c* wie folgt (1970, S.47):

> „Considered as a measure of contingency the alternative form τ_a [nämlich τ_b, H.B.] has one property (shared by certain other contingency coefficients) of a rather undesirable kind, namely that it cannot attain unity for tables with unequal numbers of rows and columns. This is not a very

serious drawback in cases where ties are relatively infrequent, but for heavily tied rankings it may be preferable to use a coefficient for which the limits are attainable."

Die Formel des *Tau-c*-Koeffizienten läßt erkennen, daß der aktuelle Zahlenwert des Nenners (und damit des Koeffizienten) von der Anzahl der Zeilen und Spalten der bivariaten Tabelle abhängt:

$$\tau_c = \frac{N_c - N_d}{\frac{1}{2}N^2\left(\frac{m-1}{m}\right)} = \frac{2(N_c - N_d)}{N^2\left(\frac{m-1}{m}\right)} = \frac{2m(N_c - N_d)}{N^2(m-1)}$$

wobei *m* die Anzahl der Zeilen oder Spalten bezeichnet, die die kleinere von beiden ist. (Bei einer gleichen Anzahl von Zeilen und Spalten ist $m = r = c$.) Faktisch wird die Quantität $N_c - N_d$ durch die Obergrenze $\frac{1}{2}N^2\left(\frac{m-1}{m}\right)$ dividiert. Wie die folgenden beiden Beispiele zeigen, ist diese Obergrenze erreicht, wenn die Untersuchungseinheiten in einer quadratischen Tabelle diagonal angeordnet sind und die Häufigkeiten der Diagonalzellen gleich sind.

Variable X

		x_1	x_2	
Variable Y	y_1	10		10
	y_2		10	10
		10	10	20

$$N_c = 10(10) = 100$$

$$\frac{1}{2}N^2\left(\frac{m-1}{m}\right) = \frac{1}{2}(20)^2\left(\frac{2-1}{2}\right) = \frac{1}{2}(400)\frac{1}{2} = 100$$

$$\tau_c = \frac{N_c - N_d}{\frac{1}{2}N^2\left(\frac{m-1}{m}\right)} = \frac{100-0}{100} = 1$$

Variable X

		x_1	x_2	x_3	
Variable Y	y_1	10			10
	y_2		10		10
	y_3			10	10
		10	10	10	30

$$N_c = 10(10 + 10) + 10(10) = 200 + 100 = 300$$

$$\frac{1}{2}N^2\left(\frac{m-1}{m}\right) = \frac{1}{2}(30)^2\left(\frac{3-1}{3}\right) = \frac{1}{2}(900)\frac{2}{3} = 300$$

$$\tau_c = \frac{N_c - N_d}{\frac{1}{2}N^2\left(\frac{m-1}{m}\right)} = \frac{300-0}{300} = 1$$

Tau-c ist folglich das Verhältnis der Quantität $N_c - N_d$ zu der in einer quadratischen Tabelle erreichbaren Obergrenze. Diese Obergrenze ist z.B. für den Fall der Tabelle 6-3 mit $N = 43$ und $m = 2$ bei der folgenden Anordnung erreicht:

21.5	
	21.5

Wie leicht auszumachen ist, ist das Diagonalprodukt (21.5)(21.5) = 462.25 mit dem Zahlenwert des Nenners der auf Tabelle 6-3 angewandten Formel für *Tau-c* identisch:

$$\tau_c = \frac{N_c - N_d}{\frac{1}{2}N^2\left(\frac{m-1}{m}\right)} = \frac{199-102}{\frac{1}{2}(43)^2\left(\frac{2-1}{2}\right)} = \frac{97}{\frac{1}{2}(1849)\frac{1}{2}} = \frac{97}{462.25} = 0.210$$

Die folgende Identität zeigt, daß der numerische Wert des *Tau-c*-Koeffizienten bei $N > m$ stets größer als der des *Tau-a*-Koeffizienten ist:

$$\tau_c = \left(\frac{N-1}{N}\right)\left(\frac{m}{m-1}\right)\tau_a$$

Das wird bei der Inspektion der Klammerausdrücke deutlich. Wenn N relativ groß ist, ist der erste Klammerausdruck nahe 1, während der zweite stets größer als 1 ist. Folglich ist der numerische Wert das *Tau-c*-Koeffizienten dann größer als der des *Tau-a*-Koeffizienten. Bei unseren Berechnungen für Tabelle 6-3 ermittelten wir z.B. diese Werte: $\tau_c = 0.210$ und $\tau_a = 97/903 = 0.107$ bei $N = 43$ und $m = 2$. Das entspricht

$$0.210 = \left(\frac{43-1}{43}\right)\left(\frac{2}{2-1}\right)\left(\frac{97}{903}\right) = \left(\frac{42}{43}\right)\left(\frac{2}{1}\right)\left(\frac{97}{903}\right) = 0.210$$

Die Eigenschaft von *Tau-c*, bei fast jeder Tabelle größer als *Tau-a* und häufig größer als *Tau-b* zu sein, mag eine gewisse Anziehungskraft auf jene ausüben, die an der Demonstration starker Beziehungen interessiert sind. Doch trotz seiner generellen Verwendbarkeit in der Tabellenanalyse ist *Tau-c* „ ... difficult to interpret and in this respect less satisfactory than τ_b" (BLALOCK, 1972, S.423). In der neueren sozialwissenschaftlichen Forschungsliteratur wird von den drei Versionen des KENDALLschen *Tau*-Koeffizienten zu Recht der Koeffizient *Tau-b* bevorzugt, nicht zuletzt deshalb, weil er ganz ähnliche, in den meisten Fällen etwas kleinere Zahlenwerte als der PEARSONsche *r*-Koeffizient produziert, insbesondere bei relativ großen (etwa 5 x 5 oder größeren) Tabellen mit nicht pathologischen (nicht extrem schiefen) Randverteilungen.

Das bekannteste, in der empirischen Sozialforschung rasch beliebt gewordene Maß der ordinalen Assoziation ist der von GOODMAN und KRUSKAL (1954) eingeführte *Gamma*-Koeffizient, der im Spezialfall der *2 x 2-Tabelle* mit einem älteren, inzwischen kaum noch gebräuchlichen Assoziationsmaß, nämlich YULEs *Q*, identisch ist. Der von YULE (1900) eingeführte Koeffizient *Q* ist mit Bezug zur Nomenklatur der *2 x 2-Tabelle* (siehe Abschnitt 4.2.2) wie folgt definiert: $Q = (ad - bc)/(ad + bc)$.

Gamma ist ein sehr einfaches Maß, das sich für Tabellen beliebiger Größe berechnen läßt. *Gamma*-Werten kann überdies eine PRE-Interpretation gegeben werden (siehe Abschnitt 6.3). Wie die *Tau*-Koeffizienten ist *Gamma* ein *symmetrischer* Koeffizient; seine Berechnung verlangt folglich keine Entscheidung darüber, welche Variable als unabhängig und welche als abhängig zu betrachten ist. Der Unterschied zwischen *Tau-b* und *Gamma* besteht darin, daß *Tau-b* „Ties" berücksichtigt, die bei *Gamma* als irrelevant angesehen werden. Das geht aus seiner Formel hervor, deren Elemente lediglich konkordante und diskordante Paare sind:

$$\gamma = \frac{N_c - N_d}{N_c + N_d}$$

Da *Gamma* „Ties" ignoriert, die in die Berechnung von *Tau-a* und *Tau-b* eingehen, nimmt es regelmäßig höhere Zahlenwerte als diese Maße an. So erhielten wir für Tabelle 6-3, die relativ viele verknüpfte Paare aufweist, folgende Werte: $\tau_a = 0.107$, $\tau_b = 0.186$ und $\gamma = 0.322$. Zwischen den Nennern der Koeffizienten *Tau-a*, *Tau-b* und *Gamma* besteht folgende Beziehung:

$$[N(N-1)/2] \geq \sqrt{(N_c + N_d + T_x)(N_c + N_d + T_y)} \geq [N_c + N_d]$$

Infolgedessen besteht zwischen den Koeffizienten diese Beziehung:

$$|\tau_a| \leq |\tau_b| \leq |\gamma|$$

Dieser Umstand mag dazu beigetragen haben, daß *Gamma* schnell eine große Beliebtheit erlangte. Die zusammen mit den obigen Tabellen 6-6 bis 6-9 ausgewiesenen *Gamma*-Werte illustrieren einige Fälle, in denen *Gamma* die Extremwerte –1 und +1 annimmt. Ein weiteres Beispiel ist Tabelle 6-10.

Tabelle 6-10: Auswirkungen von „Ties“ auf verschiedene Maßzahlen der ordinalen Assoziation

		Variable X				
		x_1	x_2	x_3	x_4	
Variable Y	y_1	20				20
	y_2	30				30
	y_3	25				25
	y_4	25	3	2	1	31
		100	3	2	1	106

$\tau_a = 0.081 \qquad \tau_b = 0.282 \qquad \gamma = 1$

$$N_c = 20(3+2+1) + 30(3+2+1) + 25(3+2+1) = 450$$

$$N_d = 0$$

$$T_x = 20(30+25+25) + 30\,(25+25) + 25(25) = 3750$$

$$T_y = 25(3+2+1) + 3(2+1) + 2(1) = 161$$

$$\tau_a = \frac{N_c - N_d}{\frac{N(N-1)}{2}} = \frac{450-0}{\frac{106(106-1)}{2}} = 0.081$$

$$\tau_b = \frac{N_c - N_d}{\sqrt{(N_c + N_d + T_x)(N_c + N_d + T_y)}}$$

$$= \frac{450-0}{\sqrt{(450+0+3725)(450+0+161)}} = 0.282$$

$$\gamma = \frac{N_c - N_d}{N_c + N_d} = \frac{450 - 0}{450 + 0} = 1$$

Tabelle 6-10 ist zwar ein extremes, aber gut geeignetes Beispiel, eine besondere Eigenschaft des *Gamma*-Koeffizienten aufzuzeigen. *Gamma* kann die Extremwerte –1 und +1 bzw. sehr hohe numerische Werte auch in Fällen erreichen, in denen wahrscheinlich viele Forscher zögern werden, den Variablen eine derart hohe Korrelation zuzuschreiben. Was sich, so betrachtet, als Nachteil ausnimmt, kann jedoch, anders betrachtet, als Vorteil empfunden werden. Wenn wir nämlich ein Maß wünschen, das nicht nur bei einer „diagonalen" Korrelation, sondern auch bei einer „Eckenkorrelation" (GALTUNG, 1970, S.223) sehr hohe Werte erreicht, ist *Gamma* ein geeigneter Koeffizient.

Da *Gamma* verknüpfte Paare ignoriert, ist es ein Maß, das durch die Anzahl der Variablenausprägungen stark beeinträchtigt wird. SOMERS kommentiert diese Besonderheit wie folgt: „ ... it does seem undesirable to have a coefficient that increases markedly in value when a table is collapsed. Gamma will exhibit such behavior on occasion, to a greater extent than Kendall's tau-b, apparently because gamma gives no consideration to tied pairs" (1962, S.809). Als ein Beispiel, das diese Eigenschaft *Gammas* auf dramatische Weise veranschaulicht, können Daten eines Experiments dienen, das FENDRICH (1967) an einer der „Big Ten" Universitäten der USA durchführte. Die Teilnehmer der Untersuchung waren 22 weiße Studenten, deren Einstellung gegenüber schwarzen Studenten („attitude toward Negro students") mit Hilfe einer Skala gemessen wurde. Die erzielten Einstellungsmeßwerte variierten zwischen 106 (negativ) und 149 (positiv). Später war die Bereitschaft der weißen Studenten gemessen worden, sich für bestimmte Interaktionen mit schwarzen Studenten zu verpflichten, d.h. an bestimmten „interracial activities with Negro students" teilzunehmen („commitment"). Die Werte dieser zweiten Messung variierten zwischen 2 (negativ) und 10 (positiv). Tabelle 6-11 gibt über das Muster der von FENDRICH gefundenen Beziehung zwischen der Einstellung („attitude") und der Interaktionsbereitschaft („commitment") Aufschluß.

Tabelle 6-11: Die Beziehung zwischen der Einstellung und der Interaktionsbereitschaft (IB) gegenüber Schwarzen (Originaldaten)

		Einstellung: negativ													positiv	
		106	113	117	118	123	124	127	131	132	137	138	143	146	149	
IB: negativ	2											1				1
	3	1								1						2
	4		1		1											2
	5						1		1							2
	6		1		2	1	1									5
	7							1			2					3
	8							1					1		1	3
	9													1		1
positiv	10			1					1						1	3
		1	2	1	3	1	2	2	2	1	2	1	1	1	2	22

$\tau_a = 0.320 \qquad \tau_b = 0.344 \qquad \gamma = 0.366$

FENDRICH weist für die „Attitude-Commitment"-Beziehung einen *Gamma*-Wert von 0.37 aus. Die folgende Rechnung bestätigt diesen Zahlenwert.

$$\begin{aligned} N_c = {} & 1(4) + 1(19) + 1(6) + 1(16) + 1(13) + 1(9) + 1(6) \\ & + 1(10) + 2(9) + 1(9) + 1(9) + 1(5) + 2(4) \\ & + 1(3) + 1(2) + 1(1) = 138 \end{aligned}$$

$$\begin{aligned} N_d = {} & 1(17) + 1(13) + 1(2) + 1(8) + 1(5) \\ & + 1(1) + 1(1) + 2(1) + 2(3) + 1(1) \\ & + 1(3) + 1(2) + 1(1) + 1(2) = 64 \end{aligned}$$

$$\gamma = \frac{N_c - N_d}{N_c + N_d} = \frac{138 - 64}{138 + 64} = \frac{74}{202} = 0.366$$

Wenn wir nun beide Variablen der Tabelle 6-11 trichotomisieren, d.h. die Variablenausprägungen derart zusammenfassen, daß eine 3 x 3-Tabelle mit möglichst gleichen Randhäufigkeiten entsteht, ergibt sich folgende Situation:

Tabelle 6-12: Die Beziehung zwischen der Einstellung und der Interaktionsbereitschaft gegenüber Schwarzen (trichotomisierte Variablen)

		Einstellung negativ (–118)	Einstellung (123–132)	Einstellung positiv (137+)	
Inter-	negativ (– 5)	3	3	1	7
aktions-	(6 – 7)	3	3	2	8
bereitschaft	positiv (8 +)	1	2	4	7
		7	8	7	22

$\tau_a = 0.221 \qquad \tau_b = 0.317 \qquad \gamma = 0.459$

Die Berechnung des *Gamma*-Koeffizienten für Tabelle 6-12 lautet wie folgt:

$$N_c = 3(3 + 2 + 2 + 4) + 3(2 + 4) + 3(2 + 4) + 3(4) = 81$$

$$N_d = 1(3 + 3 + 1 + 2) + 3(3 + 1) + 2(1 + 2) + 3(1) = 30$$

$$\gamma = \frac{N_c - N_d}{N_c + N_d} = \frac{81 - 30}{81 + 30} = \frac{51}{111} = 0.459$$

Dieser Wert ist schon beträchtlich höher als der auf der Basis der Originaldaten berechnete *Gamma*-Wert von 0.366.

Gehen wir noch einen Schritt weiter und dichotomisieren beide Variablen in der Nähe des Medians, so gibt es bei der Einstellungsvariablen zwei Möglichkeiten der Schnittbildung, einmal oberhalb des Meßwertes 127 (Version I), und einmal oberhalb des Meßwertes 124 (Version II). Das Resultat sind die beiden folgenden 2 x 2-Tabellen mit *Gamma*-Werten von 0.750 und 0.929.

Tabelle 6-13: Die Beziehung zwischen der Einstellung und der Interaktionsbereitschaft gegenüber Schwarzen (dichotomisierte Variablen, Version I)

		Einstellung		
		negativ (–127)	positiv (131+)	
Interaktions-	negativ (– 6)	9	3	12
bereitschaft	positiv (7 +)	3	7	10
		12	10	22

$\tau_a = 0.234$ $\tau_b = 0.450$ $\gamma = 0.750$

Tabelle 6-14: Die Beziehung zwischen der Einstellung und der Interaktionsbereitschaft gegenüber Schwarzen (dichotomisierte Variablen, Version II)

		Einstellung		
		negativ (–124)	positiv (137+)	
Interaktions-	negativ (– 6)	9	3	12
bereitschaft	positiv (7 +)	1	9	10
		10	12	22

$\tau_a = 0.338$ $\tau_b = 0.650$ $\gamma = 0.929$

Dieses anhand der FENDRICHschen Daten vorgeführte Beispiel des Effektes, den Zusammenfassungen von Variablenausprägungen haben können, ist alles andere als trivial. Es demonstriert immerhin, daß man auf der Basis ein und derselben Untersuchungsdaten, die in der Analysephase auf unterschiedliche

Weise organisiert oder, negativ akzentuiert, manipuliert werden, eine Beziehung zwischen Variablen konstatieren kann, die sich im „ungünstigsten" Fall mit einem *Gamma*-Wert von 0.366, im „günstigsten" Fall mit einem Wert von 0.929 (!) ausdrücken läßt.

Wie die Zahlenwerte von *Gamma*, *Tau-b* und *Tau-a* für die Tabellen 6-11 bis 6-14 zeigen, ist die Diskrepanz zwischen den Maßzahlen am geringsten, wenn statt der zusammengefaßten Daten die Originaldaten zugrundegelegt werden. BLALOCK empfiehlt deshalb die folgende Daumenregel: „Perhaps the best rule of thumb is to use as many categories as possible of each variable, thereby reducing the number of ties and reducing the differences among the various measures" (1972, S.425).

Wer diese Empfehlung mißachtet und *Gamma*-Koeffizienten auf der Basis von Daten berechnet, die ohne zwingenden Grund weitgehend zusammengefaßt wurden, setzt sich dem Verdacht aus, seine Leser durch die Stärke der Beziehung beeindrucken zu wollen. Es kann allerdings gute Gründe geben, die für eine Zusammenfassung der Variablenausprägungen (für eine Kollabierung der bivariaten Tabelle) sprechen. Eine solche Situation ergibt sich häufig dann, wenn Drittvariablenkontrollen mit relativ wenigen Untersuchungseinheiten (geringen Fallzahlen) durchgeführt werden sollen. Ein vorsichtiger oder „konservativer" Forscher wird dann vielleicht *Tau-a* oder *Tau-b* wählen. Wer hingegen die Stärke der Beziehung betonen will, wird wohl *Gamma* bevorzugen.

Im Gegensatz zu KENDALLs *Tau*-Koeffizienten und dem von GOODMAN und KRUSKAL vorgeschlagenen *Gamma*-Koeffizienten sind die von SOMERS (1962) eingeführten, für Tabellen beliebiger Größe berechenbaren *d*-Koeffizienten *asymmetrische* Maße. Man berechnet

$$d_{yx} = \frac{N_c - N_d}{N_c + N_d + T_y}$$

wenn Y die abhängige (die vorherzusagende) Variable und X die unabhängige (die Prädiktor-)Variable ist. Man berechnet

$$d_{xy} = \frac{N_c - N_d}{N_c + N_d + T_x}$$

wenn X die abhängige und Y die unabhängige Variable ist, wobei T_y die Anzahl der Paare symbolisiert, die y-verknüpft sind, und T_x die Anzahl der Paare, die x-verknüpft sind. Der Vollständigkeit halber sei auch die (selten verwendete) *symmetrische* Version des SOMERSschen Maßes angeführt:

$$d_s = \frac{N_c - N_d}{N_c + N_d + \frac{1}{2}\left(T_y + T_x\right)}$$

Nach LEIK und GOVE ist SOMERS' d_{yx} ein geeignetes Maß, wenn anzunehmen ist, daß die Verknüpfungen primär das Ergebnis einer unzureichenden Messung sind: „ ... if ties on Y are assumed to be primarily a consequence of insufficiently refined measurement (...) the appropriate index is Somers' d_{yx}. The entire question of the source of ties is usually ignored, however, and the weaker index, γ, computed" (1969, S.708).

SOMERS erläutert den Unterschied zwischen γ und d_{yx} wie folgt: „d_{yx} ... is simply gamma modified by a penalty for the number of pairs tied on Y only. This number of pairs is added to the denominator of gamma before taking the ratio" (1962, S.809).

Wie ein Vergleich der Formeln zeigt, kann d_{yx} niemals einen höheren absoluten Wert als *Gamma* haben. Vielmehr besteht die Beziehung $|d_{yx}| \leq |\gamma|$, wobei die Gleichheit nur erreicht wird, wenn keine y-verknüpften Paare vorkommen, d.h., wenn $T_y = 0$. Folglich erreicht d_{yx} nicht den Maximalwert ± 1 in einer

Tabelle, die mehr Spalten als Zeilen aufweist, weil in einer solchen Tabelle notwendig T_y-Paare auftreten. Entsprechendes gilt für d_{xy}. Im übrigen gilt die Beziehung

$$\tau_b = \pm\sqrt{d_{yx} d_{xy}}$$

In *2 x 2-Tabellen* ist d_{yx} gleich der Prozentsatzdifferenz, d.h., es besteht die Identität $d\% = 100 d_{yx}$:

$$100\left(\frac{a}{a+c} - \frac{b}{b+d}\right) = 100\frac{ad-bc}{(a+c)(b+d)} = 100\frac{N_c - N_d}{N_c + N_d + T_y}$$

6.3 Die PRE-Interpretation des Assoziationsmaßes Gamma

Wie bereits erwähnt, kann das Assoziationsmaß *Gamma* im Sinne der relativen bzw. proportionalen Fehlerreduktion interpretiert werden. Hier soll lediglich die von COSTNER (1965) eingeführte PRE-Interpretation des in der empirischen Sozialforschung häufig verwendten *Gamma*-Koeffizienten betrachtet werden, obwohl auch für andere Maßzahlen der ordinalen Assoziation PRE-Interpretationen vorgeschlagen wurden. Wie in Abschnitt 4.3.3 beschrieben, basiert die PRE-Interpretation auf maßzahlspezifischen Vorhersageregeln und Fehlerdefinitionen. Die auf den *Gamma*-Koeffizienten zugeschnittenen Regeln und Definitionen lauten wie folgt (siehe auch COSTNER, 1965, und MUELLER, SCHUESSLER und COSTNER, 1977).

(1) Gamma: Die Regel für die Vorhersage der Rangordnung der Untersuchungseinheiten bezüglich der abhängigen Variablen auf der Basis ihrer eigenen Verteilung. Sagt man für alle nicht verknüpften Paare vorher, daß die jeweils erste (als zufällig herausgegriffen vorzustellende) Untersuchungseinheit eines Paares im Hinblick auf die abhängige Variable die „größere" (oder die „kleinere") von beiden ist, so ist die Vorhersage in 50 Prozent der Fälle richtig

bzw. falsch. Deshalb kann die erste Vorhersageregel wie folgt spezifiziert werden: „Sage für die jeweils erste Untersuchungseinheit eines jeden nicht verknüpften Paares vorher, daß sie im Hinblick auf die abhängige Variable die 'größere' von beiden ist." Die Anzahl der richtigen bzw. falschen Vorhersagen ist dann genau $0.5(N_c + N_d)$.

(2) Gamma: Die Regel für die Vorhersage der Rangordnung der Untersuchungseinheiten bezüglich der abhängigen Variablen auf der Basis der Rangordnung bezüglich der unabhängigen Variablen. Wenn wir, wiederum bei Außerachtlassung verknüpfter Paare, die Untersuchungseinheiten im Hinblick auf die Variable X und Y betrachten, kann jedes Paar nur zwei Erscheinungsformen haben: es kann entweder konkordant oder diskordant sein. Greifen wir ein beliebiges Paar von Untersuchungseinheiten - a und b zum Beispiel - heraus, so gibt es folgende Alternativen: Entweder die Rangordnung von a und b in bezug auf die eine Variable ist *dieselbe* wie die Rangordnung in bezug auf die andere Variable, also „gleichsinnig" ($x_a < x_b$ und $y_a < y_b$; $x_a > x_b$ und $y_a > y_b$), oder aber die Rangordnung von a und b in bezug auf die eine Variable ist *nicht dieselbe* wie die Rangordnung in bezug auf die andere Variable, also „gegensinnig" ($x_a < x_b$ und $y_a > y_b$; $x_a > x_b$ und $y_a < y_b$). Sind die konkordanten Paare in der Überzahl (d.h., ist *Gamma* positiv), so lautet die Regel für die beste Vorhersage: „Sage vorher, daß die Untersuchungseinheiten in bezug auf die abhängige Variable *dieselbe* Rangordnung haben wie in bezug auf die unabhängige Variable." Dominieren hingegen die diskordanten Paare (d.h., ist *Gamma* negativ), so lautet die Regel für die beste Vorhersage: „Sage vorher, daß die Untersuchungseinheiten in bezug auf die abhängige Variable die *umgekehrte* Rangordnung haben wie in bezug auf die unabhängige Variable." Kommen konkordante und diskordante Paare gleich häufig vor, so ist keine Information gegeben, die der Vorhersageverbesserung dienen könnte.

(3) Gamma: Die Fehlerdefinition. Wenn die vorhergesagte Rangordnung eines gegebenen Paares von der beobachteten Rangordnung abweicht, liegt ein Fehler vor, andernfalls nicht. Man beachte, daß bei *Gamma* ein Fehler die Bedeu-

tung einer falschen *Rangordnung* hat, während bei *Lambda* ein Fehler die Bedeutung einer falschen *Klassifikation* (einer falschen *kategorialen Zuordnung*) hat. In beiden Fällen sind Fehler entweder vorhanden oder nicht vorhanden, sie sind keine *Größen* (wie bei r^2 und η^2, siehe Kapitel 7 und 8).

Wird die Rangordnung der Untersuchungseinheiten im Hinblick auf die abhängige Variable ohne Berücksichtigung der unabhängigen Variablen vorhergesagt, so ist der Anteil der Vorhersagefehler 0.5, weil die eine wie die andere Alternative („größer" oder „kleiner") gleich häufig vorkommt. Daher ist die konsistente Vorhersage einer der beiden Alternativen in 50 Prozent der Fälle falsch.

(4) Gamma: Die generelle Formel zur Berechnung der proportionalen Fehlerreduktion lautet

$$\gamma = \frac{E_1 - E_2}{E_1}$$

Wie gezeigt, ist der Anteil der Fehler bei der ersten Vorhersage gleich 0.5. Da die Gesamtzahl der konkordanten und diskordanten Paare gleich $N_c + N_d$ ist, ist die Anzahl der Fehler bei der ersten Vorhersage (ohne Berücksichtigung der zweiten Variablen)

$$E_1 = 0.5(N_c + N_d)$$

Die Anzahl der Fehler bei der zweiten Vorhersage (mit Berücksichtigung der zweiten Variablen) ist die kleinere der beiden Größen, N_c oder N_d. Diese Quantität sei wie folgt ausgedrückt:

$$E_2 = \min(N_c, N_d)$$

Durch Einsetzen der beiden Ausdrücke für E_1 und E_2 in die obige generelle Formel erhalten wir

$$\gamma = \frac{0.5(N_c + N_d) - \min(N_c, N_d)}{0.5(N_c + N_d)}$$

Die Multiplikation des Zählers und Nenners mit 2 ergibt

$$\gamma = \frac{N_c + N_d - 2\min(N_c, N_d)}{N_c + N_d}$$

Wenn N_c größer ist als N_d, das heißt, wenn eine positive ordinale Assoziation vorliegt, wird aus dieser Gleichung

$$\gamma = \frac{N_c + N_d - 2N_d}{N_c + N_d} = \frac{N_c - N_d}{N_c + N_d}$$

Wenn N_c kleiner ist als N_d, das heißt, wenn eine negative ordinale Assoziation vorliegt, wird aus dieser Gleichung

$$\gamma = \frac{N_c + N_d - 2N_c}{N_c + N_d} = \frac{N_d - N_c}{N_c + N_d}$$

Bei Anwendung der Formel $\gamma = \frac{N_c - N_d}{N_c + N_d}$ ist der Zahlenwert positiv, wenn

$N_c > N_d$, bzw. negativ, wenn $N_c < N_d$. Der *absolute* Zahlenwert repräsentiert die proportionale Fehlerreduktion bei der Vorhersage der Rangordnung von Paaren.

Das folgende Beispiel soll noch einmal die Berechnung der konkordanten und diskordanten Paare einer relativ großen bivariaten Tabelle sowie die oben erläuterte PRE-Interpretation des *Gamma*-Koeffizienten anhand empirischer Daten illustrieren. Die Daten stammen von Richard R. IZZETT (1971), der die Freundlichkeit hatte, sie dem Verfasser für einen anderen Zweck zur Verfügung zu stellen. IZZETT administrierte im Rahmen seiner Untersuchung, die im Oktober 1969 stattfand, als die Vietnam-Politik der US-Regierung in den

Vereinigten Staaten heftig umstritten war, 131 amerikanischen Psychologie-Studenten die bekannte F-Skala (Format 45-50) sowie etliche die Vietnam-Politik der US-Regierung (z.B. die Wiederaufnahme der Bombardierung Nord-Vietnams) betreffende Statements, zu denen zustimmende oder ablehnende Stellungnahmen abzugeben waren. Auf diese Weise wurde zum einen der „Autoritarismus" der Studenten und zum andern deren „Einstellung zur Vietnam-Politik der US-Regierung" gemessen. IZZETTs Hypothese war, „that individuals high in authoritarianism will hold attitudes consistent with those in authority" (1971, S.145). Die Daten der nachfolgenden Tabelle 6-15 unterstützen diese Hypothese.

Tabelle 6-15: Autoritarismus und Einstellung zur Vietnam-Politik der US-Regierung

		Autoritarismus (F-Skalenwerte)						
		niedrig					hoch	
Einstellung zur Vietnam-Politik	negativ	12	11	5	4	1	1	34
		5	4	10	7	4	5	35
		3	5	5	6	8	4	31
	positiv	2	5	3	6	8	7	31
		22	25	23	23	21	17	131

$$\gamma = 0.413$$

In Tabelle 6-15 repräsentiert die oberste linke Zelle jene (12) Studenten, die die niedrigsten Autoritarismus- *und* die negativsten Einstellungswerte aufwiesen. Sämtliche Zellen, die rechts unterhalb dieser Zelle angeordnet sind, repräsentieren jene (87) Studenten, die im Hinblick auf *beide* Variablen höher als die (12) Studenten der obersten linken Zelle rangieren. Deshalb können wir generell die Anzahl der *konkordanten* Paare (N_c) berechnen, indem wir jede Zellenhäufigkeit mit der Summe der Häufigkeiten der rechts unterhalb liegenden Zellen multiplizieren. Gleichermaßen können wir die Anzahl der *diskordanten*

Paare (N_d) berechnen, indem wir jede Zellenhäufigkeit mit der Summe der Häufigkeiten der links unterhalb liegenden Zellen multiplizieren. Diese etwas mühselige, aber durchaus simple Berechnung der konkordanten und diskordanten Paare ergibt folgende Werte:

$$\begin{aligned} N_c = {} & 12(87) + 11(73) + 5(55) + 4(36) + 1(16) \\ & + 5(57) + 4(47) + 10(39) + 7(27) + 4(11) \\ & + 3(29) + 5(24) + 5(21) + 6(15) + 8(7) \; = \; 3836 \end{aligned}$$

$$\begin{aligned} N_d = {} & 1(81) + 1(61) + 4(42) + 5(24) + 11(10) \\ & + 5(51) + 4(35) + 7(23) + 10(15) + 4(5) \\ & + 4(24) + 8(16) + 6(10) + 5(7) + 5(2) \; = \; 1595 \end{aligned}$$

$$\gamma = \frac{N_c - N_d}{N_c + N_d} = \frac{3836 - 1595}{3836 + 1595} = \frac{2241}{5431} = 0.413$$

Der *Gamma*-Wert von 0.413 besagt, daß eine mäßig starke positive Beziehung zwischen den kreuztabulierten Variablen besteht: Autoritäre Studenten stimmen eher mit der Vietnam-Politik der US-Regierung überein als weniger autoritäre Studenten.

Gemäß der PRE-Logik ist der *Gamma*-Wert wie folgt zu interpretieren: *Ohne* Ausnutzung der Kenntnis, daß die konkordanten Paare die diskordanten Paare überwiegen und deshalb eine positive ordinale Assoziation vorliegt, ist (bei Außerachtlassung verknüpfter Paare) eine Vorhersage der Rangordnung der Befragten im Hinblick auf die abhängige Variable (welche Variable das auch sei, Y oder X) mit einem zahlenmäßigen Fehler von

$$E_1 = 0.5(N_c + N_d) = 0.5(3836 + 1595) = 2715.5$$

behaftet. *Mit* Ausnutzung der Information, daß die *konkordanten* Paare überwiegen, sagen wir (wiederum unter Außerachtlassung verknüpfter Paare) vorher, daß die Befragten im Hinblick auf die abhängige Variable *dieselbe* Rangordnung aufweisen wie in Bezug auf die unabhängige Variable. Der zahlenmäßige Fehler, den wir bei dieser Vorhersage begehen, ist

$$E_2 = \min(N_c, N_d) = 1595$$

Demgemäß ist die proportionale Fehlerreduktion

$$\gamma = \frac{E_1 - E_2}{E_1} = \frac{2715.5 - 1595}{2715.5} = \frac{1120.5}{2715.5} = 0.413$$

Mit anderen Worten: Die Vorhersageverbesserung beträgt 41.3 Prozent. Da *Gamma* ein symmetrisches Maß ist, besteht formal kein Unterschied darin, ob man die abhängige Variable auf der Basis der unabhängigen Variablen vorhersagt oder umgekehrt.

Für die Daten des vorliegenden Beispiels können wir präzisierend feststellen, daß bei der auf der Autoritarismusvariablen gestützten Vorhersage der (als abhängig betrachteten) Einstellungsvariablen eine Vorhersagefehlerreduktion (= Vorhersageverbesserung) von 41.3 Prozent gegenüber der Vorhersage der Einstellungsvariablen ohne Berücksichtigung der Autoritarismusvariablen erzielt wird. Oder kürzer: Bei der Vorhersage der Einstellungsvariablen wird eine Vorhersageverbesserung von 41.3 Prozent erzielt, wenn man die Vorhersage auf die Autoritarismusvariable stützt. Oder noch kürzer: Die Vorhersage der Einstellungsvariablen wird um 41.3 Prozent verbessert, wenn man dazu die Autoritarismusvariable heranzieht.

Im Sinne der Hypothese IZZETTs heißt das: Die Kenntnis des Autoritarismus trägt erheblich zur Vorhersage (und Erklärung) der Einstellung bei. Hätte man eine andere Variable zur Vorhersage benutzt, hätte man wahrscheinlich eine andere Vorhersageverbesserung erzielt, je nachdem, ob es sich dabei um eine Variable mit einer größeren oder geringeren Erklärungskraft gehandelt hätte.

6.4 Der SPEARMANsche Rangkorrelationskoeffizient r_s

Der 1904 von Charles SPEARMAN vorgeschlagene Rangkorrelationskoeffizient r_s (anstelle von r_s ist auch die Bezeichnung *rho* gebräuchlich) gründet auf einer anderen Konzeption als die oben behandelten Maßzahlen der ordinalen Assoziation. Im Unterschied zu diesen Maßzahlen, bei denen Paare von Untersuchungseinheiten daraufhin betrachtet werden, ob sie konkordant oder diskordant sind, werden beim SPEARMANschen Koeffizienten r_s Paare von Rangplätzen im Hinblick auf ihre Differenz betrachtet. Der *Rangkorrelationskoeffizient* ist wie folgt definiert:

$$r_s = 1 - \frac{6\sum d_i^2}{N(N^2-1)}$$

wobei N = Anzahl der rangplacierten Untersuchungseinheiten,
d_i^2 = Differenz zwischen den Rangplätzen, die die i-te Untersuchungseinheit bezüglich der Variablen X und Y aufweist, also $x_i - y_i$, und
$\sum d_i^2$ = Summe der quadrierten Rangplatzdifferenzen, also $\sum (x_i - y_i)^2$.

Die Berechnung von r_s setzt folglich zwei Reihen rangplacierter Untersuchungseinheiten voraus.

In den Sozialwissenschaften besteht häufig eine Interesse, die Beziehung zwischen solchen Rangreihen zu beschreiben, beispielsweise wenn man die Frage untersucht, ob bestimmte Berufe in Land A wie in Land B ein gleiches oder unterschiedliches Ansehen genießen, wie ein Richter und ein Sozialarbeiter die Schwere bestimmter Verbrechen oder die Effektivität bestimmter Resozialisierungsbemühungen beurteilen, wie ein Vorgesetzter und ein positionsgleicher Mitarbeiter die Qualifikation von Stelleninhabern einschätzen, wie Politiker und

Wähler die Popularität oder Dringlichkeit bestimmter politischer Programme bewerten, ob Gesellschaften (Ethnien), in denen Kampfsportarten mehr oder weniger beliebt sind, besonders kriegerisch oder friedlich sind, usw.

Betrachten wir zunächst ein einfaches Beispiel. Es seien von zwei Gutachtern sieben Kunstwerke nach Maßgabe ihrer künstlerischen Qualität in Rangreihen gebracht worden. Die nachfolgenden Tabellen (wir verzichten auf eine Darstellung in Form von bivariaten Tabellen) enthalten drei denkbare Ergebnisse der gutachterlichen Tätigkeit.

Tabelle 6-16: Beispiel einer perfekten positiven Rangkorrelation

Kunstwerk	Urteil des Gutachters 1 x_i (Rangplatz)	Urteil des Gutachters 2 y_i (Rangplatz)	$d_i = x_i - y_i$	$d_i^2 = (x_i - y_i)^2$
a	1	1	0	0
b	2	2	0	0
c	3	3	0	0
d	4	4	0	0
e	5	5	0	0
f	6	6	0	0
g	7	7	0	0
Summe	28	28	0	0

Für die vorstehende Tabelle 6-16 mit $N = 7$ und $d_i^2 = 0$ erhalten wir:

$$r_s = 1 - \frac{6\sum d_i^2}{N(N^2 - 1)}$$

$$= 1 - \frac{6(0)}{7(49 - 1)} = 1 - 0 = 1$$

Tabelle 6-17: Beispiel einer perfekten negativen Rangkorrelation

Kunstwerk	Urteil des Gutachters 1 x_i (Rangplatz)	Urteil des Gutachters 2 y_i (Rangplatz)	$d_i = x_i - y_i$	$d_i^2 = (x_i - y_i)^2$
a	1	7	– 6	36
b	2	6	– 4	16
c	3	5	– 2	4
d	4	4	0	0
e	5	3	2	4
f	6	2	4	16
g	7	1	6	36
Summe	28	28	0	112

Tabelle 6-18: Beispiel einer Rangkorrelation nahe Null

Kunstwerk	Urteil des Gutachters 1 x_i (Rangplatz)	Urteil des Gutachters 2 y_i (Rangplatz)	$d_i = x_i - y_i$	$d_i^2 = (x_i - y_i)^2$
a	1	3	– 2	4
b	2	6	– 4	16
c	3	1	2	4
d	4	7	– 3	9
e	5	4	1	1
f	6	2	4	16
g	7	5	2	4
Summe	28	28	0	54

Da in Tabelle 6-16 die eine Rangreihe ein Duplikat der anderen ist, gibt es keine Differenzen zwischen den Rangplätzen; es besteht eine *perfekte positive* Rangkorrelation. Die in Tabelle 6-17 dargestellte Situation ist der in Tabelle 6-16 dargestellten genau konträr; da die eine Rangreihe eine Umkehrung der anderen ist, liegen maximale Differenzen zwischen den Rangplätzen vor; es besteht eine *perfekte negative* Rangkorrelation. Tabelle 6-18 stellt eine zwischen den Extremen der Tabelle 6-16 und 6-17 liegende Alternative dar; hier besteht praktisch *keine* Korrelation zwischen den Rangreihen. Das geht aus den nachfolgend gegenübergestellten Berechnungen von r_s für die drei Beispiele hervor.

$$r_s = 1 - \frac{6\sum d_i^2}{N(N^2-1)}$$

Tabelle 6-16	Tabelle 6-17	Tabelle 6-18
$r_s = 1 - \frac{6(0)}{7(49-1)}$	$r_s = 1 - \frac{6(112)}{7(49-1)}$	$r_s = 1 - \frac{6(54)}{7(49-1)}$
$= 1 - 0$	$= 1 - 2$	$= 1 - 0.96$
$= 1$	$= -1$	$= 0.04$

In aller Regel besteht der erste Schritt zur Berechnung des SPEARMANschen Koeffizienten r_s in der *Umwandlung der Originaldaten in Rangplätze*. Dabei wird dem jeweils niedrigsten (oder höchsten) Wert der X- und Y-Variablen der Rangplatz 1 zugeteilt, dem zweitniedrigsten (oder zweithöchsten) der Rangplatz 2, dem drittniedrigsten (oder dritthöchsten) der Rangplatz 3, usw. Kommen in der Verteilung der X- und/oder der Y-Variablen gleiche Werte („Ties“) vor, so weist man diesen Werten gleiche Rangplätze zu (siehe unten). Im Anschluß daran werden die einzelnen Rangplatzdifferenzen ermittelt und quadriert. Schließlich wird die Summe der quadrierten Rangplatzdifferenzen in die Formel für r_s eingesetzt.

Nehmen wir als Beispiel Daten aus den USA. LAUMANN und SEGAL (1971) ermittelten für die Beziehung zwischen den Variablen „Schulbildungsstatus" und „Berufsstatus", beides Durchschnittswerte von 15 ethno-religiösen Gruppen aus Detroit, einen Rangkorrelationskoeffizienten von 0.94. Die Ausgangsdaten dieser Korrelationsrechnung sind in Tabelle 6-19 wiedergegeben.

Tabelle 6-19: Schulbildungsstatus und Berufsstatus von fünfzehn ethno-religiösen Gruppen

Ethno-religiöse Gruppe	X Vollendete Schuljahre (Gruppendurchschnitt)	Y Berufsstatus (Gruppendurchschnitt)
A	13.0	50.4
B	13.8	58.0
C	11.4	46.5
D	13.7	59.2
E	12.2	49.9
F	10.2	36.0
G	9.5	32.0
H	12.0	44.1
I	11.2	43.3
J	12.7	51.1
K	12.2	48.6
L	12.0	41.2
M	12.3	45.5
N	11.0	39.6
O	14.8	63.4

Wir beginnen die Transformation der in Tabelle 6-19 ausgewiesenen Originaldaten in Rangplätze bei der X-Variablen („Vollendete Schuljahre") und weisen der Untersuchungseinheit mit dem niedrigsten X-Wert (Gruppe G, 9.5) den Rangplatz 1 zu. Die Untersuchungseinheit mit dem zweitniedrigsten X-Wert (Gruppe F, 10.2) erhält den Rangplatz 2, die mit dem drittniedrigsten X-Wert (Gruppe N, 11.0) den Rangplatz 3, usw. (siehe Tabelle 6-20). Bei den Gruppen H und L stoßen wir auf eine Besonderheit: sie haben gleiche X-Werte (beide

12.0), sind also im Hinblick auf die X-Variable verknüpft. Beim Auftreten solcher „Ties“ weist man den verknüpften Untersuchungseinheiten das arithmetische Mittel derjenigen Rangplätze zu, die man zugewiesen hätte, wenn keine „Ties“ aufgetreten wären. Das wären im vorliegenden Beispiel die Rangplätze 6 und 7 gewesen. Folglich weisen wir der Gruppe H wie auch der Gruppe L den Rangplatz (6 + 7)/2 = 6.5 zu. Bei den Gruppen E und K, die ebenfalls im Hinblick auf die X-Variable verknüpft sind (beide haben den X-Wert 12.2), verfahren wir sinngemäß; ihnen wird der Rangplatz (8 + 9)/2 = 8.5 zugeordnet.

Tab. 6-20: Rangplätze von fünfzehn ethno-religiösen Gruppen bezüglich der Variablen Schulbildungsstatus und Berufsstatus

Ethno-religiöse Gruppe	Vollendete Schuljahre x_i (Rangplatz)	Berufs-status y_i (Rangplatz)	$d_i = x_i - y_i$	$d_i^2 = (x_i - y_i)^2$
G	1	1	0	0
F	2	2	0	0
N	3	3	0	0
I	4	5	− 1	1
C	5	8	− 3	9
H	6.5	6	0.5	0.25
L	6.5	4	2.5	6.25
E	8.5	10	− 1.5	2.25
K	8.5	9	− 0.5	0.25
M	10	7	3	9
J	11	12	− 1	1
A	12	11	1	1
D	13	14	− 1	1
B	14	13	1	1
O	15	15	0	0
Summe	120	120	0	32.00

Sind alle Werte der X- und Y-Variablen in Rangplätze umgewandelt, empfiehlt sich die Kontrolle, ob die Summe aller zugewiesenen Rangzahlen (Σx_i und

Σy_i) gleich $N(N+1)/2$ ist. Für unser Beispiel der Tabelle 6-20 erhalten wir:

$$\Sigma x_i = \Sigma y_i = \frac{15(15+1)}{2} = 120$$

Im übrigen muß die Summe der Rangplatzdifferenzen stets Null ergeben, d.h., es gilt bei fehlerfreier Rechnung $\Sigma d_i = 0$. Erst nach diesen Kontrollen quadriert man die Rangplatzdifferenzen, um sie schließlich zu summieren.

Setzen wir $\Sigma d_i^2 = 32$ und $N = 15$ in die Formel für r_s ein, so erhalten wir:

$$r_s = 1 - \frac{6\sum d_i^2}{N(N^2-1)} = 1 - \frac{6(32)}{15(225-1)} = 1 - 0.057 = 0.943$$

Wie wir sahen, kann r_s Zahlenwerte zwischen –1 und +1 annehmen. Der Wert $r_s = 0.943$ besagt infolgedessen, daß eine sehr starke positive Rangkorrelation zwischen den Variablen „Schulbildungsstatus" und „Berufsstatus" besteht.

Wie der Rechengang zur Ermittlung der Zahlenwerte von r_s gezeigt hat, behandelt der SPEARMANsche Rangkorrelationskoeffizient „Nichtübereinstimmungen" anders als die KENDALLschen *Tau*-Koeffizienten. HAYS kennzeichnet den Unterschied wie folgt (1970, S.647-648):

> „Viewed as coefficients of agreement, r_s and τ [...] rest on somewhat different conceptions of 'disagree'. In the computation of r_s, a disagreement in ranking appears as the *squared* difference between the ranks themselves over the individuals. In τ, an inversion in order for any *pair* of objects is treated in the same way as evidence for disagreement. Although these two conceptions are related, they are not identical: the process of squaring differences between rank values in r_s places somewhat different weight on *particular* inversions in order, whereas in τ all inversions are weighted equally by a simple frequency count."

Ähnlich wie der KENDALLsche Koeffizient τ_a kann auch der SPEARMANsche Koeffizient r_s durch „Ties" empfindlich beeinträchtigt werden, jedoch mit unterschiedlichem Effekt. Während „Ties" den Zahlenwert des Koeffizienten τ_a verringern, vergrößern sie den des Koeffizienten r_s. Zur Kompensation dieses Effekts kann man eine korrigierende Formel benutzen, auf deren Darstellung hier verzichtet wird. Der inflationierende Effekt der „Ties" kann vernachlässigt werden, wenn die Anzahl der Verknüpfungen relativ klein ist (relativ zur Anzahl zugewiesener Rangplätze). Beispielsweise führt die Anwendung der korrigierenden Formel für r_s auf die Daten des vorliegenden Beispiels mit nur zwei Verknüpfungen bei 2 x 15 zugewiesenen Rangplätzen zu einem geringfügig kleineren Zahlenwert von 0.94276 gegenüber dem hier ermittelten Wert von 0.94286.

Die obigen Rechenbeispiele haben gezeigt, daß bei r_s die Abstände zwischen aufeinanderfolgenden Rangplätzen als gleich behandelt werden. Eine Gleichheit der Abstände ist jedoch bei Rangreihen definitionsgemäß nicht gegeben. Der SPEARMANsche Rangkorrelationskoeffizient r_s ist genau das, was sein Name besagt: ein Koeffizient der Korrelation zwischen zwei Reihen von Rangplätzen, wobei (unerlaubterweise) die Rangplätze als Werte von Intervallskalen und nicht von Ordinalskalen aufgefaßt werden. Die Berechnung von r_s ist infolgedessen an die Voraussetzung gebunden, „that one is willing to define rank as an interval scale, and not as ordinal" (GALTUNG, 1970, S.219). Über diese Implikation sollte man sich bei der Berechnung und Interpretation von Zahlenwerten des Koeffizienten r_s im klaren sein.

7. Die Beschreibung der Beziehung zwischen metrischen Variablen

Sozialwissenschaftler sind häufig mit Fragen wie den folgenden konfrontiert: In welchem Maße steigt das Einkommen aus beruflicher Tätigkeit mit der Anzahl der Schul- bzw. Ausbildungsjahre? Wie sehr steigen die Ausgaben für Wohnzwecke mit dem verfügbaren Einkommen der Privathaushalte? Steigt die Anzahl bestimmter Wirtschaftsdelikte (etwa verbotener Absprachen) mit der Zunahme der wirtschaftlichen Konzentration, d.h. mit der Anzahl der Unternehmenszusammenschlüsse? Wie stark nimmt die Interaktionsfrequenz mit zunehmendem Alter der Interaktionspartner ab? Variiert die Selbstmordrate mit der Größe der Wohngemeinde? Nimmt die Tagungsfrequenz freiwilliger Organisationen mit der Größe der Organisationen (nach der Zahl ihrer Mitglieder) ab?

Diesen Fragen ist gemeinsam, daß sie die Analyse der Beziehung zwischen *metrischen* Variablen verlangen. Der Koeffizient, der üblicherweise zur Beschreibung der Beziehung zwischen derartigen Variablen verwendet wird, ist der PEARSONsche Produkt-Moment-Korrelations-Koeffizient r, häufig kurz *der* Korrelationskoeffizient genannt. Der Koeffizient r beschreibt den *Grad* und die *Richtung* einer *linearen* Beziehung zwischen zwei (mindestens) intervallskalierten Variablen; er kann Zahlenwerte von –1 bis +1 annehmen.

Wir sahen in den vorangegangenen Kapiteln, daß die sogenannten PRE-Maße eine einfache und klare Interpretation haben: sie geben Aufschluß darüber, in welchem Maße eine Fehlerreduktion bei der Vorhersage der abhängigen Variablen auf der Basis der unabhängigen Variablen erzielt wird. Dieses auf den Koeffizienten *Lambda* (für nominale Variablen) und *Gamma* (für ordinale Variablen) anwendbare Interpretationsmodell läßt sich auch auf den PEARSONschen Koeffizienten r bzw. genauer: auf r^2 (für metrische Variablen) anwenden. Wie die Zahlenwerte von *Lambda* und *Gamma*, so nimmt auch der Zahlenwert des Koeffizienten *r* mit der Vorhersagefehlerreduktion zu; je höher der absolute Zahlenwert des Koeffizienten *r*, desto größer ist die Fehlerreduktion und desto stärker die Beziehung zwischen den Variablen. Obwohl der Koeffizient *r* auf verschiedene Weise dargestellt und interpretiert werden kann (siehe etwa die Erläuterung alternativer Interpretationsweisen bei McNEMAR, 1969, S.129-153), betonen wir nachfolgend diese Perspektive, nach der die Beziehung zwischen X und Y die proportionale Fehlerreduktion repräsentiert, die X zugerechnet werden kann.

Wie bei der Erläuterung der PRE-Maße *Lambda* und *Gamma* gezeigt, betreffen die Vorhersagen bei nominalen Variablen die *kategoriale Zugehörigkeit* und bei ordinalen Variablen die *Rangordnung* der Untersuchungseinheiten. Dagegen werden bei metrischen Variablen spezifische Werte der abhängigen Variablen auf der Basis gegebener Werte der unabhängigen Variablen vorhergesagt; hier ist die Assoziation bzw. Korrelation eine Frage der Vorhersage von *Größen*. Infolgedessen sind die Vorhersagen nicht einfach richtig oder falsch; sie sind vielmehr in geringerem oder höherem Maße zutreffend, weshalb auch die Vorhersagefehler im Einzelfall größer oder kleiner sind. Wenngleich aus diesem Grund die Definitionen der Vorhersagefehler E_1 und E_2 etwas komplizierter sind als bei *Lambda* und *Gamma*, ändert das nichts an der Anwendbarkeit der generellen Formel $(E_1 - E_2) / E_1$.

7.1 Das Streudiagramm

Ähnlich wie sich univariate Verteilungen metrischer Variablen in Form eines Histogramms darstellen lassen, können bivariate Verteilungen metrischer Variablen in Form eines *Streudiagramms* (engl. scattergram) veranschaulicht werden. Das Streudiagramm hat den Zweck, einen visuellen Eindruck von der Beziehung zwischen den Variablen zu vermitteln, bevor wir sie mit einem Korrelationskoeffizienten beschreiben; es ist ein unverzichtbares Hilfsmittel der bivariaten Analyse metrischer Daten.

Im Streudiagramm dient die horizontale (X-)Achse zur Repräsentierung der unabhängigen Variablen und die vertikale (Y-)Achse zur Repräsentierung der abhängigen Variablen. Die Deklarierung einer Variablen als unabhängig oder abhängig ist selbstverständlich kein statistisches, sondern ein theoretisches Problem. Wenn, wie in manchen Fällen, keine eindeutige kausale Beziehung zwischen Variablen angenommen werden kann, wird sie nicht etwa durch die Wahl der Bezeichnung und Anordnung der Variablen konstituiert. Nichtsdestoweniger können wir auch die Beziehung zwischen willkürlich als unabhängig und abhängig bezeichneten Variablen untersuchen, d.h. ihre bivariate Verteilung in einer Graphik darstellen und ihre Beziehung zueinander durch einen Korrelationskoeffizienten ausdrücken.

Das Streudiagramm benutzt zwei Dimensionen zur Abbildung der Verteilung zweier Variablen, obwohl wir eigentlich drei Dimensionen verwenden müßten. Wollten wir bivariate Verteilungen wie univariate Verteilungen darstellen, benötigten wir zur Darstellung der Häufigkeit eine dritte Dimension. Da diese Dimension auf einem Blatt Papier fehlt, wird die bivariate Verteilung in Punkten abgebildet. Die Punkte werden so placiert, daß jede Untersuchungseinheit gemäß ihres Abstandes x (Abszisse) und y (Ordinate) von den Koordinatenachsen lokalisiert ist. Da jede Untersuchungseinheit durch einen Punkt (oder, wie von manchen Computerprogrammen ermöglicht, durch eine Zahl) repräsentiert wird, sind große Häufigkeiten durch viele und kleine Häufigkeiten durch wenige Punkte - durch dichte oder weniger dichte Punkteschwärme - gekennzeichnet.

Nehmen wir als fiktives Beispiel die Daten der Tabelle 7-1 über das monatliche Nettoeinkommen (X) und die monatlichen Ausgaben für Wohnzwecke (Y) von acht Privathaushalten. Tabelle 7-1 liefert uns zwei Informationen über jede der acht Untersuchungseinheiten, einmal die monatlichen Einkünfte und einmal die monatlichen Ausgaben für Wohnzwecke betreffend. Die zu untersuchende Frage sei, wie sehr die Ausgaben für Wohnzwecke von der Höhe des Einkommens abhängen. Wir betrachten folglich das Einkommen als *unabhängige*

Tabelle 7-1: Monatliches Nettoeinkommen (X) und Monatliche Ausgaben für Wohnzwecke (Y)

Privathaushalt	Monatliches Netto-einkommen (in 100 DM) x_i	Monatliche Ausgaben für Wohnzwecke (in 100 DM) y_i
A	42	7
B	44	6
C	46	10
D	48	8
E	52	14
F	54	16
G	56	12
H	58	15

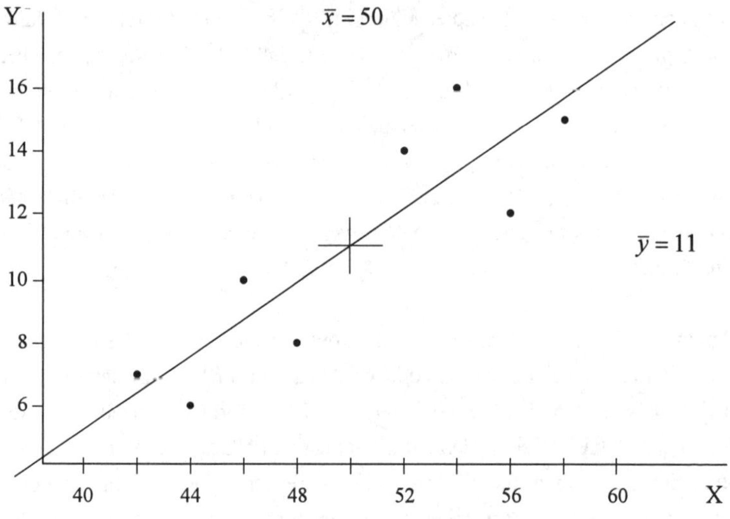

Abbildung 7-1: Streudiagramm zu den Daten der Tabelle 7-1

und die Ausgaben für Wohnzwecke als *abhängige* Variable. Damit ist über die Anordnung der Variablen im Streudiagramm entschieden. Die Wertebereiche der beiden Variablen brauchen nicht bei Null zu beginnen (siehe Abbildung 7-1), da das Augenmerk auf das Muster der Punkte gerichtet ist; dieses Muster ist unabhängig von der relativen Lage des Punkteschwarms zum Ursprung des Koordinatensystems.

Das Muster der Punkte erlaubt uns, verschiedene Aspekte der Beziehung zu studieren. So können wir aus Abbildung 7-1 die Tendenz ablesen, daß die Ausgaben für Wohnzwecke mit steigendem Einkommen steigen. Im vorliegenden Fall besteht offensichtlich eine *lineare* Beziehung zwischen den Variablen. Die Punkte streuen nur wenig um eine Gerade, die wir durch den Punkteschwarm hindurchziehen können. Eine solche Gerade kann freihändig eingezeichnet oder rechnerisch bestimmt werden; sie heißt *Regressionsgerade*.

Der Ausdruck *Regression* geht auf Sir Francis GALTON (1822-1911) zurück, der sich Ende des vorigen Jahrhunderts mit den Implikationen der Theorien seines Vetters Charles DARWIN (1809-1882) beschäftigte und u.a. die Beziehung zwischen der Körpergröße von Eltern und deren Kindern untersuchte. Bei diesen Vererbungsanalysen bediente er sich, wahrscheinlich erstmalig in der Geschichte der Statistik, des Streudiagramms. GALTON stellte 1885 fest, daß große (kleine) Eltern zwar häufig große (kleine) Nachkommen hatten, daß sich aber zugleich eine Tendenz zur Regression (engl. law of filial regression) beobachten ließ, d.h. eine Tendenz der großen (kleinen) Nachkommen, auf die Durchschnittsgröße aller Eltern zurückzugehen bzw. zu „regredieren". Wenn die Eltern größer (kleiner) waren als der Durchschnitt, tendierten ihre Kinder dahin, kleiner (größer) zu sein als sie. Nach Auffassung GALTONs konnte diese Tendenz am besten durch eine Gerade ausgedrückt werden, die seitdem den merkwürdigen Namen *Regressionsgerade* hat. (Dem Regressionsproblem GALTONs verdankt im übrigen der um 1890 von Karl PEARSON (1857-1936) entwickelte Korrelationskoeffizient das Symbol *r*.)

Bei der in Abbildung 7-1 dargestellten Beziehung spricht man von einer *direkten* oder *positiven linearen Beziehung* oder Korrelation zwischen den Variablen, weil die Ausgaben für Wohnzwecke mit zunehmendem Einkommen tendenziell zunehmen; der Trend verläuft gleichmäßig von links unten nach rechts oben. Beziehungen, bei denen der Trend gleichmäßig von links oben oben nach rechts unten verläuft, heißen *inverse* oder *negative lineare Beziehungen* oder Korrelationen. Beispiel: Mit steigendem Prokopfeinkommen sinken die Ausgabenanteile für Ernährung. (Man beachte diesen Unterschied zwischen Streudiagramm und bivariater Tabelle, der von der unterschiedlichen Anordnung der Ausprägungen der Y-Variablen herrührt.)

Nicht alle Beziehungen sind linear. Von den vielen möglichen Formen der Beziehungen zwischen Variablen, denen sich die empirische Sozialforschung gegenübersehen kann, seien hier nur zwei *kurvilineare* erwähnt: die u-förmige und die j-förmige. Eine u-förmige Beziehung wird häufig zwischen der Einstellung zu einem bestimmten Objekt (X-Variable) und der Intensität der Einstellung (Y-Variable) festgestellt, d.h., es wird beobachtet, daß extreme Pro- und Contrapositionen heftiger vertreten werden als weniger extreme oder neutrale. Eine j-förmige Beziehung wäre denkbar zwischen der Größe bestimmter freiwilliger Organisationen (X) und der Häufigkeit der Kontakte ihrer obersten Repräsentanten (Y).

Bei den in Abbildung 7-2 dargestellten Beziehungen ist das jeweilige Muster so klar zu erkennen, daß in jedes der Streudiagramme eine Regressions*gerade* (a und b) oder eine Regressions*kurve* (c und d) eingezeichnet werden kann. Das ist nicht immer möglich, z.B. dann nicht, wenn nur wenige Meßwerte vorliegen und keine endgultige Entscheidung darüber getroffen werden kann, ob es sich um eine in allen Wertebereichen der beiden Variablen lineare Beziehung handelt. Wie leicht auszumachen ist, bedecken die Punkteschwärme in Abbildung 7-2a und 7-2b die Flächen zweier unterschiedlich flacher Ellipsen, was besagt, daß die Punkte unterschiedlich weit um die Regressionsgerade streuen. Wollten wir beispielsweise für (a) und (b) den jeweiligen Y-Wert auf der Basis eines X-

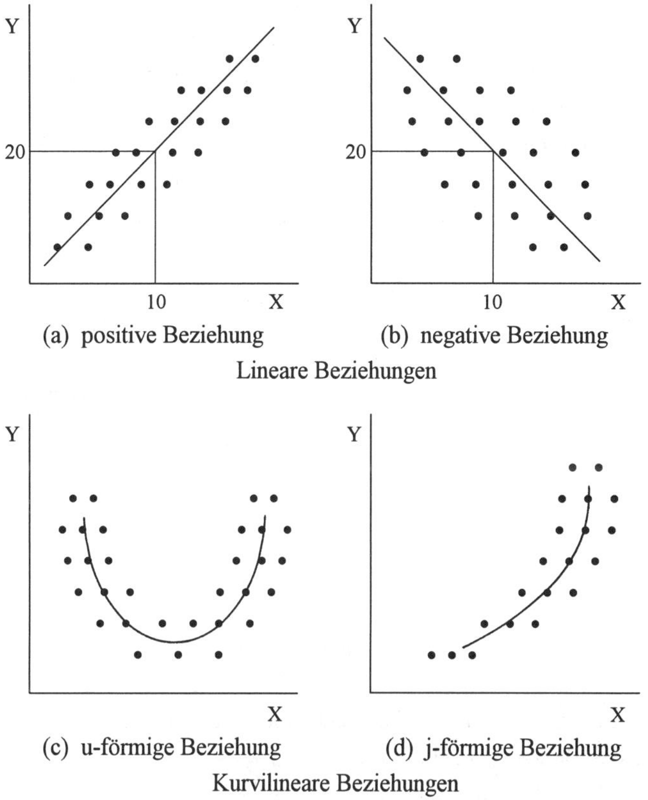

Abbildung 7-2: Beispiele linearer und kurvilinearer Beziehungen

Wertes von, sagen wir, 10 schätzen bzw. vorhersagen, so stützten wir unsere Schätzung bzw. Vorhersage am besten auf die Regressionsgerade, die für (a) wie für (b) den Wert 20 angibt. In beiden Fällen wäre unsere Vorhersage nicht fehlerfrei, weil tatsächlich keiner der Punkte genau auf der Regressionsgeraden liegt. Unsere Vorhersage wäre allerdings im Fall (a) weniger unsicher als im Fall (b), weil die Punkte weniger weit von der Regressionsgeraden entfernt liegen; sie wäre perfekt, wenn alle Punkte auf der Regressionsgerade lägen. Offensichtlich variiert die Treffsicherheit der Vorhersage mit dem Grad der Streuung der Punkte um die Regressionsgerade, falls man die Vorhersage auf die Regressionsgerade stützt. Anders gesagt: Die Vorhersagegenauigkeit und die Korrelation sind um so höher, je geringer die Punkte um die Regressionsgerade streuen; sie wären gleich Null, wenn die Punkte völlig unsystematisch streuten und z.B. die Fläche eines Kreises bedeckten.

Wir können festhalten, daß das Streudiagramm darüber informiert, ob eine Beziehung linear oder kurvilinear, ob sie positiv oder negativ und ob sie stark oder schwach ist. Es sollte klar sein, daß dieser Einsichten wegen schwerlich darauf verzichtet werden kann, *vor* der Berechnung eines Korrelationskoeffizienten das Streudiagramm zu studieren.

7.2 Lineare Regression und Korrelation

So wichtig die aus der Beschäftigung mit dem Streudiagramm gezogenen Schlußfolgerungen über *Art*, *Richtung* und mutmaßliche *Stärke* der Beziehung zwischen den Variablen auch sind, so sehr leiden sie unter dem Nachteil, auf einer subjektiven, nicht standardisierten Betrachtung zu gründen und ohne Wiedergabe des Streudiagramms nur schwer beschreibbar zu sein. Das ist unpräzise und unpraktisch zugleich. Zwar besteht im Prinzip kein Unterschied zwischen den durch bloße Inspektion und den durch mathematische Operationen gewonnenen Feststellungen bezüglich der Beziehung zwischen den Variablen; letztere sind jedoch präziser, leichter mitteilbar und besser vergleichbar. Was wir also anstelle eines subjektiven Augenmaßes brauchen, ist ein objektives Maß der Beziehung zwischen den Variablen.

Wenn wir uns nicht mit einer freihändig eingezeichneten Linie begnügen wollen, die den Punkten des Streudiagramms mehr oder weniger gut entspricht und als Regel für die Vorhersage von Y auf der Basis von X dienen kann, dann besteht unser erstes Problem darin, diese Linie auf eine objektive Weise zu bestimmen. Nun sahen wir, daß Beziehungen *linear* und *kurvilinear* sein können. Die Linie, die den Punkten eines Streudiagramms am besten entspricht, kann daher eine Gerade oder eine Kurve sein. Wir werden uns in diesem Kapitel nur mit Beziehungen befassen, die linear sind, d.h. durch eine Gerade repräsentiert werden können. Demnach besteht unser erstes Problem darin, diejenige *Gerade* zu finden, die den empirischen Werten am besten entspricht. Wie wir sehen werden, kann dieses Problem mit der *Methode der kleinsten Quadrate* gelöst werden. Danach ist die Gerade so lokalisiert, daß die Summe der vertikalen Abweichungen der empirischen Werte von der Geraden gleich Null und die Summe der quadrierten Abweichungen ein Minimum ist.

7.2.1 Die Bestimmung der Regressionsgeraden

Wir wollen uns zunächst fragen, wie bei metrischen Daten Schätzungen bzw. Vorhersagen getroffen und Vorhersagefehler bestimmt werden. Das sei an einer univariaten Verteilung illustriert. Gegeben seien $N = 9$ Tennisspieler, von denen wir annehmen wollen, daß sie im Laufe einer Spielsaison 54 Turniersiege erzielten. Die Turniersiege, hier Y-Variable genannt, seien wie folgt auf die einzelnen Spieler verteilt:

Spieler	Turniersiege (Y)
A	4
B	0
C	6
D	10
E	2
F	4
G	12
H	6
I	10
Summe	54

Gesucht sei der Wert, der diese Verteilung am besten repräsentiert, oder anders gesagt, der Wert, bei dem wir den „geringsten Fehler“ begehen, wenn wir ihn für jeden der neun Spieler als Schätz- bzw. Vorhersagewert verwenden. Das verlangt eine Klärung der Frage, was unter dem „geringsten Fehler“ zu verstehen ist. In Abschnitt 3.3.2.4 wurde die Varianz definiert als die durch N geteilte Summe der quadrierten Abweichungen aller Meßwerte einer Verteilung von ihrem arithmetischen Mittel:

$$s^2 = \frac{\sum_{i=1}^{N} (x_i - \bar{x})^2}{N}$$

Da die Summe der quadrierten Abweichungen der Meßwerte von ihrem arithmetischen Mittel kleiner ist als die Summe der quadrierten Abweichungen der Meßwerte von jedem beliebigen anderen Wert, begehen wir den geringsten Fehler, wenn wir für jede Untersuchungseinheit das arithmetische Mittel als Vorhersagewert nehmen. Der zahlenmäßige Fehler, den wir bei der Vorhersage des arithmetischen Mittels begehen, ist die Summe der quadrierten Abweichungen der Meßwerte vom arithmetischen Mittel, die Variation, oder aber - wenn wir diese Quantität durch N teilen - die Varianz (siehe Tabelle 7-2).

Unser bester Vorhersagewert, die durchschnittliche Anzahl der Turniersiege, ist folglich $\bar{y} = 6$, und unser Vorhersagefehler ist $E_1 = \Sigma(y_i - \bar{y})^2 = 128$ (Variation) bzw. $\Sigma(y_i - \bar{y})^2 / N = 14.22$ (Varianz).

Die zentrale Frage der Korrelation ist nun, ob und in welchem Maße dieser Fehler, den wir begehen, wenn wir die Vorhersage auf die eigene Verteilung der Y-Variablen stützen, reduziert werden kann, wenn wir die Vorhersage auf eine andere Variable stützen. Im vorliegenden Beispiel sei diese andere Variable die Anzahl der Stunden, die jeder einzelne Spieler pro Woche trainierte, hier X-Variable genannt.

Tabelle 7-2: Berechnung des Vorhersagefehlers $E_1 = \Sigma(y_i - \bar{y})^2$

SIEGE y_i	$y_i - \bar{y}$	$(y_i - \bar{y})^2$
4	−2	4
0	−6	36
6	0	0
10	4	16
2	−4	16
4	−2	4
12	6	36
6	0	0
10	4	16
54	0	128

$$\bar{y} = \frac{\sum_{i=1}^{N} y_i}{N} = \frac{54}{9} = 6 \qquad s^2{}_y = \frac{\sum_{i=1}^{N} (y_i - \bar{y})^2}{N} = \frac{128}{9} = 14.22$$

Spieler	Trainingsstunden (X)	Turniersiege (Y)
A	1	4
B	2	0
C	3	6
D	4	10
E	5	2
F	6	4
G	7	12
H	8	6
I	9	10
Summe	45	54

Wenn, was zu erwarten ist, die Variablen „Anzahl der Trainingsstunden pro Woche (X)“ und „Anzahl der Turniersiege pro Saison (Y)“ miteinander korrelieren, sollte unsere zweite Vorhersage besser sein als die erste, d.h. den Vorhersagefehler reduzieren. Das Problem besteht folglich darin, die Werte der einen Variablen auf der Basis der Werte der anderen Variablen vorherzusagen. Das kann bei metrischen Variablen mit Hilfe mathematischer Funktionen geschehen, die im einfachsten Fall lineare Funktionen sind. Die denkbar einfachste Beziehung zwischen zwei metrischen Variablen ist die perfekt lineare, so daß eine bestimmte Veränderung der Werte der Y-Variablen mit einer bestimmten Veränderung der Werte der X-Variablen einhergeht. Wie die folgenden Beispiele zeigen, kann eine perfekt lineare Beziehung geometrisch als Gerade und algebraisch als lineare Gleichung dargestellt werden:

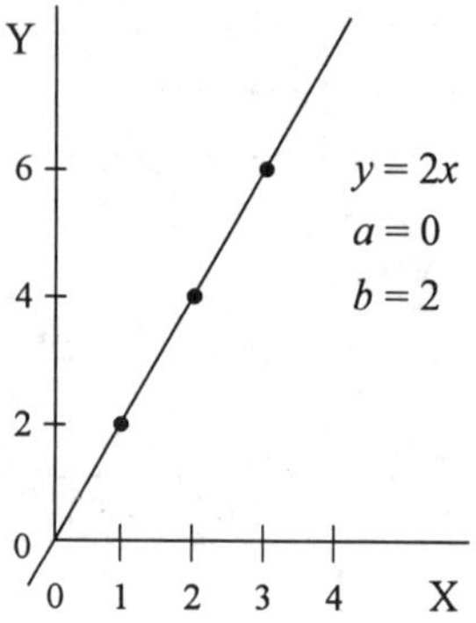

x_i	0	1	2	3
y_i	0	2	4	6

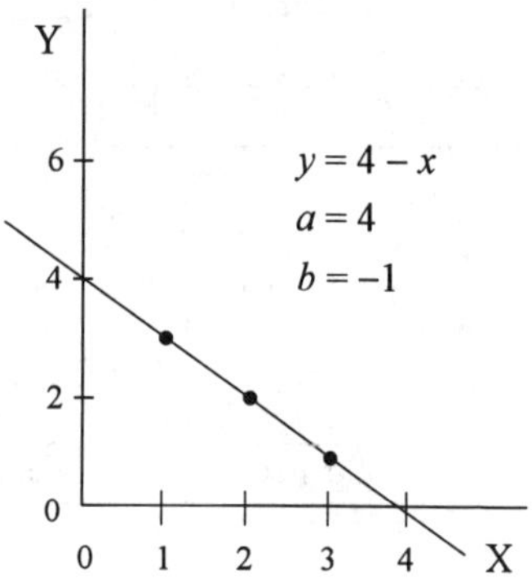

x_i	0	1	2	3	4
y_i	4	3	2	1	0

Diese Beispiele sind spezielle Fälle der generellen *Gleichung einer Geraden*

$$y = a + bx$$

bei der b die *Steigung* der Geraden (engl. slope) und a ihren *Schnittpunkt mit der Y-Achse* (engl. intercept) bezeichnet, jenen Wert also, den wir bei $x = 0$ erhalten. Ob die Beziehung positiv oder negativ ist, wird durch das Vorzeichen des Steigungskoeffizienten b ausgedrückt.

Die in ein Streudiagramm übertragenen Daten unseres Beispiels lassen ein ellipsenförmiges Muster der Punkte bzw. eine Tendenz der *Y*-Werte erkennen, mit zunehmenden *X*-Werten zuzunehmen, was eine positive lineare Beziehung zwischen den Variablen anzeigt:

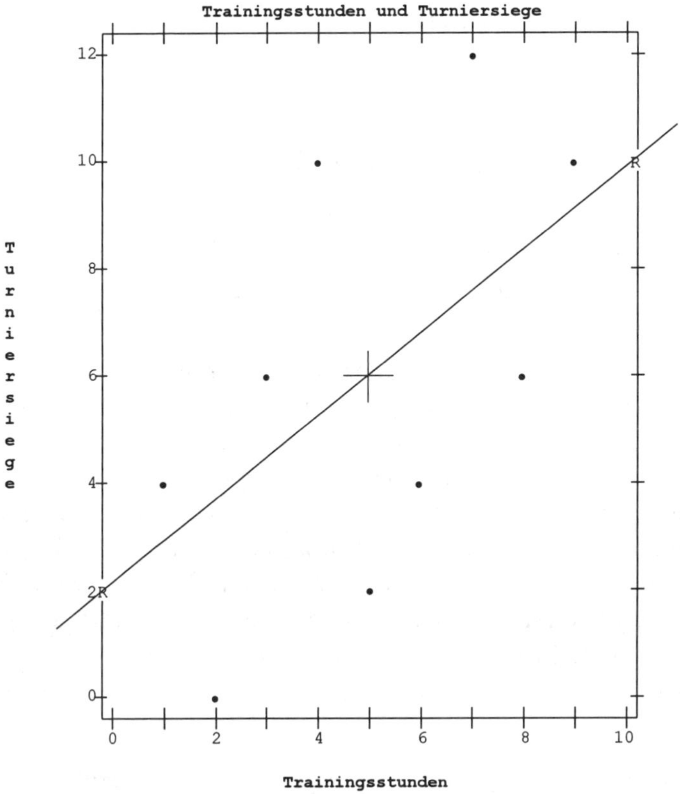


```
9 cases plotted.
Correlation (r) =  .54772                R Squared (r²) =  .30000
Intercept (a) =   2.00000                Slope (b) =  .80000
```

Abbildung 7-3: Streudiagramm: Anzahl der Trainingsstunden pro Woche (X) und Anzahl der Turniersiege pro Saison (Y)

Von den vielen möglichen Geraden, die wir in das Punktemuster der Abbildung 7-3 legen können, gilt es jene Gerade zu finden, die wir als „beste Vorhersage" von *Y*-Werten auf der Basis von *X*-Werten verwenden können, so daß der Vorhersagefehler bei der Verwendung irgendeiner anderen Geraden nur noch größer wird. Wenn wir den Vorhersagewert mit y'_i (lies „y Strich i") bezeichnen, lautet die *Gleichung der Regressionsgeraden* [1]

$$y'_i = a_{yx} + b_{yx}(x_i)$$

Diese Gleichung besagt, daß ein auf der Basis eines gegebenen *X*-Wertes vorhergesagter (geschätzter, erwarteter, theoretischer) *Y*-Wert, nämlich y'_i, gleich $a_{yx} + b_{yx}(x_i)$ ist. Ein solcher Vorhersagewert von Y für einen gegebenen Wert von X kann bestimmt werden, wenn die Konstanten a_{yx} und b_{yx} ermittelt sind.

Da wir die gesuchte Gerade für Vorhersagezwecke verwenden wollen, und da wir oben den Vorhersagefehler als die Summe der quadrierten Abweichungen definierten, soll sie - ähnlich wie im Falle des arithmetischen Mittels - folgende Eigenschaften haben: Die Summe der vertikalen Abweichungen der *Y*-Werte von der Geraden soll gleich Null und die Summe der quadrierten Abweichungen ein Minimum sein. Mit anderen Worten: Die gesuchte Gerade soll eine Gerade sein, um die die Punkte des Streudiagramms minimal streuen, verglichen mit der Streuung um jede andere Gerade. Dieser Eigenschaften wegen wird die gesuchte Gerade die *Linie der kleinsten Quadrate* (engl. least squares line) und das Verfahren, das zu ihrer Berechnung angewandt wird, die *Methode*

---

[1] Aus der Verwendung der Subskripte, von denen wie üblich das erste die abhängige Variable und das zweite die unabhängige Variable bezeichnet, geht per Implikation hervor, daß es eine zweite Regressionsgerade gibt, die man als „beste Vorhersage" von *X*-Werten auf der Basis von *Y*-Werten benutzen kann. Die Gleichung dieser zweiten Regressionsgeraden lautet

$$x'_i = a_{xy} + b_{xy}(y_i)$$

der kleinsten Quadrate (engl. method of least squares) genannt. Man kann zeigen, daß die Gerade dann die geforderten Bedingungen für eine gegebene bivariate Verteilung erfüllt, wenn die sog. *Regressionskoeffizienten* a_{yx} und b_{yx} mit diesen Formeln berechnet werden:

$$b_{yx} = \frac{\sum_{i=1}^{N}(x_i - \bar{x})(y_i - \bar{y})}{\sum_{i=1}^{N}(x_i - \bar{x})^2}$$

$$a_{yx} = \bar{y} - b_{yx}(\bar{x})$$

Eine Gerade $y'_i = a_{yx} + b_{yx}(x_i)$, deren Konstanten a_{yx} und b_{yx} in der angegebenen Weise mit den Werten x_i und y_i zusammenhängen, ist die zu den Werten gehörige Regressionsgerade.

Für die Daten unseres Beispiels (siehe S.195 und Abbildung 7-3) erhalten wir folgende Mittelwerte und Regressionskoeffizienten (siehe Tabelle 7-3):

$$\bar{x} = \frac{45}{9} = 5 \qquad \bar{y} = \frac{54}{9} = 6$$

$$b_{yx} = \frac{48}{60} = 0.8 \qquad a_{yx} = 6 - 0.8(5) = 2$$

Mit der Berechnung von b_{yx} und a_{yx} ist die zu den Meßwerten gehörige Regressionsgerade bestimmt; sie lautet

$$y'_i = 2 + 0.8(x_i)$$

Tabelle 7-3: Berechnung der Regressionskoeffizienten a_{yx} und b_{yx}

TRAIN x_i	SIEGE y_i	$x_i - \bar{x}$	$(x_i - \bar{x})^2$	$y_i - \bar{y}$	$(x_i - \bar{x})(y_i - \bar{y})$
1	4	−4	16	−2	8
2	0	−3	9	−6	18
3	6	−2	4	0	0
4	10	−1	1	4	−4
5	2	0	0	−4	0
6	4	1	1	−2	−2
7	12	2	4	6	12
8	6	3	9	0	0
9	10	4	16	4	16
45	54	0	60	0	48

Der Steigungskoeffizient b gibt an, um wieviel die Y-Variable zunimmt, wenn die X-Variable um eine Einheit zunimmt (oder abnimmt, wenn die X-Variable um eine Einheit zunimmt). Der errechnete Wert von $b_{yx} = 0.8$ besagt demnach, daß mit der Zunahme des wöchentlichen Trainings um eine Stunde die Turniersiege um 0.8 zunehmen, oder anders gesagt, daß die Erhöhung der wöchentlichen Trainingszeit um eineinviertel Stunden einen weiteren Turniersieg einträgt (die beliebige Teilbarkeit der Trainingsstunden einmal unterstellt). Der Wert $a_{yx} = 2$ scheint anzudeuten, daß sich zwei Turniersiege ohne jedes Training ($x = 0$) erzielen lassen. Diese Interpretation ist nicht zulässig, wie wir auch nicht sagen können, daß bei einem wöchentlichen Trainingsaufwand von, sagen wir, 20 Stunden $2 + 0.8(20) = 18$ Turniersiege zu erwarten sind. Da wir nicht wissen, ob die Regressionsgerade jenseits der Beobachtungsdaten, aus denen sie errechnet wurde, dieselbe Steigung hat, kann sie keine Aussagen begründen, die über den Bereich der Beobachtungsdaten hinausgehen.

Ist die Regressionsgerade bestimmt, so kann der Vorhersagewert (Schätzwert, Erwartungswert, theoretische Wert) von Y für jeden beobachteten X-Wert be-

Tabelle 7-4: Berechnung des Vorhersagefehlers $E_2 = \Sigma(y_i - y'_i)^2$

TRAIN x_i	SIEGE y_i	y'_i	$y_i - y'_i$	$(y_i - y'_i)^2$
1	4	2.80	1.20	1.44
2	0	3.60	– 3.60	12.96
3	6	4.40	1.60	2.56
4	10	5.20	4.80	23.04
5	2	6.00	– 4.00	16.00
6	4	6.80	– 2.80	7.84
7	12	7.60	4.40	19.36
8	6	8.40	– 2.40	5.76
9	10	9.20	0.80	0.64
45	54	54.00	0.00	89.60

rechnet werden: $y'_i = a_{yx} + b_{yx}(x_i)$

$$= 2 + 0.8(x_i)$$

Beispielsweise erhalten wir für den Wert $x = 1$ den Wert $y' = 2 + 0.8(1) = 2.80$ (siehe alle neun Y'-Werte in Tabelle 7-4). Die Y'-Werte, auch Vorhersage- oder Regressionswerte genannt, liegen notwendig auf der in Abbildung 7-3 dargestellten Regressionsgeraden, weil sie mit der Gleichung dieser Geraden errechnet wurden. Wie Abbildung 7-3 zeigt, passiert die Regressionsgerade den Schwerpunkt $(\bar{x}, \bar{y})$ des Punkteschwarms. Das geht aus der Gleichung $a_{yx} = \bar{y} - b_{yx}(\bar{x})$ hervor, die in der Schreibweise $\bar{y} = a_{yx} + b_{yx}(\bar{x})$ erkennen läßt, daß die Koordinaten des Punktes $(\bar{x}, \bar{y})$, in unserem Beispiel des Punktes (5, 6), die Gleichung erfüllen (siehe auch Abbildung 7-1).

Die Abweichungen der (beobachteten) Y-Werte von den (vorhergesagten) Y'-Werten sind in Arbeitstabelle 7-4 errechnet. Wie man sieht, ist die Summe der Abweichungen der Y-Werte von den auf der Regressionsgeraden liegenden

Y'-Werten tatsächlich gleich Null. Um nun zu Kennwerten zu gelangen, die über den Fehler informieren, den wir bei unserer zweiten Vorhersage begehen, wird - ähnlich wie bei der Berechnung der Variation und der Varianz in Tabelle 7-2 - jede Abweichung quadriert.

$E_2 = \Sigma(y_i - y'_i)^2 = 89.60$, die Summe der quadrierten Abweichungen (Variation), kann ebensogut als Maß des Fehlers bei der Vorhersage von Y auf der Basis von X verwendet werden wie die durch N geteilte Summe der quadrierten Abweichungen (Varianz). In Analogie zur Varianz wird der Fehler der Vorhersage von Y auf der Basis von X auch als sog. *Fehlervarianz* oder als *nicht erklärte Varianz* bezeichnet:

$$s^2{}_{y'} = \frac{\sum_{i=1}^{N}(y_i - y'_i)^2}{N}$$

Diese Kenngröße unterscheidet sich dadurch von der Variation, daß die Summe der quadrierten Abweichungen der beobachteten Werte (y_i) von den vorhergesagten Werten (y'_i) durch N dividiert wird; sie kann ebensogut wie die Variation mit der ihr entsprechenden Kenngröße der univariaten Verteilung der Y-Variablen verglichen werden. Die Vergleichsmöglichkeit dieser Kennwerte beruht auf der Ähnlichkeit des Ausdrucks $(y_i - y'_i)$, der Abweichung der beobachteten Werte von der Regressionsgeraden, und des Ausdrucks $(y_i - \bar{y})$, der Abweichung der beobachteten Werte vom arithmetischen Mittel. In beiden Fällen ist die Summe der Abweichungen gleich Null und die Summe der quadrierten Abweichungen ein Minimum.

In unserem Beispiel ergibt die Berechnung der Fehlervarianz den Zahlenwert $s^2{}_{y'} = 89.60 / 9 = 9.96$. Der Vergleich dieses Wertes mit dem Wert, den wir bei der Vorhersage von $\bar{y}$ auf der Basis der Verteilung der Y-Variablen allein errechneten, nämlich $s^2{}_y = 14.22$, führt zu der Feststellung, daß der Vorhersagefehler deutlich reduziert wird, wenn die Information über die X-Variable vermittels der linearen Regressionsgleichung ausgewertet wird, auf unser Beispiel bezogen, wenn zur Vorhersage der Turniersiege die wöchentlichen Trainingsstunden herangezogen werden. Wir gelangen zu derselben Schlußfolgerung, wenn wir die Variation der ersten Vorhersage (128) mit der Variation der zweiten Vorhersage (89.60) vergleichen.

Die vorhergesagten Werte von Y (auf der Regressionsgeraden liegend) und die Abweichungen der beobachteten Werte von den vorhergesagten Werten sind in Abbildung 7-5 graphisch dargestellt. Jede Abweichung ist durch eine vertikale Gerade, die die beobachteten Werte (y_i) mit den vorhergesagten Werten (y'_i) verbindet, repräsentiert. Die Summe der (positiven) Abweichungen oberhalb der Regressionsgeraden ist gleich der Summe der (negativen) Abweichungen unterhalb der Regressionsgeraden. Die Summe der quadrierten Abweichungen ist die Variation der Y-Variablen, die nicht aufgrund der X-Variablen vorhergesagt werden kann; sie wird deshalb *nicht erklärte Variation* (engl. unexplained variation, error variation) genannt.

7.2.2 Die proportionale Reduktion des Vorhersagefehlers: r^2

Wenn wir, wie zunächst gezeigt, nicht die bivariate Verteilung, sondern lediglich die Verteilung der Y-Variablen betrachten und einen repräsentativen Wert dieser univariaten Verteilung vorhersagen, so ist die Antwort auf die Frage nach der besten Vorhersage: Das arithmetische Mittel ($\bar{y}$).

(1) r^2*: Die Regel für die Vorhersage der abhängigen Variablen auf der Basis ihrer eigenen Verteilung* lautet deshalb wie folgt: „Sage für jede Untersuchungseinheit das arithmetische Mittel vorher.“

In Tabelle 7-2 haben wir bereits die Abweichungen der beobachteten Werte (y_i) vom arithmetischen Mittel ($\bar{y}$) - die in Abbildung 7-4 graphisch dargestellt

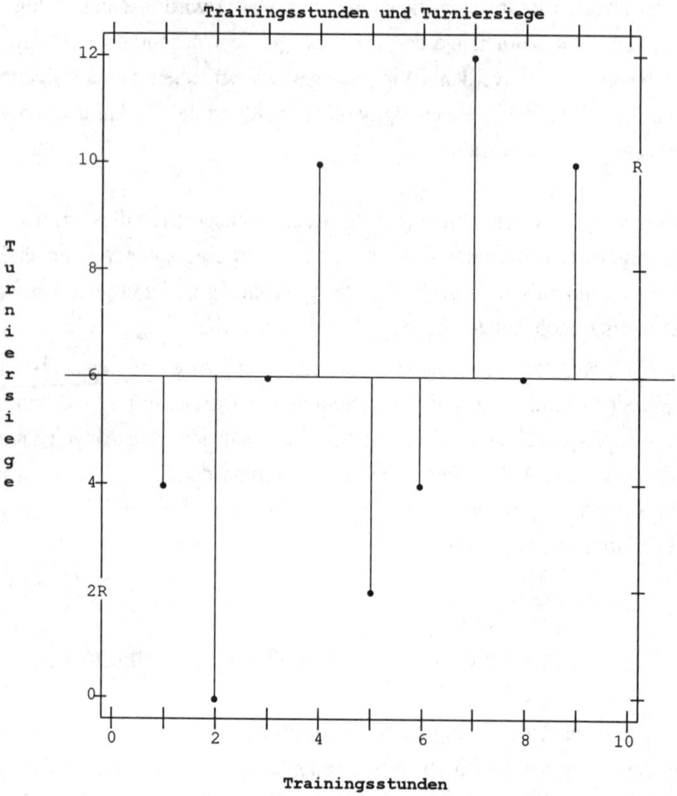

Abbildung 7-4: Abweichungen der beobachteten Werte (y_i) vom arithmetischen Mittel $(\bar{y})$. *Gesamtvariation* $= \Sigma(y_i - \bar{y})^2$

sind - und die Summe der quadrierten Abweichungen berechnet. Da diese Summe einzig auf der Verteilung der Y-Variablen beruht, kann sie als Bezugsgröße bei der Berechnung der proportionalen Reduktion des Vorhersagefehlers dienen, die bei Heranziehung der X-Variablen erzielt wird. Die Summe dieser quadrierten Abweichungen wird *Gesamtvariation* (engl. total variation) genannt.

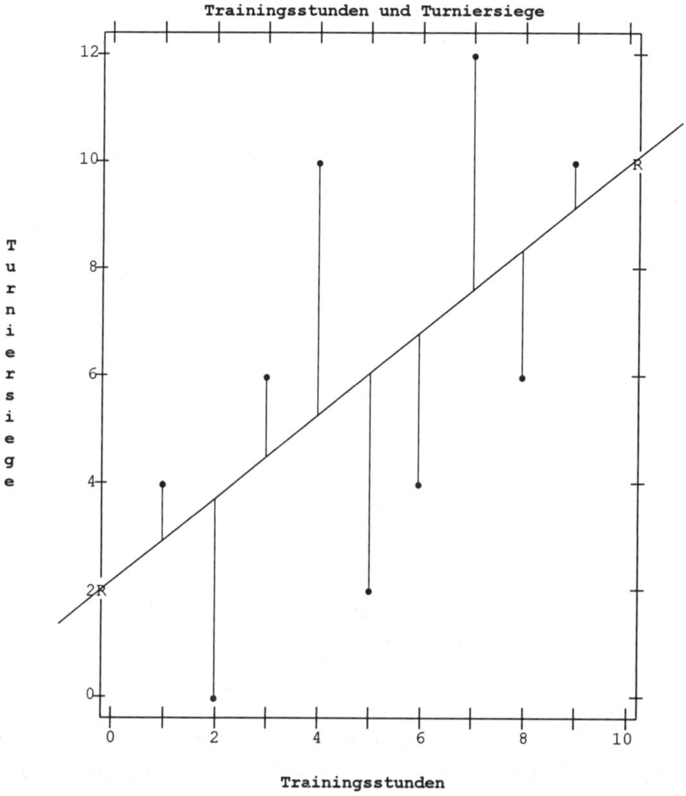

Abbildung 7-5: Abweichungen der beobachteten Werte (y_i) von den Regressionswerten (y'_i). *Nicht erklärte Variation* $= \Sigma(y_i - y'_i)^2$

Wenn wir, wie alsdann gezeigt, zur Vorhersage der abhängigen Variablen unter der Annahme einer linearen Beziehung zwischen X und Y die Information über die unabhängige Variable auswerten, ist die Antwort auf die Frage nach der besten Vorhersage: Der Regressionswert (y'_i).

(2) r^2: Die Regel für die Vorhersage der abhängigen Variablen auf der Basis der unabhängigen Variablen lautet demnach: „Sage für jede Untersuchungseinheit den Regressionswert vorher.“

(3) r^2: Die Fehlerdefinition. Bei der Vorhersage nach Regel 1 ist der Vorhersagefehler die Summe der quadrierten Abweichungen der Y-Werte von ihrem arithmetischen Mittel: $E_1 = \Sigma(y_i - \bar{y})^2$. Bei der Vorhersage nach Regel 2 ist der Vorhersagefehler die Summe der quadrierten Abweichungen der Y-Werte von der Regressionsgeraden: $E_2 = \Sigma(y_i - y'_i)^2$.

(4) r^2: Die generelle Formel zur Berechnung der proportionalen Fehlerreduktion lautet

$$r^2 = \frac{E_1 - E_2}{E_1} = \frac{\Sigma(y_i - \bar{y})^2 - \Sigma(y_i - y'_i)^2}{\Sigma(y_i - \bar{y})^2}$$

$$= \frac{\textit{Gesamtvariation} - \textit{Nicht erklärte Variation}}{\textit{Gesamtvariation}}$$

In unserem Beispiel ist die Gesamtvariation gleich 128 (siehe Tabelle 7-2) und die nicht erklärte Variation gleich 89.60 (siehe Tabelle 7-4). Daraus ergibt sich ein Zahlenwert von

$$r^2 = \frac{128 - 89.60}{128} = \frac{38.40}{128} = 0.300$$

Wir erhalten denselben Zahlenwert, wenn wir statt der Variation die Varianz heranziehen:

$$r^2 = \frac{E_1 - E_2}{E_1} = \frac{s^2{}_y - s^2{}_{y'}}{s^2{}_y} = \frac{14.22 - 9.96}{14.22} = \frac{4.26}{14.22} = 0.300$$

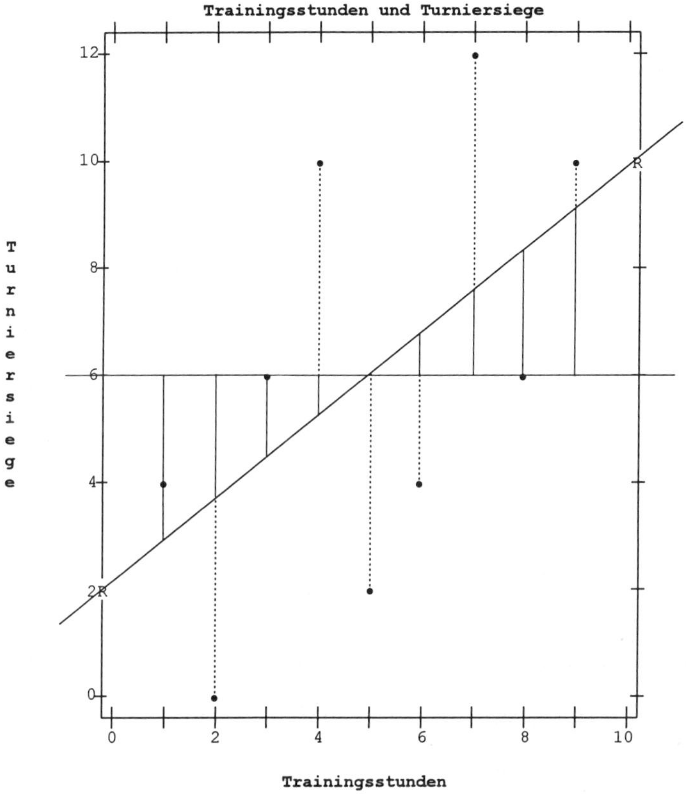

Abbildung 7-6: Abweichungen der Regressionswerte (y'_i) vom arithmetischen Mittel ($\bar{y}$). *Erklärte Variation* $= \Sigma(y'_i - \bar{y})^2$

Die Variationszerlegung. Eine wichtige Eigenschaft der Summe der quadrierten Abweichungen der Beobachtungswerte vom arithmetischen Mittel (*Gesamtvariation*, engl. total variation) ist, daß sie zerlegt werden kann erstens in die Summe der quadrierten Abweichungen der Beobachtungswerte von den Regressionswerten (*nicht erklärte Variation*, engl. unexplained variation) und zweitens in die Summe der quadrierten Abweichungen der Regressionswerte

Tabelle 7-5: Berechnung der erklärten Variation: $\Sigma(y'_i - \bar{y})^2$

TRAIN x_i	SIEGE y_i	y'_i	$\bar{y}$	$y'_i - \bar{y}$	$(y'_i - \bar{y})^2$
1	4	2.80	6	– 3.20	10.24
2	0	3.60	6	– 2.40	5.76
3	6	4.40	6	– 1.60	2.56
4	10	5.20	6	– 0.80	0.64
5	2	6.00	6	0	0
6	4	6.80	6	0.80	0.64
7	12	7.60	6	1.60	2.56
8	6	8.40	6	2.40	5.76
9	10	9.20	6	3.20	10.24
45	54	54.00	54	0.00	38.40

vom arithmetischen Mittel (*erklärte Variation*, engl. explained variation). Die Abweichungen der Regressionswerte vom arithmetischen Mittel und die Summe der Quadrate sind in Arbeitstabelle 7-5 errechnet; in Abbildung 7-6 sind die Abweichungen graphisch dargestellt (als solide Linien). Die Beziehung zwischen den Quantitäten wird durch die folgende Grundgleichung ausgedrückt:

$$\Sigma(y_i - \bar{y})^2 \quad = \quad \Sigma(y'_i - \bar{y})^2 \quad + \quad \Sigma(y_i - y'_i)^2$$

Gesamtvariation = *Erklärte Variation* + *Nicht erklärte Variation*

$$128 \quad = \quad 38.40 \quad + \quad 89.60$$

Wenn wir beide Seiten dieser Gleichung durch $\Sigma(y_i - \bar{y})^2$ dividieren, erhalten wir rechts zwei Variations*anteile*, den *erklärten* und den *nicht erklärten* Variations*anteil*. Der erste Ausdruck auf der rechten Seite der Gleichung, der *Anteil* der Variation, der *erklärt* ist, ist das Quadrat des *r*-Koeffizienten:

$$\frac{\Sigma(y_i - \bar{y})^2}{\Sigma(y_i - \bar{y})^2} = \frac{\Sigma(y'_i - \bar{y})^2}{\Sigma(y_i - \bar{y})^2} + \frac{\Sigma(y_i - y'_i)^2}{\Sigma(y_i - \bar{y})^2}$$

$$\frac{\textit{Gesamtvariation}}{\textit{Gesamtvariation}} = \frac{\textit{Erklärte Variation}}{\textit{Gesamtvariation}} + \frac{\textit{Nicht erklärte Variation}}{\textit{Gesamtvariation}}$$

1 = Variations-anteil, der *erklärt* ist + Variations-anteil, der *nicht erklärt* ist

$$1 = r^2 + 1 - r^2$$

In unserem Beispiel ist die erklärte Variation gleich 38.40 (siehe Tabelle 7-5), folglich ist

$$r^2 = \frac{\Sigma(y'_i - \bar{y})^2}{\Sigma(y_i - \bar{y})^2} = \frac{38.40}{128} = 0.300$$

Dieser Zahlenwert ist mit dem zuvor errechneten identisch.

Abbildung 7-7 soll unser Problem noch einmal verdeutlichen, das zunächst darin bestand, die Turniersiege (Y) ohne Berücksichtigung der Trainingsstunden (X) vorherzusagen. Unsere beste Vorhersage war das arithmetische Mittel ($\bar{y}$). Nach Auswertung der Information über die X-Variable, d.h., nach Bestimmung der Regressionsgeraden sagten wir nicht mehr das arithmetische Mittel, sondern den Regressionswert (y'_i) vorher. Das reduzierte die Gesamtabweichung ($y_i - \bar{y}$) um jenen Teil, der aufgrund der linearen Beziehung zwischen X und Y „erklärt“ ist (engl. deviation explained by regression), nämlich ($y'_i - \bar{y}$). Übrig blieb ein Teil der Abweichung, nämlich ($y_i - y'_i$), der „nicht erklärt“ ist (engl. deviation not explained by regression).

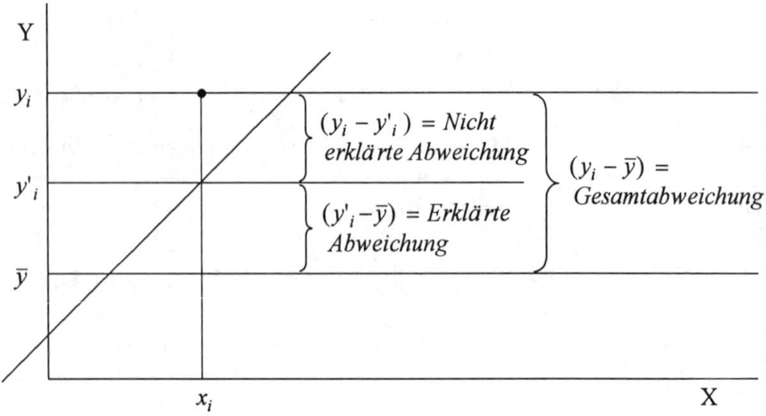

Abbildung 7-7: Schematische Darstellung der Beziehung: Gesamtabweichung = Erklärte Abweichung + Nicht erklärte Abweichung

Die Gesamtabweichung von y_i ist die Summe

$$(y_i - \bar{y}) \quad = \quad (y'_i - \bar{y}) \quad + \quad (y_i - y'_i)$$

Gesamtabweichung = *Erklärte Abweichung* + *Nicht erklärte Abweichung*

Daraus folgt, daß

$$\Sigma(y_i - \bar{y}) \quad = \quad \Sigma(y'_i - \bar{y}) \quad + \quad \Sigma(y_i - y'_i)$$

Es überrascht vielleicht, daß aus der Gleichung

$$(y_i - \bar{y}) \quad = \quad (y'_i - \bar{y}) \quad + \quad (y_i - y'_i)$$

die Gleichung

$$\Sigma(y_i - \bar{y})^2 \quad = \quad \Sigma(y'_i - \bar{y})^2 \quad + \quad \Sigma(y_i - y'_i)^2$$

wird, wenn wir beide Seiten quadrieren und anschließend über alle *i* summieren. Nach dem Schema $(a+b)^2 = (a+b)(a+b) = a^2 + 2ab + b^2$ erhalten wir

$$\Sigma(y_i - \bar{y})^2 = \Sigma\left[(y'_i - \bar{y}) + (y_i - y'_i)\right]^2$$

$$= \Sigma(y'_i - \bar{y})^2 + 2\Sigma(y'_i - \bar{y})(y_i - y'_i) + \Sigma(y_i - y'_i)^2$$

Da aber der mittlere Ausdruck auf der rechten Seite dieser Gleichung, der Ausdruck $2\Sigma(y'_i - \bar{y})(y_i - y'_i)$, den Zahlenwert Null hat, also verschwindet (siehe etwa NEURATH, 1974, Kap. IX, oder BORTZ, 1977, S.253-256), lautet die Grundgleichung

$$\Sigma(y_i - \bar{y})^2 \quad = \quad \Sigma(y'_i - \bar{y})^2 \quad + \quad \Sigma(y_i - y'_i)^2$$

Wie die folgende Schreibweise der Grundgleichung vielleicht deutlicher erkennen läßt, drückt r^2 die proportionale Reduktion des Vorhersagefehlers aus, die sich als Differenz zwischen 1 und dem Verhältnis des zweiten Vorhersagefehlers (E_2) zum ersten Vorhersagefehler (E_1) darstellt:

$$r^2 = 1 - \frac{E_2}{E_1} = 1 - \frac{\Sigma(y_i - y'_i)^2}{\Sigma(y_i - \bar{y})^2}$$

$$= 1 - \frac{\textit{Nicht erklärte Variation}}{\textit{Gesamtvariation}}$$

$$= 1 - \frac{89.60}{128} = 1 - 0.700 = 0.300$$

Liegen sämtliche Punkte auf der Regressionsgeraden, so ist der Vorhersagefehler E_2 und damit das Verhältnis E_2 zu E_1 gleich Null; r^2 ist dann gleich 1. Liegen die Punkte mehr oder weniger weit von der Regressionsgeraden entfernt, so ist das Verhältnis E_2 zu E_1 größer als Null; r^2 ist dann kleiner als 1. Liegen die Punkte derart weit von der Regressionsgeraden entfernt, daß der Vorhersagefehler E_1 durch Auswertung der Information über die X-Variable nur geringfügig reduziert wird, so ist E_2 ungefähr gleich E_1 und damit das Verhältnis E_2 zu E_1 nahe 1; r^2 ist dann nahe Null.

Da r^2 jenen Anteil der Gesamtvariation der (abhängigen) Y-Variablen repräsentiert, der durch die (unabhängige) X-Variable linear „erklärt" bzw. „determiniert" wird (genauer: der der X-Variablen zugerechnet werden kann, aber nicht muß), wird der Koeffizient r^2 als *Determinationskoeffizient* (engl. coefficient of determination, proportion of explained variation) oder als *Bestimmtheitsmaß* bezeichnet.

Der für unser Beispiel errechnete Wert von $r^2 = 0.300$ besagt, daß - unter der Annahme einer linearen Beziehung zwischen den Variablen Trainingsstunden (X) und Turniersiege (Y) - 30 Prozent der Variation der Y-Variablen der X-Variablen zugerechnet werden kann, oder anders ausgedrückt, daß die Variable X 30 Prozent der Variation der Variablen Y linear „erklärt" bzw. „determiniert". Der Gebrauch der Wendungen „erklärt" und „determiniert" impliziert selbstverständlich nicht ohne weiteres eine kausale Erklärung, sondern lediglich eine statistische Beziehung zwischen den Variablen.

Wenn r^2 jenen Anteil der Variation der Y-Variablen repräsentiert, der auf der Basis der X-Variablen linear vorhergesagt werden kann, dann stellt die Quantität $1-r^2$ jenen Anteil der Variation der Y-Variablen dar, der nicht aufgrund der linearen Beziehung zwischen X und Y vorhergesagt werden kann:

$$r^2 = \frac{\textit{Erklärte Variation}}{\textit{Gesamtvariation}}$$

$$1 - r^2 = 1 - \frac{\textit{Erklärte Variation}}{\textit{Gesamtvariation}}$$

Der Ausdruck $1 - r^2$ ist folglich das Komplement zum Determinationskoeffizienten; er heißt *Koeffizient der Nichtdetermination* (engl. coefficient of nondetermination). Für unser Beispiel erhalten wir einen Zahlenwert von

$$1 - r^2 = 1 - 0.300 = 0.700$$

Dieser Wert besagt, daß 70 Prozent der Variation der abhängigen Variablen nicht mit der unabhängigen Variablen linear erklärt werden kann. Konkreter: Die Turniererfolge sind zwar zu einem gewissen Teil durch den Trainingsfleiß, jedoch zu einem erheblich größeren Teil durch andere Faktoren „determiniert". Der Koeffizient der Nichtdetermination kann folglich als ein Maß der Stärke des Einflusses nicht identifizierter Faktoren verwendet werden.

Es hat vielleicht den Anschein, als seien wir bisher ausschließlich mit der Vorhersage von Y-Werten auf der Basis von X-Werten beschäftigt gewesen. Das ist in Wahrheit nicht der Fall, obwohl wir uns faktisch nicht mit der Regression von X auf Y befaßt haben. Wir kennen bereits einige symmetrische Koeffizienten, d.h. Koeffizienten, die sich auf Vorhersagen beziehen, die in die eine wie in die andere Richtung gehen. Da auch r^2 symmetrisch ist ($r^2_{yx} = r^2_{xy}$), ist es entbehrlich, zweimal zu rechnen. Das heißt, wir können r^2 interpretieren entweder als Anteil der Variation der Y-Variablen, der mit der X-Variablen linear erklärt werden kann, oder aber als Anteil der Variation der X-Variablen, der der Y-Variablen linear zugerechnet werden kann. Deshalb kann auch auf die Verwendung von Subskripten verzichtet werden ($r^2 = r^2_{yx} = r^2_{xy}$).

Die prinzipielle Reversibilität von r^2 sollte Grund genug sein, die Redeweise zu reflektieren, die man bei der Interpretation aktueller Zahlenwerte antrifft oder wählt. Wenn die auf den Koeffizienten r^2 gestützten Aussagen, rein statistisch betrachtet, prinzipiell umkehrbar sind, muß man sich fragen, ob die Bezeichnungen „Determinationskoeffizient", „Bestimmtheitsmaß" und „erklärter Variationsanteil" überhaupt angemessene Ausdrücke sind. Man sollte von „Determination" und „Erklärung" nur dann sprechen, wenn die Kausalität einer Beziehung logisch und theoretisch begründet ist. Andernfalls sind zurückhaltendere Wendungen eher angebracht, wie etwa „soundsoviel Prozent der Variation der Y-Variablen kann (muß aber nicht) mit der X-Variablen erklärt werden" oder „ ... kann (muß aber nicht) zurückgeführt werden auf ... ".

7.2.3 Der PEARSONsche Korrelationskoeffizient *r*

Dem Leser wird nicht entgangen sein, daß sich unsere bisherige Diskussion der linearen Beziehung nicht auf den (um 1890 von Karl PEARSON auf Anregung von Sir Francis GALTON entwickelten) Produkt-Moment-Korrelations-Koeffizienten r, sondern auf die Maßzahl r^2 bezog, auf eine Maßzahl, die zwischen 0 und 1 variiert und den Vorzug einer klaren PRE-Interpretation hat. Tatsächlich wird aber normalerweise nicht r^2, sondern r zur Beschreibung linearer Beziehungen benutzt. Warum das so ist, wird deutlich werden, wenn wir das Regressionsproblem noch einmal aufgreifen und dabei anstelle der oben zugrundegelegten Originalmeßwerte *Standardwerte* verwenden, im übrigen aber genauso vorgehen wie oben, d.h. ein Streudiagramm anfertigen und die Regressionsgerade bestimmen.

Die Standardwerte oder z-Werte sind wie folgt definiert (siehe Abschnitt 3.3.3):

$$z_{x_i} = \frac{x_i - \bar{x}}{s_x} \qquad \text{und} \qquad z_{y_i} = \frac{y_i - \bar{y}}{s_y}$$

Tabelle 7-6: Berechnung der Standardwerte

TRAIN x_i	SIEGE y_i	$x_i - \bar{x}$	$y_i - \bar{y}$	TRAINZ $z_{x_i} = \frac{x_i - \bar{x}}{s_x}$	SIEGEZ $z_{y_i} = \frac{y_i - \bar{y}}{s_y}$
1	4	− 4	− 2	− 1.5492	− 0.5303
2	0	− 3	− 6	− 1.1619	− 1.5910
3	6	− 2	0	− 0.7746	0
4	10	− 1	4	− 0.3873	1.0607
5	2	0	− 4	0	− 1.0607
6	4	1	− 2	0.3873	− 0.5303
7	12	2	6	0.7746	1.5910
8	6	3	0	1.1619	0
9	10	4	4	1.5492	1.0607
45	54	0	0	0.0000	0.0000

$\bar{x} = 5$ $\bar{y} = 6$ $s_x = 2.5820$ $s_y = 3.7712$

wobei $$s_x = \sqrt{\frac{\sum_{i=1}^{N}(x_i - \bar{x})^2}{N}}$$ (Standardabweichung der X-Werte)

und $$s_y = \sqrt{\frac{\sum_{i=1}^{N}(y_i - \bar{y})^2}{N}}$$ (Standardabweichung der Y-Werte)

In Abbildung 7-8 ist die bivariate Verteilung der in Arbeitstabelle 7-6 errechneten Standardwerte unseres Rechenbeispiels graphisch dargestellt. Wie ein Vergleich dieses Streudiagramms der Standardwerte (Abbildung 7-8) mit dem - hier wiederholten - Streudiagramm der Originalmeßwerte (Abbildung 7-9) zeigt, bleibt die Konfiguration der Punkte von der Transformation der Originalmeßwerte in Standardwerte völlig unberührt; der einzige Unterschied besteht in der veränderten Unterteilung der Koordinatenachsen.

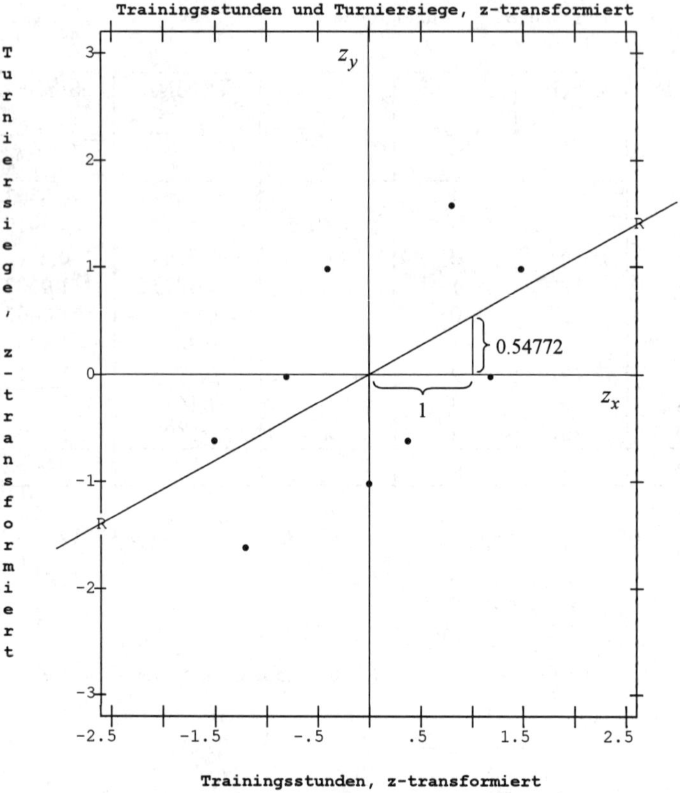

9 cases plotted.
Correlation (r) = .54772 R Squared (r²) = .30000
Intercept (a) = .00000 Slope (b) = .54772

Abbildung 7-8: Trainingsstunden und Turniersiege, z-transformierte Variablen (TRAINZ, SIEGEZ)

Die Gleichung der Regressionsgeraden für Standardwerte lautet wie folgt:

$$z'_{y_i} = a + b(z_{x_i})$$

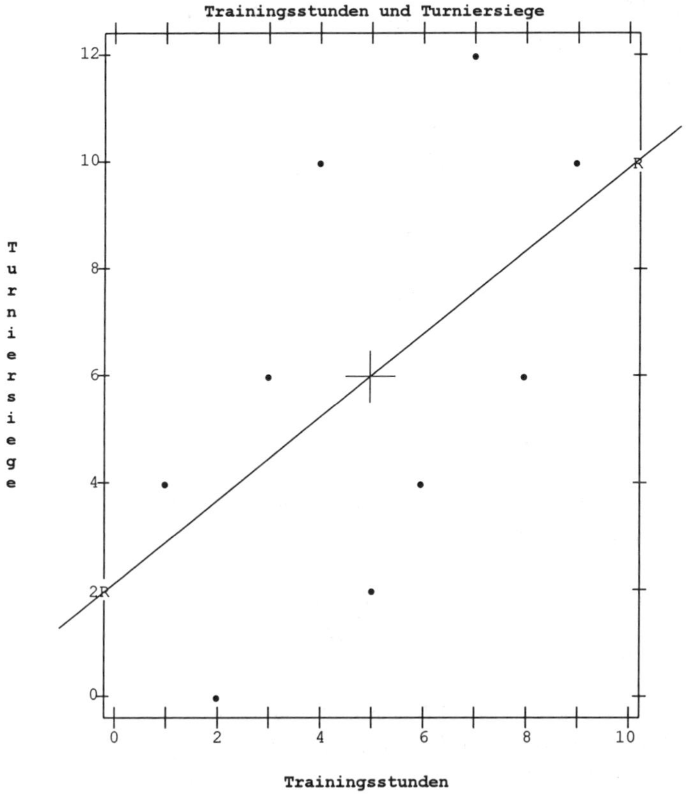


```
9 cases plotted.
Correlation (r) =  .54772                    R Squared (r²) =  .30000
Intercept (a) =   2.00000                    Slope (b) =  .80000
```

Abbildung 7-9: Trainingsstunden und Turniersiege, Originalvariablen (TRAIN, SIEGE)

wobei $z_{x_i} = \frac{x_i - \overline{x}}{s_x}$. Diese Gleichung reduziert sich auf $z'_{y_i} = b(z_{x_i})$, weil jede Regressionsgerade der z-Werte die Achsen bei $z_x = z_y = 0$ schneidet; a ist also in jedem Fall gleich Null. Die Steigung der Geraden, auf Standardwerte bezogen, lautet wie folgt:

$$b = \frac{\sum_{i=1}^{N}\left(\frac{x_i - \bar{x}}{s_x}\right)\left(\frac{y_i - \bar{y}}{s_y}\right)}{\sum_{i=1}^{N}\left(\frac{x_i - \bar{x}}{s_x}\right)^2}$$

Da der Nennerausdruck gleich $\frac{\Sigma(x_i - \bar{x})^2}{s^2{}_x} = \frac{\Sigma(x_i - \bar{x})^2}{\frac{\Sigma(x_i - \bar{x})^2}{N}} = N$ ist (siehe Tabelle 7-7) und für die Ausdrücke $\frac{x_i - \bar{x}}{s_x}$ und $\frac{y_i - \bar{y}}{s_y}$ die Symbole z_{x_i} und z_{y_i} verwendet werden können, kann die Formel für die Steigung der Regressionsgeraden wie folgt geschrieben werden:

$$b = \frac{\sum z_{x_i} z_{y_i}}{N}$$

Ersetzen wir b durch r, so erhalten wir die *Definitionsformel des PEARSONschen Produkt-Moment-Korrelations-Koeffizienten*

$$r = \frac{\sum z_{x_i} z_{y_i}}{N}$$

Der Koeffizient r ist folglich als der Durchschnitt der sog. Kreuzprodukte der Standardwerte definiert. Wir werden sogleich sehen, daß die *Steigung der Regressionsgeraden einer bivariaten Standardwerteverteilung mit der Quadratwurzel aus* r^2 *identisch* ist, d.h., daß die Beziehung gilt:

$$r = \sqrt{r^2}$$

Tabelle 7-7: Berechnung der Kreuzprodukte der Standardwerte

TRAINZ z_{x_i}	SIEGEZ z_{y_i}	$z_{x_i} z_{y_i}$	$z_{x_i}^2 = \left(\frac{x_i - \bar{x}}{s_x} \right)^2$
– 1.5492	– 0.5303	0.8215	2.4000
– 1.1619	– 1.5910	1.8486	1.3500
– 0.7746	0	0	0.6000
– 0.3873	1.0607	– 0.4108	0.1500
0	– 1.0607	0	0
0.3873	– 0.5303	– 0.2054	0.1500
0.7746	1.5910	1.2324	0.6000
1.1619	0	0	1.3500
1.5492	1.0607	1.6432	2.4000
0.0000	0.0000	4.9295	9.0000

Für unser Rechenbeispiel erhalten wir die in Tabelle 7-7 ausgewiesenen Werte, aus denen r berechnet werden kann:

$$r = \frac{\sum z_{x_i} z_{y_i}}{N} = \frac{4.9295}{9} = 0.54772$$

Wenn wir den ermittelten Zahlenwert von r quadrieren, ist das Ergebnis:

$$(r)^2 = (0.54772)^2 = 0.30000$$

Ein Vergleich dieser beiden Zahlenwerte mit den Korrelations- und Regressionskoeffizienten, wie sie mit SPSS einmal auf der Basis der Originalmeßwerte (siehe Abbildung 7-9) und einmal auf der Basis der z-transformierten Werte (siehe Abbildung 7-8) errechnet wurden, zeigt, daß die Ergebnisse vollständig übereinstimmen. Man beachte insbesondere die Übereinstimmung des Korrelationskoeffizienten und des Steigungskoeffizienten im Falle der z-transformierten Variablen $(r = b = 0.54772)$.

Mit der Berechnung von r ist die Regressionsgerade der bivariaten Standardwerteverteilung determiniert. Im vorliegenden Beispiel lautet die Gleichung der Geraden:

$$z'_{y_i} = 0.54772(z_{x_i})$$

Mit dieser Gleichung können wir - in direkter Analogie zur Rechnung mit den Originalmeßwerten - für jeden X-Wert einen Vorhersagewert von Y (in Standardform) errechnen. Beispielsweise erhalten wir für den kleinsten z_x-Wert den Vorhersagewert $z'_y = 0.54772(-1.5492) = -0.8485$ und für unseren größten z_x-Wert den Vorhersagewert $z'_y = 0.54772(1.5492) = 0.8485$. Diese z'_y-Werte sind die zu den jeweiligen z_x-Werten gehörigen vorhergesagten Y-Werte, d.h. die auf der Regressionsgeraden liegenden z-Werte der Y-Variablen. Als solche können sie zur *Lokalisation der Regressionsgeraden* benutzt werden. Dazu benötigen wir zwei Punkte. Wenn die zugrundeliegenden Daten z-Werte sind, wählt man häufig als einen dieser Punkte den Ursprung des Koordinatensystems, d.h. den Punkt (0, 0): Bei $z_x = 0$ ist $z'_y = 0$, weil $z'_y = r(0) = 0$. Der zweite Punkt ist schnell ermittelt, wenn $z_x = 1$ gewählt wird. Da in unserem Beispiel $r = 0.54772$, ist bei $z_x = 1$ der Wert $z'_y = 0.54772(1) = 0.54772$. Damit ist die Regressionsgerade lokalisiert (siehe Abbildung 7-8).

Zwischen den Variablen unseres Beispiels „Anzahl der Trainingsstunden pro Woche (X)“ und „Anzahl der Turniersiege pro Saison (Y)“ hätte eine perfekte positive lineare Beziehung bestanden, wenn bei jedem Spieler der z_x-Wert gleich dem z_y-Wert gewesen wäre, beispielsweise wenn der Spieler mit dem z_x-Wert von -1.5492 auch einen z_y-Wert von -1.5492 gehabt hätte und die z-Werte aller übrigen Spieler in derselben Weise perfekt gepaart gewesen wären (also $z_x = -1.5492$ und $z_y = -1.5492$; $z_x = -1.1619$ und $z_y = -1.1619$ usw.). Die Steigung der Regressionsgeraden wäre dann genau gleich 1 gewesen (siehe auch Abbildung 7-10).

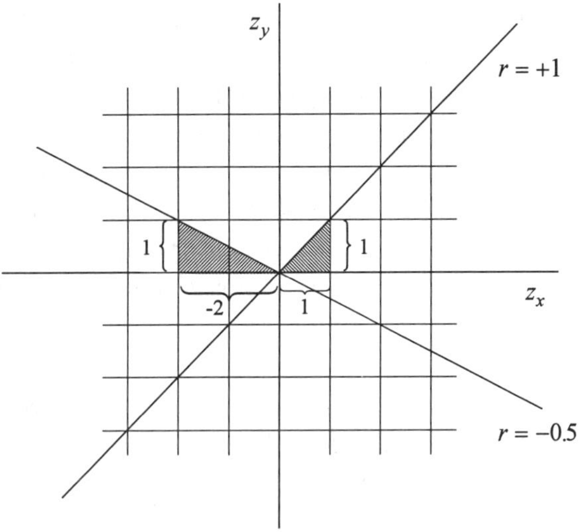

Abbildung 7-10: Die Beziehung des Koeffizienten r zur Steigung der Regressionsgeraden, wenn die X- und Y-Werte Standardwerte sind

Da der Koeffizient r symmetrisch ist ($r_{yx} = r_{xy} = r$), hätten wir ebensogut umgekehrt verfahren können und auf der Basis der z_y-Werte die korrespondierenden Vorhersagewerte der X-Variablen, d.h. die auf einer zweiten Regressionsgeraden liegenden z'_x-Werte mit der Gleichung $z'_{x_i} = 0.54772(z_{y_i})$ vorhersagen können.

Vergleichen wir die beiden Maßzahlen r^2 und r, so mag ihr Unterschied auf den ersten Blick als trivial erscheinen, da die eine Maßzahl aus der anderen berechnet werden kann: die eine ist das Quadrat bzw. die Quadratwurzel der anderen. Doch läßt eine mechanische Quadrierung von r, das „Quadrat der Steigung", kaum erkennen, daß r^2 jenen Teil der Variation der einen Variablen repräsentiert, der als durch die andere Variable „determiniert“ bzw. „erklärt“ betrachtet werden kann. Umgekehrt kann man die „Quadratwurzel aus dem erklärten Variationsanteil“ nicht als Steigung einer Geraden erkennen, wenn man r aus r^2 errechnet. Der Koeffizient r kann am ehesten als ein Maß betrachtet werden, das den dynamischen Aspekt einer Beziehung mißt und über den Grad informiert, in dem eine Veränderung der einen Variablen mit einer Veränderung der anderen Variablen einhergeht. Dagegen kann r^2 als ein Maß betrachtet werden, das die Stärke der Beziehung bzw. die Stärke des von der einen Variablen auf die andere Variable ausgeübten Einflusses beschreibt.

Gegenüber den Prozeduren zur Bestimmung von r^2 verlangt die Berechnung von r im allgemeinen einen geringeren Rechenaufwand (siehe Abschnitt 7.2.4). Das spricht ebenso für die aktuelle Berechnung von r (und die spätere Quadrierung des Zahlenwertes) wie die Tatsache, daß r^2 ein vorzeichenloser Koeffizient ist. Allerdings kann, falls r über $\sqrt{r^2}$ ermittelt wird, das Vorzeichen des Regressionskoeffizienten b als Indiz dafür herangezogen werden, ob eine positive oder negative Beziehung vorliegt.

Da r praktisch immer größer ist als r^2, kann seine Berechnung - mit oder ohne Absicht des Berechners - dazu führen, daß die Stärke der Beziehung betont und der unbedarfte Leser beeindruckt wird. So scheint ein Wert von $r = 0.50$ eine beträchtliche Beziehung auszudrücken; da aber $r^2 = 0.25$ ist, ist nicht die Hälfte, sondern nur ein Viertel der Variation einer der beiden Variablen durch die jeweils andere Variable erklärt. Erst eine Korrelation von $r = 0.70$ erklärt rund die Hälfte der Variation, nämlich 49 Prozent, und ein Koeffizient von $r = 0.30$ läßt einen großen Teil der Variation unerklärt, nämlich 91 Prozent.

Über die Beziehung zwischen den Quantitäten r (Korrelationskoeffizient), r^2 (Determinationskoeffizient) und $1 - r^2$ (Koeffizient der Nichtdetermination) informiert Tabelle 7-8.

Tabelle 7-8: Die Beziehung zwischen r, r^2 und $1-r^2$

r	r^2	$1-r^2$
0.10	0.01	0.99
0.20	0.04	0.96
0.30	0.09	0.91
0.40	0.16	0.84
0.50	0.25	0.75
0.60	0.36	0.64
0.70	0.49	0.51
0.80	0.64	0.36
0.90	0.81	0.19

7.2.4 Die Berechnung des Koeffizienten *r*

Die oben diskutierten Konzepte und Operationen sollten eher dem Verständnis der Logik und der angemessenen Interpretation der Maßzahlen r^2 und r dienen, als mit günstigen Verfahren zur Berechnung dieser Koeffizienten bekanntmachen. Die Zahlenwerte von r und r^2 können sehr viel leichter bestimmt werden, wenn man sich gewisser Rechenformeln bedient.

Die oben zitierte *Definitionsformel* (Standardwerteformel) des PEARSONschen Produkt-Moment-Korrelations-Koeffizienten, die Formel

$$r = \frac{\sum z_{x_i} z_{y_i}}{N}$$

ist wegen des erforderlichen hohen Rechenaufwandes zur Bestimmung des Zahlenwertes von r höchst unpraktisch, vor allem wenn die Anzahl der Fälle groß ist. Die Verwendung dieser Formel verlangt zunächst die Berechnung je zweier Mittelwerte ($\bar{x}$ und $\bar{y}$) und Standardabweichungen (s_x und s_y). Danach müssen die *X*- und *Y*-Werte in Standardwerte umgewandelt werden (z_{x_i} und z_{y_i}). Erst nach diesen umständlichen Operationen können die Kreuzprodukte $z_{x_i}z_{y_i}$ gebildet werden, deren Summe in die Definitionsformel eingeht.

Die Rechenoperationen sind trotz gewisser Zwischenschritte weniger umfänglich, wenn man die folgende *(erste) Rechenformel* benutzt:

$$r = \frac{\Sigma(x_i - \bar{x})(y_i - \bar{y})}{\sqrt{\Sigma(x_i - \bar{x})^2 \Sigma(y_i - \bar{y})^2}}$$

Diese auf Abweichungen und Abweichungsquadraten basierende Formel läßt sich wie folgt aus der Definitionsformel entwickeln:

$$r = \frac{\sum z_{x_i} z_{y_i}}{N} = \frac{1}{N}\sum\left(\frac{x_i - \bar{x}}{s_x}\right)\left(\frac{y_i - \bar{y}}{s_y}\right)$$

$$= \frac{\Sigma(x_i - \bar{x})(y_i - \bar{y})}{N\sqrt{\frac{\Sigma(x_i - \bar{x})^2}{N}}\sqrt{\frac{\Sigma(y_i - \bar{y})^2}{N}}}$$

$$= \frac{\Sigma(x_i - \bar{x})(y_i - \bar{y})}{\sqrt{\Sigma(x_i - \bar{x})^2}\sqrt{\Sigma(y_i - \bar{y})^2}}$$

$$= \frac{\Sigma(x_i - \bar{x})(y_i - \bar{y})}{\sqrt{\Sigma(x_i - \bar{x})^2 \Sigma(y_i - \bar{y})^2}}$$

Obwohl diese Formel seltener als die nachfolgende zur Berechnung des Korrelationskoeffizienten verwendet wird, mag es instruktiv sein, sie auf die Daten

Tabelle 7-9: Berechnung des Korrelationskoeffizienten r

TRAIN x_i	SIEGE y_i	x_i^2	y_i^2	$x_i y_i$
1	4	1	16	4
2	0	4	0	0
3	6	9	36	18
4	10	16	100	40
5	2	25	4	10
6	4	36	16	24
7	12	49	144	84
8	6	64	36	48
9	10	81	100	90
45	54	285	452	318

unseres Beispiels anzuwenden, zumal wir bereits sämtliche Elemente ermittelt haben (siehe die Tabellen 7-2 und 7-3). Durch Einsetzen der entsprechenden Summen erhalten wir den schon bekannten Wert von

$$r = \frac{48}{\sqrt{(60)(128)}} = \frac{48}{\sqrt{7680}} = \frac{48}{87.6356} = 0.54772$$

Da auch die vorangehende Formel die Berechnung von Mittelwerten voraussetzt, bereitet sie lästige Rechenarbeit, wenn die Mittelwerte Zahlen mit mehreren Dezimalstellen sind. Deshalb empfiehlt sich die Verwendung einer anderen Rechenformel, mit der der Koeffizient direkt aus den Originaldaten errechnet werden kann. Diese *(zweite) Rechenformel*, die nur fünf Summen und eine entsprechende Arbeitstabelle mit fünf Spalten (siehe Tabelle 7-9) erfordert, ist:

$$r = \frac{N\Sigma x_i y_i - \Sigma x_i \Sigma y_i}{\sqrt{\left(N\Sigma x_i^2 - (\Sigma x_i)^2\right)\left(N\Sigma y_i^2 - (\Sigma y_i)^2\right)}}$$

$$r = \frac{9(318)-(45)(54)}{\sqrt{\left(9(285)-(45)^2\right)\left(9(452)-(54)^2\right)}}$$

$$= \frac{2862-2430}{\sqrt{(2565-2025)(4068-2916)}}$$

$$= \frac{432}{\sqrt{(540)(1152)}} = \frac{432}{788.72} = 0.54772$$

Wie mehrfach betont, ist der Koeffizient r kein Maß der Beziehung schlechthin, sondern ein Maß der *linearen* Beziehung. Infolgedessen verbietet sich seine Berechnung, wenn die Annahme der Linearität nicht begründet ist. Ist $r = 0$, so bedeutet das *nicht*, daß keine Beziehung zwischen X und Y vorliegt, sondern lediglich, daß keine *lineare* Beziehung zwischen den Variablen besteht. Und ist $r \neq 0$, so bedeutet das lediglich, daß eine Beziehung zwischen den Variablen besteht, die weder eine *lineare* noch gar eine *kausale* sein muß.

Eine sehr enge lineare Korrelation von $r = 0.963$ kommt in Abbildung 7-11 zum Ausdruck. Dabei handelt es sich um die von LAUMANN und SEGAL (1971) untersuchte Beziehung zwischen den Variablen „Schulbildungsstatus" und „Berufsstatus", für die wir bereits einen Rangkorrelationskoeffizienten von $r_s = 0.943$ ermittelten (siehe S.181-183). Da die Daten der Tabelle 6-19 Durchschnittswerte sind, lassen sie sich problemlos in Form eines - mit SPSS angefertigten - Streudiagramms darstellen.

Eine Maßzahl, die anstelle des r-Koeffizienten berechnet werden kann, wenn offensichtlich keine *lineare* Beziehung vorliegt, ist der *Eta*-Koeffizient. *Eta* kann berechnet werden, wenn die als abhängig betrachtete Variable mindestens intervallskaliert ist. Da aber die als unabhängig betrachtete Variable jedes Meßniveau haben kann, werden wir diese Maßzahl in einem besonderen Abschnitt (dem nächsten) behandeln.

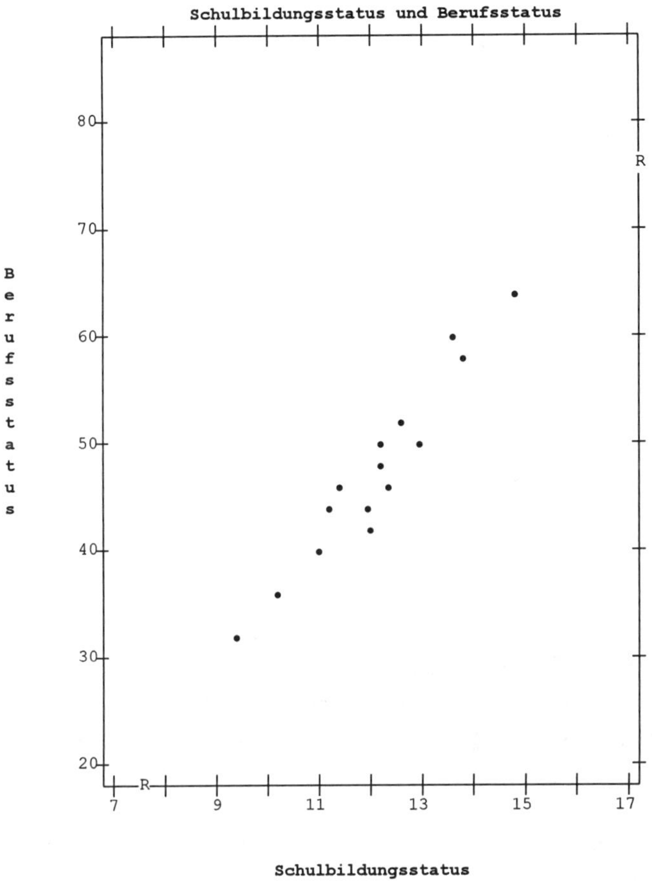


```
15 cases plotted.
Correlation (r) =  .96299                R Squared (r²) =  .92734
Intercept (a) = -25.32677                Slope (b) =  5.98188
```

Abbildung 7-11: Beispiel einer sehr engen linearen Beziehung zwischen den Variablen Schulbildungsstatus und Berufsstatus

8. Die Beschreibung der Beziehung zwischen einer nominalen und einer metrischen Variablen

Eine Maßzahl, mit der die Beziehung zwischen einer nominalen und einer metrischen Variablen beschrieben werden kann, ist η (das kleine griechische Eta). Dieses Maß wurde zunächst - von Karl PEARSON, der es 1905 erstmalig publizierte - Korrelationsquotient, später Korrelationsindex oder *Eta*-Koeffizient genannt. Heute verwendet man auch, manchmal für η, manchmal für η^2, die Bezeichnung Korrelationsverhältnis (engl. correlation ratio). *Eta* kann Zahlenwerte von 0 bis 1 annehmen.

Beispiele, für die der *Eta*-Koeffizient als Maß der Beziehung zwischen zwei Variablen berechnet werden kann, von denen die abhängige (Y-)Variable das Niveau einer Intervall- oder Ratioskala haben muß, während die unabhängige Variable jedes Meßniveau haben kann, also auch das einer Nominalskala, sind: Beschäftigtenstatus (X) und monatliches Einkommen aus beruflicher Tätigkeit (Y), Geschlechtszugehörigkeit (X) und Häufigkeit verwandtschaftlicher Kontakte (Y), Konfessionszugehörigkeit (X) und Häufigkeit bestimmter religiöser Aktivitäten (Y), Berufsgruppenzugehörigkeit (X) und Dauer der wöchentlichen Arbeitszeit (Y), Schichtzugehörigkeit (X) und Höhe des Ausgabenanteils für Unterhaltungszwecke (Y).

Es ist immer möglich, eine Ratio- oder Intervallskala auf eine Ordinal- oder Nominalskala zu reduzieren, um dann einen Koeffizienten zu berechnen, der die Beziehung zwischen den Variablen ausdrückt. So wäre es durchaus zulässig, wenn auch nicht empfehlenswert, in jedem der oben aufgeführten Beispiele die als abhängig betrachtete metrische Variable wie eine ordinale oder nominale Variable zu behandeln und - je nach der Anzahl gegebener oder durch Zusammenfassung ihrer Ausprägungen gebildeter Klassen - einen für ordinale oder nominale Variablen geeigneten Koeffizienten zu berechnen. Solche Reduktionen sind jedoch entbehrlich, wenn die abhängige Variable eine metrische Variable ist; für den Fall ist η das sensibelste Beziehungsmaß.

8.1 Die Logik des Eta-Koeffizienten

Ähnlich anderen Maßzahlen, die dem Modell der proportionalen Fehlerreduktion entsprechen, ist η eine Maßzahl der erzielten bzw. erzielbaren Verbesserung der Vorhersagegenauigkeit: Je größer die Vorhersageverbesserung, desto höher der Zahlenwert des Koeffizienten. Oder anders gesagt: Je größer die (Vorhersage-)Fehlerreduktion, desto stärker die durch η ausgedrückte Beziehung zwischen den Variablen. Ähnlich r^2 ist das Quadrat dieses Koeffizienten, also η^2 (lies „Eta-Quadrat"), als ein Verhältnis definiert, nämlich als das Verhältnis der noch zu spezifizierenden „erklärten Variation" zur „Gesamtvariation". Deshalb kann η^2 interpretiert werden als die bei der Vorhersage einer Variablen durch Heranziehung einer zweiten Variablen erzielbare Reduktion des Vorhersagefehlers. Mit anderen Worten: η^2 ist ein Maß der proportionalen Fehlerreduktion. Das kann in der gewohnten Weise wie folgt ausgedrückt werden:

$$\eta^2 = \frac{E_1 - E_2}{E_1}$$

Bei der Diskussion des Koeffizienten r^2 sahen wir, daß die „Gesamtvariation" in zwei Komponenten zerlegt werden kann, in die „erklärte Variation" und die „nicht erklärte Variation":

$$\Sigma(y_i - \bar{y})^2 \quad = \quad \Sigma(y'_i - \bar{y})^2 \quad + \quad \Sigma(y_i - y'_i)^2$$

Gesamtvariation = *Erklärte Variation* + *Nicht erklärte Variation*

Nun kann man den Ausdruck $\Sigma(y_i - \bar{y})^2$, die Gesamtvariation, in ganz ähnlicher Weise, aber nach einem etwas anderen Gesichtspunkt in zwei Teile zerlegen. Statt, wie bei r^2, die Gesamtvariation in die Teile „von der Regressionsgeraden zum Gesamtdurchschnitt (dem Mittelwert der Y-Verteilung)“ und „von den Beobachtungswerten zur Regressionsgeraden“ zu zerlegen, kann man sie auch in die Teile „von den Kolonnendurchschnitten (den Mittelwerten der einzelnen Kategorien der X-Variablen) zum Gesamtdurchschnitt“ und „von den Beobachtungswerten zu den Kolonnendurchschnitten“ aufteilen. Die Zerlegung erfolgt in derselben Weise wie oben (S.207-213):

$$(y_i - \bar{y}) \quad = \quad (\bar{y}_j - \bar{y}) \quad + \quad (y_i - \bar{y}_j)$$

wobei $\bar{y}_j$ den jeweiligen Kolonnendurchschnitt der Y-Werte, die in bestimmte Kategorien bzw. Kolonnen der X-Variablen fallen, bezeichnet. Somit erhalten wir die folgende Gleichung:

$$\Sigma(y_i - \bar{y})^2 \quad = \quad \Sigma\left[(\bar{y}_j - \bar{y}) + (y_i - \bar{y}_j)\right]^2$$

$$= \quad \Sigma(\bar{y}_j - \bar{y})^2 + \Sigma(y_i - \bar{y}_j)^2$$

weil der nach dem Schema $(a+b)^2 = (a+b)(a+b) = a^2 + 2ab + b^2$ zu erwartende Ausdruck $2\Sigma(\bar{y}_j - \bar{y})(y_i - \bar{y}_j)$ den Zahlenwert Null hat.

In einer anderen Schreibweise sieht der Kreuzprodukt-Ausdruck wie folgt aus: $2\Sigma\left[(\bar{y}_j - \bar{y})\Sigma(y_i - \bar{y}_j)\right]$. Dabei ist $\Sigma(y_i - \bar{y}_j)$ die Summe der Abweichungen der Y-Werte einer Kolonne vom Kolonnendurchschnitt. Da aber die algebraische Summe der Abweichungen vom arithmetischen Mittel stets gleich Null ist, entfällt der ganze Ausdruck.

Die Grundgleichung der Variationszerlegung lautet folglich:

$$\Sigma(y_i - \bar{y})^2 \quad = \quad \Sigma(\bar{y}_j - \bar{y})^2 \quad + \quad \Sigma(y_i - \bar{y}_j)^2$$

Gesamtvariation = *Erklärte Variation* + *Nicht erklärte Variation*

Dies ist eine verkürzte Schreibweise der Quantitäten, bei der Subskripte, Summenzeichen und Summierungsgrenzen sowie die Multiplikation des zweiten Klammerausdrucks mit n_j weggelassen worden sind, um die weitgehende Analogie zu r^2 aufzuzeigen; diese Verkürzung ist dort angebracht, wo die Bedeutung der einzelnen Bestandteile aus dem Zusammenhang ersichtlich ist, wie in dem folgenden Rechenbeispiel. In ungekürzter Schreibweise sieht die Grundgleichung der Variationszerlegung bei η^2 wie folgt aus:

Gesamtvariation = *Erklärte Variation* + *Nicht erklärte Variation*

$$\sum_{j=1}^{k}\sum_{i=1}^{n_j}(y_{ij} - \bar{y})^2 \quad = \quad \sum_{j=1}^{k} n_j(\bar{y}_j - \bar{y})^2 \quad + \quad \sum_{j=1}^{k}\sum_{i=1}^{n_j}(y_{ij} - \bar{y}_j)^2$$

Summe der quadrierten Abweichungen der *Y*-Werte der j-ten Kolonne vom Gesamtdurchschnitt, summiert über alle k Kolonnen	Quadrierte Abweichung des Durchschnitts der j-ten Kolonne vom Gesamtdurchschnitt, multipliziert mit der Anzahl der Fälle dieser Kolonne, summiert über alle k Kolonnen	Summe der quadrierten Abweichungen der *Y*-Werte der j-ten Kolonne vom Durchschnitt dieser Kolonne, summiert über alle k Kolonnen

Wenn wir beide Seiten dieser Gleichung durch $\Sigma(y_i - \bar{y})^2$ dividieren, erhalten wir rechts den *Anteil* der *erklärten* und den der *nicht erklärten* Variation der Y-Variablen. Der erste Ausdruck auf der rechten Seite der Gleichung, der *Anteil* der Variation, der *erklärt* ist, ist das Quadrat des *Eta*-Koeffizienten:

$$\frac{\Sigma(y_i - \bar{y})^2}{\Sigma(y_i - \bar{y})^2} = \frac{\Sigma(\bar{y}_j - \bar{y})^2}{\Sigma(y_i - \bar{y})^2} + \frac{\Sigma(y_i - \bar{y}_j)^2}{\Sigma(y_i - \bar{y})^2}$$

$$\frac{\textit{Gesamtvariation}}{\textit{Gesamtvariation}} = \frac{\textit{Erklärte Variation}}{\textit{Gesamtvariation}} + \frac{\textit{Nicht erklärte Variation}}{\textit{Gesamtvariation}}$$

$$1 = \begin{array}{c}\text{Variations-}\\ \text{anteil, der}\\ \textit{erklärt}\text{ ist}\end{array} + \begin{array}{c}\text{Variations-}\\ \text{anteil, der}\\ \textit{nicht erklärt}\text{ ist}\end{array}$$

$$1 = \eta^2 + 1 - \eta^2$$

8.2 Die proportionale Reduktion des Vorhersagefehlers: η^2

Wir sind jetzt in der Lage, die auf η^2 zugeschnittenen Vorhersageregeln und Fehlerdefinitionen zu spezifizieren:

(1) η^2: Die Regel für die Vorhersage der abhängigen Variablen auf der Basis ihrer eigenen Verteilung lautet wie folgt: „Sage für jede Untersuchungseinheit das arithmetische Mittel vorher."

(2) η^2: Die Regel für die Vorhersage der abhängigen Variablen auf der Basis der unabhängigen Variablen lautet: „Sage für die Untersuchungseinheiten der einzelnen Kolonnen den jeweiligen Kolonnendurchschnitt vorher."

(3) η^2: Die Fehlerdefinition. Bei Anwendung der Regel 1 ist der Vorhersagefehler die Summe der quadrierten Abweichungen der Y-Werte von ihrem arith-

metischen Mittel (vom Gesamtdurchschnitt): $E_1 = \Sigma(y_i - \bar{y})^2$. Bei Anwendung der Regel 2 ist der Vorhersagefehler die Summe der quadrierten Abweichungen der Y-Werte der einzelnen Kolonnen vom jeweiligen Kolonnendurchschnitt: $E_2 = \Sigma(y_i - \bar{y}_j)^2$.

(4) η^2: Die generelle Formel zur Berechnung der proportionalen Fehlerreduktion lautet

$$\eta^2 = \frac{E_1 - E_2}{E_1} = \frac{\Sigma(y_i - \bar{y})^2 - \Sigma(y_i - \bar{y}_j)^2}{\Sigma(y_i - \bar{y})^2}$$

$$= \frac{\textit{Gesamtvariation} - \textit{Nicht erklärte Variation}}{\textit{Gesamtvariation}}$$

Bevor wir dieses Modell auf aktuelle Daten anwenden, sei darauf hingewiesen, daß für die abhängige Variable Mittelwerte und Abweichungen von Mittelwerten berechnet werden müssen. Daraus erhellt, daß die abhängige Variable mindestens das Niveau einer Intervallskala haben muß. Wie die Summenausdrücke und die folgenden Rechenoperationen zeigen, gehen jedoch keine Werte der unabhängigen Variablen in die Berechnung des Koeffizienten ein. Daher kann die unabhängige Variable jedes Meßniveau haben.

Anhand eines simplen Beispiels mit fiktiven Daten soll zunächst die Logik des Koeffizienten η^2, der viele Parallelen zum Koeffizienten r^2 hat, erläutert werden. Erst danach werden wir den Koeffizienten mit einer bequemen Rechenformel ermitteln.

Nehmen wir an, wir wüßten von 50 Studenten (T), darunter 30 Nicht-Examenskandidaten (N) und 20 Examenskandidaten (E), wieviele Bücher diese im Laufe eines Semesters aus der Universitätsbibliothek entliehen (siehe Tabelle 8-1).

Tabelle 8-1: Anzahl der im Laufe eines Semesters von 50 Studenten entliehenen Bücher

Entliehene Bücher (Y)	Studentenstatus (X)		Insgesamt
	Nicht-Examens-kandidaten	Examens-kandidaten	
y_i	f_i	f_i	f_i
0	1		1
1	2		2
2	3		3
3	4		4
4	3		3
5	4		4
6	4		4
7	3	1	4
8	3	2	5
9	1	4	5
10	2	6	8
11		4	4
12		2	2
13		1	1
Summe	$n_1 = 30$	$n_2 = 20$	$N = 50$

Unsere Aufgabe sei, die Anzahl der von irgendeinem dieser Bibliotheksbenutzer entliehenen Bücher zu schätzen bzw. vorherzusagen, und zwar zunächst ohne Ausnutzung der zur Verfügung stehenden Information über den Studentenstatus.

Da die Summe der quadrierten Abweichungen der Y-Werte vom arithmetischen Mittel kleiner ist als die Summe der quadrierten Abweichungen von jedem beliebigen anderen Wert, ist die beste Schätzung oder Vorhersage eines Wertes dieser Verteilung das arithmetische Mittel, also $\bar{y}_T = 350/50 = 7$, in diesem Zusammenhang auch Gesamtdurchschnitt (engl. overall mean) genannt. Der zahlenmäßige Fehler, den wir bei dieser ersten Vorhersage begehen, ist die

Tabelle 8-2: Die Beziehung zwischen den Variablen Studentenstatus (X) und Entliehene Bücher (Y)

	Nicht-Examens-kandidaten	Examens-kandidaten	Entliehene Bücher	
y_i	f_i	f_i	Durchschnitte	Variation
0	1			
1	2			
2	3			
3	4			
4	3			
5	4		$\bar{y}_N = 150/30 = 5$	$\Sigma(y_i - \bar{y}_N)^2 = 212$
6	4			
7	3	1	$\bar{y}_T = 350/50 = 7$	$\Sigma(y_i - \bar{y}_T)^2 = 554$
8	3	2		
9	1	4		
10	2	6	$\bar{y}_E = 200/20 = 10$	$\Sigma(y_i - \bar{y}_E)^2 = 42$
11		4		
12		2		
13		1		
	$n_1 = 30$	$n_2 = 20$		

Gesamtvariation $= \Sigma(y_i - \bar{y}_T)^2 = 554$

Nicht erklärte Variation $= \Sigma(y_i - \bar{y}_N)^2 + \Sigma(y_i - \bar{y}_E)^2$
$= 212 + 42 = 254$

Erklärte Variation $= n_1(\bar{y}_N - \bar{y}_T)^2 + n_2(\bar{y}_E - \bar{y}_T)^2$
$= 120 + 180 = 300$

$\eta^2 = \frac{300}{554} = 0.542$ $\quad \eta = \sqrt{0.542} = 0.736$

Tabelle 8-3: Die Beziehung zwischen den Variablen Studentenstatus (X) und Entliehene Bücher (Y): Berechnung der *Gesamtvariation*

y_i	f_i	$f_i y_i$	$(y_i - \bar{y}_T)$	$(y_i - \bar{y}_T)^2$	$f_i(y_i - \bar{y}_T)^2$
0	1	0	−7	49	49
1	2	2	−6	36	72
2	3	6	−5	25	75
3	4	12	−4	16	64
4	3	12	−3	9	27
5	4	20	−2	4	16
6	4	24	−1	1	4
7	4	28	0	0	0
8	5	40	1	1	5
9	5	45	2	4	20
10	8	80	3	9	72
11	4	44	4	16	64
12	2	24	5	25	50
13	1	13	6	36	36
Summe	$N = 50$	350			554

Gesamtvariation: $$E_1 = \sum_{i=1}^{N} (y_i - \bar{y}_T)^2$$

wobei $N = n_1 + n_2$. Für unser Beispiel erhalten wir einen Wert von $E_1 = 554$ (siehe Tabelle 8-2 und die Berechnung der Gesamtvariation in Tabelle 8-3). [1]

Alsdann betrachten wir die Verteilung der Y-Werte in der Subgruppe der Nicht-Examenskandidaten und in der Subgruppe der Examenskandidaten, um die abhängige Variable „Entliehene Bücher (Y)“ auf der Basis der unabhängi-

---

[1] Vor dem Hintergrund der Erörterungen des Abschnitts 7.2.1 ist klar, daß wir anstelle der Variation auch die Varianz (die durch N geteilte Summe der quadrierten Abweichungen der Y-Werte von ihrem arithmetischen Mittel - vom Gesamtdurchschnitt -) als zahlenmäßigen Ausdruck des Vorhersagefehlers verwenden könnten.

Tabelle 8-4: Die Beziehung zwischen den Variablen Studentenstatus (X) und Entliehene Bücher (Y): Berechnung der *nicht erklärten Variation*

y_i	f_i	$f_i y_i$	$(y_i - \bar{y}_N)$	$(y_i - \bar{y}_N)^2$	$f_i(y_i - \bar{y}_N)^2$
0	1	0	– 5	25	25
1	2	2	– 4	16	32
2	3	6	– 3	9	27
3	4	12	– 2	4	16
4	3	12	– 1	1	3
5	4	20	0	0	0
6	4	24	1	1	4
7	3	21	2	4	12
8	3	24	3	9	27
9	1	9	4	16	16
10	2	20	5	25	50
Summe	$n_1 = 30$	150			212
y_i	f_i	$f_i y_i$	$(y_i - \bar{y}_E)$	$(y_i - \bar{y}_E)^2$	$f_i(y_i - \bar{y}_E)^2$
7	1	7	– 3	9	9
8	2	16	– 2	4	8
9	4	36	– 1	1	4
10	6	60	0	0	0
11	4	44	1	1	4
12	2	24	2	4	8
13	1	13	3	9	9
Summe	$n_2 = 20$	200			42

gen Variablen „Studentenstatus (X)“ vorherzusagen. Die besten Vorhersagewerte sind die subgruppenspezifischen Durchschnitte (Kolonnendurchschnitte), also $\bar{y}_N = 150/30 = 5$ und $\bar{y}_E = 200/20 = 10$. Der zahlenmäßige Fehler, den wir bei dieser zweiten Vorhersage begehen, ist die Summe der quadrierten Abweichungen der Y-Werte jeder Subgruppe von ihrem Gruppendurchschnitt, die

Tabelle 8-5: Die Beziehung zwischen den Variablen Studentenstatus (X) und Entliehene Bücher (Y): Berechnung der *erklärten Variation*

Gruppe	n_j	$\bar{y}_j$	$(\bar{y}_j - \bar{y}_T)$	$(\bar{y}_j - \bar{y}_T)^2$	$n_j(\bar{y}_j - \bar{y}_T)^2$
N	30	5	– 2	4	120
E	20	10	3	9	180
Summe	50				300

nicht erklärte Variation:

$$E_2 = \sum_{i=1}^{n_1}(y_i - \bar{y}_N)^2 + \sum_{i=1}^{n_2}(y_i - \bar{y}_E)^2$$

Für die Daten unseres Beispiels erhalten wir einen Wert von

$$E_2 = 212 + 42 = 254$$

(siehe Tabelle 8-2 und die Berechnung der nicht erklärten Variation in Tabelle 8-4). Damit haben wir die erforderlichen Quantitäten zur Berechnung der proportionalen Fehlerreduktion ermittelt:

$$\eta^2 = \frac{E_1 - E_2}{E_1} = \frac{\Sigma(y_i - \bar{y})^2 - \Sigma(y_i - \bar{y}_j)^2}{\Sigma(y_i - \bar{y})^2}$$

$$= \frac{\textit{Gesamtvariation} - \textit{Nicht erklärte Variation}}{\textit{Gesamtvariation}}$$

$$= \frac{554 - 254}{554} = \frac{300}{554} = 0.542$$

Der Zahlenwert 0.542 besagt, daß 54.2 Prozent der Variation der Y-Variablen „Entliehene Bücher" mit der X-Variablen „Studentenstatus" erklärt werden kann, oder anders gesagt, daß die auf die subgruppenspezifischen Durchschnitte gestützte Vorhersage der Ausleihfrequenz den Fehler der auf den Gesamtdurchschnitt gestützten Vorhersage um 54.2 Prozent reduziert, was einer Vorhersageverbesserung von 54.2 Prozent entspricht.

Auf diese klare (PRE-)Interpretation muß verzichten, wer - völlig legitim - die Stärke der Beziehung zwischen den Variablen mit dem Koeffizienten *Eta* ausdrückt, der als Quadratwurzel aus *Eta-Quadrat* definiert - und deshalb vorzeichenlos - ist:

$$\eta = \sqrt{\eta^2} = \sqrt{0.542} = 0.736$$

Wir fahren fort mit der Berechnung der *erklärten Variation* (siehe Tabelle 8-2 und die Berechnung der erklärten Variation in Tabelle 8-5), indem wir die Summe der mit der Besetzung der jeweiligen Subgruppe gewichteten quadrierten Abweichungen der vorhergesagten Werte (der Kolonnendurchschnitte) vom Gesamtdurchschnitt ermitteln. Im vorliegenden Beispiel erhalten wir:

$$\textit{Erklärte Variation} = n_1(\bar{y}_N - \bar{y}_T)^2 + n_2(\bar{y}_E - \bar{y}_T)^2$$

$$= 120 + 180 = 300$$

Wie aus den Ergebnissen der Arbeitstabellen 8-2 bis 8-5 hervorgeht, ist die Summe der quadrierten Abweichungen der Y-Werte vom Gesamtdurchschnitt, $\Sigma f_i(y_i - \bar{y}_T)^2$, genau gleich der Summe der mit der Besetzung der Subgruppen gewichteten quadrierten Abweichungen der Kolonnendurchschnitte vom Gesamtdurchschnitt, $\Sigma n_j(\bar{y}_j - \bar{y}_T)^2$, und der Summe der quadrierten Abweichungen der Y-Werte der einzelnen Subgruppen vom jeweiligen Kolonnendurchschnitt, $\Sigma f_i(y_i - \bar{y}_j)^2$, vereinfacht ausgedrückt:

$$\Sigma(y_i - \bar{y}_T)^2 = \Sigma(\bar{y}_j - \bar{y}_T)^2 + \Sigma(y_i - \bar{y}_j)^2$$

$$554 = 300 + 254$$

Gesamtvariation = *Erklärte Variation* + *Nicht erklärte Variation*

Somit ist klar, daß die

$$\text{Erklärte Variation} = E_1 - E_2$$

und daß die proportionale Reduktion des Vorhersagefehlers als Verhältnis der *erklärten Variation* zur *Gesamtvariation* ausgedrückt werden kann:

$$\eta^2 = \frac{E_1 - E_2}{E_1}$$

$$= \frac{\text{Erklärte Variation}}{\text{Gesamtvariation}}$$

Die Maßzahl η^2 nimmt den Zahlenwert Null an, wenn die X-Variable nichts zur Verbesserung der Vorhersage der Y-Variablen beiträgt. Das ist der Fall, wenn die (nicht erklärte) Variation in den einzelnen Kategorien der X-Variablen (E_2) gleich der Gesamtvariation (E_1) ist (siehe Tabelle 8-6).

Bei der in Tabelle 8-6 gegebenen Verteilung ist die Gesamtvariation gleich 96, während die Variation in jeder der Kategorien der X-Variablen gleich 24 ist. Folglich ist

$$\eta^2 = \frac{E_1 - E_2}{E_1} = \frac{96 - 4(24)}{96} = 0$$

Tabelle 8-6: Beispiel einer Beziehung von $\eta^2 = 0$

		Variable X				
		x_a	x_b	x_c	x_d	
	1	2	2	2	2	8
Metrische	2	4	4	4	4	16
Variable	3	8	8	8	8	32
Y	4	4	4	4	4	16
	5	2	2	2	2	8
		20	20	20	20	80

Hier führt die Heranziehung der X-Variablen nicht zu einer Reduktion des Vorhersagefehlers. X leistet keinen Beitrag zur Erklärung von Y; es besteht keine Beziehung zwischen den Variablen.

Tabelle 8-7 illustriert eine Situation, in der $\eta^2 = 1$, weil die Y-Werte innerhalb der einzelnen Kategorien der X-Variablen nicht die geringste Variation aufweisen. Das heißt, die Gesamtvariation ist gleich 96, während die nicht erklärte Variation gleich Null ist. Folglich ist

$$\eta^2 = \frac{E_1 - E_2}{E_1} = \frac{96 - 0}{96} = 1$$

In diesem zweiten Beispiel kann die gesamte Variation von Y mit X erklärt werden; die Kenntnis der X-Variablen ermöglicht eine perfekte (fehlerfreie) Vorhersage der Y-Variablen.

Tabelle 8-7: Beispiel einer Beziehung von $\eta^2 = 1$

Variable X

		x_a	x_b	x_c	x_d	x_e	
	1	8					8
Metrische	2			16			16
Variable	3				32		32
Y	4		16				16
	5					8	8
		8	16	16	32	8	80

8.3 Die Berechnung des Eta-Koeffizienten

Das Korrelationsverhältnis, also *Eta-Quadrat* (η^2), beschreibt die proportionale Fehlerreduktion bei der Vorhersage einer metrischen abhängigen Variablen auf der Basis einer nominalen oder sonstigen unabhängigen Variablen, wobei die unabhängige Variable beliebig viele Kategorien haben kann.

Die Koeffizienten *Eta-Quadrat* und *Eta* können stets in der oben erläuterten Weise berechnet werden, obwohl die damit verbundenen Einzelschritte etwas umständlich sind. Diese Einzelschritte dienten dem Zweck, die Logik des Koeffizienten zu erläutern und η^2 als ein Maß erkennen zu lassen, das dem PRE-Modell entspricht. Das ist auch der Grund, weshalb wir oben den Vorhersagefehler E_2, die „nicht erklärte Variation", ermittelten. Doch ist es normalerweise bequemer, statt der „nicht erklärten Variation" die „erklärte Variation" zu berechnen und die folgende Rechenformel zu verwenden:

$$\eta^2 = \frac{\sum_{j=1}^{k} n_j (\bar{y}_j - \bar{y})^2}{\sum_{i=1}^{N} (y_i - \bar{y})^2}$$

wobei η^2 = Eta-Quadrat (engl. correlation ratio),

n_j = Anzahl der Untersuchungseinheiten der j-ten Kategorie (Subgruppe, Kolonne) der X-Variablen,

$\bar{y}$ = Gesamtdurchschnitt, d.h. das arithmetische Mittel aller Y-Werte,

$\bar{y}_j$ = Kolonnendurchschnitt, d.h. das arithmetische Mittel der Y-Werte der j-ten Kategorie (Subgruppe, Kolonne) der X-Variablen,

y_i = der i-te Wert der Y-Variablen und

k = Anzahl der Kategorien (Subgruppen, Kolonnen) der X-Variablen.

Zur Berechnung des Koeffizienten werden zweckmäßigerweise Arbeitstabellen des Musters der Tabellen 8-3 (zur Berechnung der Gesamtvariation) und 8-5 (zur Berechnung der erklärten Variation) benutzt. Auf die Daten unseres Beispiels angewandt, erhalten wir mit der obigen Rechenformel einen Wert von

$$\eta^2 = \frac{300}{554} = 0.542$$

Dieses Ergebnis stimmt mit dem oben ermittelten überein. Deshalb kann auch die Interpretation des Zahlenwertes nicht anders lauten als oben, nämlich so: Auf der Basis der Subgruppendurchschnitte läßt sich die Ausleihfrequenz mit einem um 54.2 Prozent geringeren Fehler vorhersagen als auf der Basis des

Gesamtdurchschnitts. Oder so: 54.2 Prozent der Variation der Variablen „Entliehene Bücher" kann mit der Subgruppenzugehörigkeit erklärt werden.

Ähnlich wie aus r^2 kann man aus η^2 die Quadratwurzel ziehen, um einen (vorzeichenlosen) Koeffizienten zu erhalten, mit dem sich die Beziehung zwischen den Variablen beschreiben läßt. Dabei wird allerdings dem höheren Zahlenwert des Koeffizienten η die klare (PRE-)Interpretation des Zahlenwertes des Koeffizienten η^2 geopfert. Die Quadratwurzel aus r^2 (Determinationskoeffizient) ist r (Korrelationskoeffizient), die Quadratwurzel aus η^2 (Korrelationsverhältnis) ist η (Eta-Koeffizient), im vorliegenden Beispiel

$$\eta = \sqrt{\eta^2} = \sqrt{0.542} = 0.736$$

Wie erwähnt, kann η auch zur Beschreibung der Beziehung zwischen metrischen Variablen verwendet werden, insbesondere dann, wenn die Beziehung offensichtlich *nicht linear* ist. Ob eine Beziehung linear oder kurvilinear ist, läßt sich nicht nur durch sorgfältige Inspektion des Streudiagramms, sondern auch durch einen Vergleich der Zahlenwerte der Koeffizienten r und η bzw. r^2 und η^2 feststellen. Je weniger die für die Berechnung von r geforderte Bedingung der Linearität erfüllt ist, desto größer ist die zu erwartende Diskrepanz zwischen den Maßzahlen r und η. Ein großer Unterschied zwischen r und η kann allerdings nicht erwartet werden, wenn der Zahlenwert des Koeffizienten r hoch ist, weil ein hoher r-Koeffizient anzeigt, daß die beobachteten Werte nur wenig um die Regressionsgerade streuen, was impliziert, daß die Kolonnendurchschnitte nahe der Regressionsgeraden liegen. Bei vollständiger Korrelation ($r = 1$) liegen alle Beobachtungswerte und alle Kolonnendurchschnitte auf der Regressionsgeraden; folglich ist dann auch $\eta = 1$. In allen anderen Fällen ist η größer als r, weil in jeder Kolonne die Summe der quadrierten Abweichungen der Beobachtungswerte vom Kolonnendurchschnitt kleiner ist als die Summe der quadrierten Abweichungen von jedem anderen Punkt, einschließlich des der Kolonne entsprechenden Punktes auf der Regressionsgeraden. Da einerseits die Summe der quadrierten Abweichungen der Beobachtungswerte vom vorhergesagten Wert (bei r^2 vom Regressionswert y'_i, bei η^2 vom Kolonnendurchschnitt $\bar{y}_j$) als „nicht erklärte Variation" bzw. als Vorhersagefehler definiert ist, gilt

$$\Sigma(y_i - y'_i)^2 \quad \geq \quad \Sigma(y_i - \bar{y}_j)^2$$

$$\textit{Nicht erklärte Variation bei } r^2 \quad \geq \quad \textit{Nicht erklärte Variation bei } \eta^2$$

Da andererseits die Beziehungen gelten

$$\Sigma(y_i - \bar{y})^2 \quad = \quad \Sigma(y'_i - \bar{y})^2 \quad + \quad \Sigma(y_i - y'_i)^2$$

$$\Sigma(y_i - \bar{y})^2 \quad = \quad \Sigma(\bar{y}_j - \bar{y})^2 \quad + \quad \Sigma(y_i - \bar{y}_j)^2$$

sowie

$$r^2 = \frac{\Sigma(y'_i - \bar{y})^2}{\Sigma(y_i - \bar{y})^2}$$

$$\eta^2 = \frac{\Sigma(\bar{y}_j - \bar{y})^2}{\Sigma(y_i - \bar{y})^2}$$

folgt, daß

$$\Sigma(y'_i - \bar{y})^2 \quad \leq \quad \Sigma(\bar{y}_j - \bar{y})^2$$

und

$$r^2 \quad \leq \quad \eta^2$$

wie auch

$$r \quad \leq \quad \eta$$

Um η^2 als Maß der Beziehung zwischen zwei metrischen Variablen verwenden zu können, muß man die unabhängige Variable häufig *klassieren*, d.h. eine bestimmte Anzahl von Kategorien bilden, die nicht zu groß und nicht zu klein sein darf. Werden etwa genau so viele Kategorien gebildet (beibehalten), wie unterschiedliche X-Werte vorkommen, wird *Eta-Quadrat* bzw. *Eta* maximiert. Dabei wäre ein absurder Extremfall der, in dem nur ein Wert in jede Kategorie fiele, so daß jeder Wert seine eigene Verteilung repräsentierte. Da in diesem Fall keine Abweichungen innerhalb der Kategorien vorkämen, wäre $\eta = 1$. Eine große Anzahl von Kategorien hat folglich einen inflationierenden Effekt auf den *Eta*-Koeffizienten. Auf der anderen Seite können derart wenige Kategorien gebildet werden, daß die wahre Kurvennatur der Beziehung unter Umständen nicht erkannt wird. Die minimale Anzahl von Kategorien, die eine Krümmung aufzeigen kann, ist drei; drei Kategorien können aber ein verzerrtes Bild von der wirklichen Natur der Beziehung zwischen den Variablen vermitteln (siehe auch Tabelle 8-8). Mit anderen Worten: Eine geringe Anzahl von Kategorien birgt das Risiko, die Stärke der mit η ausgedrückten Beziehung zu unterschätzen. Als Faustregel wird deshalb empfohlen, bei der Klassenbildung so vorzugehen, daß die Anzahl der Beobachtungswerte pro Klasse einen relativ stabilen Durchschnittswert (Kolonnendurchschnitt) garantiert, daß aber die Anzahl der Klassen das Muster der Beziehung nicht verzerrt. Bei rund hundert und mehr Beobachtungswerten bzw. Fällen sollte die Anzahl der Klassen zwischen sechs und zwölf liegen.

Mitunter kann es sinnvoll sein, einmal X und einmal Y als abhängige Variable zu betrachten. In einer solchen Situation kann man für den Fall, daß beide Variablen mindestens das Niveau einer Intervallskala haben, zwei *Eta*-Koeffizienten berechnen (was z.B. die SPSS-Prozedur CROSSTABS automatisch besorgt, wenn man die Berechnung des *Eta*-Koeffizienten verlangt), woraus erhellt, daß η im Unterschied zu r ein *asymmetrischer* Koeffizient ist. Zur Unterscheidung der beiden *Eta*-Koeffizienten benutzt man dann, wie üblich, Subskripte (η_{yx} und η_{xy}).

Tabelle 8-8: Illustration der Abhängigkeit des Koeffizienten *Eta* (η) von der Anzahl der Kategorien der unabhängigen Variablen

Variable X

Variable Y	1					1						1		2
	2				1		1				1		1	4
	3	1		1				1		1				4
	4		1						1					2
		1	1	1	1	1	1	1	1	1	1	1	1	12

$$\eta^2{}_{yx} = \frac{11}{11} = 1 \qquad \eta_{yx} = 1$$

Variable X

Variable Y	1			1			1	2
	2		1	1		1	1	4
	3	1	1		1	1		4
	4	1			1			2
		2	2	2	2	2	2	12

$$\eta^2{}_{yx} = \frac{8}{11} = 0.73 \qquad \eta_{yx} = 0.85$$

Variable X

Variable Y	1		1	1	2
	2	1	1	2	4
	3	2	1	1	4
	4	1	1		2
		4	4	4	12

$$\eta^2{}_{yx} = \frac{2}{11} = 0.18 \qquad \eta_{yx} = 0.43$$

Da η ein richtungsloses Maß der Beziehung ist, erleichtert es die Kommunikation von Forschungsergebnissen nicht so sehr wie andere Maße, die über das Vorzeichen die Richtung der Beziehung anzeigen. Zwar kann, wenn die unabhängige Variable eine nominale Variable ist, ohnehin nicht von einer positiven oder negativen Beziehung gesprochen werden. Aber auch dann ist es mitunter angebracht, die Maßzahl zusammen mit der zugrundeliegenden Datentabelle oder mit einer graphischen Darstellung der Beziehung mitzuteilen. So haben z.B. COLEMAN, KATZ und MENZEL (1966), die in ihrer Diffusionsuntersuchung „Medical Innovation" extensiven Gebrauch von η als Maßzahl zur Beschreibung der Beziehung zwischen den verschiedensten unabhängigen nominalen Variablen (z.B. Status der Ärzte, Professions- versus Patientenorientierung) und einer zentralen metrischen abhängigen Variablen (Einführungsdatum eines bestimmten Medikaments) machten, die Zahlenwerte von η stets in Kombination mit graphischen Darstellungen mitgeteilt.

Bei der Interpretation von Zahlenwerten des Korrelationsverhältnisses, die mit oder ohne Datentabelle, Graphik oder Kommentar in Forschungsberichten und Computerausdrucken erscheinen, ist auch deshalb Aufmerksamkeit geboten, weil einige Autoren η (*Eta*), andere hingegen η^2 (*Eta-Quadrat*) als das Korrelationsverhältnis (engl. correlation ratio) bezeichnen. Wie gezeigt, ist der Zahlenwert von η^2 als der erklärte Variationsanteil der abhängigen Variablen zu interpretieren, während der Zahlenwert von η die Stärke der Beziehung zwischen den Variablen beschreibt.

Das folgende Beispiel aus der soziologischen Forschungsliteratur illustriert die adäquate Anwendung des Koeffizienten *Eta* auf empirische Daten. UDRY, BAUMAN und CHASE (1971) fanden bei der Untersuchung der Beziehung zwischen der Dunkelheit der Hautfarbe von 350 verheirateten amerikanischen Schwarzen und ausgewählten Statusvariablen, daß zwar die traditionellen Statusvorteile hellhäutiger weiblicher Schwarzer unverändert geblieben waren, daß aber dunkelhäutige männliche Schwarze gegenüber früheren Jahren erheblich verbesserte Chancen bei der Erlangung eines höheren Status und bei der Partnerwahl erzielt hatten, was auf einen Wandel der Bewertung unterschiedlicher Hautfarbe der Männer in einer Schwarzengemeinde (Washington, D.C.) hindeutete. (Die Dunkelheit der Hautfarbe war während des Interviews mit einer fünfstufigen Skala, die von „very light“ über „light“, „medium“ und „dark“ bis „black“ reichte, gemessen worden.) Da die Überprüfung der bivariaten Tabellen ergeben hatte, daß nicht alle Beziehungen linear waren, berechneten die Autoren für vier Gruppen unterschiedlich lange verheirateter Männer die Beziehung zwischen der Variablen „Darkness of Male Skin Color“ und vier ausgewählten Statusvariablen die in Tabelle 8-9 wiedergegebenen *Eta*-Werte:

Tabelle 8-9: η-Values for Relationships between Darkness of Male Skin Color and Selected Status Variables, by Years of Marriage

Years Married	Husband Education	Wife Education	Wife Skin Color	Husband Mobility
1 - 2	+0.55	+0.26	0.27	+0.61
3 - 5	+0.54	+0.54	0.35	+0.45
6 - 8	0.66	+0.64	–0.39	+0.48
9 +	–0.86	–0.78	–0.55	–0.66

Note. - Signs have been placed on the η values to indicate direction of the relationship in those instances where it was obvious from inspection of the contingency tables. - Negative signs mean dark skin is a disadvantage.

Aus Tabelle 8-9 geht z.B. hervor, daß die Beziehung zwischen der Variablen „Darkness of Male Skin Color“ und der Statusvariablen „Wife Education“ bei den 9 Jahre und länger Verheirateten relativ stark und negativ war ($\eta = -0.78$), bei den erst 1 bis 2 Jahre Verheirateten hingegen relativ schwach und positiv ($\eta = +0.26$), was besagt, daß sich die früher deutliche Benachteiligung dunkelhäutiger Männer innerhalb weniger Jahre in eine Bevorzugung verkehrt hatte, ein Ergebnis, das die Autoren wie folgt erklären: „Our explanation of this finding is that racial pride makes the blackest the proudest and most motivated" (S.732).

Besondere Aufmerksamkeit verdient die Fußnote zu Tabelle 8-9, in der die Autoren erläutern, weshalb sie die meisten *Eta*-Werte mit Vorzeichen versahen und - per Implikation - weshalb sie sie bei einigen *Eta*-Werten wegließen.

9. Multivariate Verteilungen

9.1 Einführende Bemerkungen

In den vorausgegangenen Kapiteln wurden Verfahren und Maßzahlen dargestellt, die der zusammenfassenden Beschreibung univariater (eindimensionaler) und bivariater (zweidimensionaler) Verteilungen dienen. Im vorliegenden letzten Kapitel wollen wir uns kurz der Analyse multivariater (mehrdimensionaler) Verteilungen, d.h. der Analyse gemeinsamer Verteilungen dreier oder mehrerer Variablen zuwenden. Da eine eingehende Behandlung multivariater Analyseverfahren nicht Gegenstand dieser Einführung sein kann, muß sich die Diskussion auf ausgewählte elementare Probleme beschränken. Wir werden lediglich den einfachsten Fall, nämlich die Beziehung zwischen *drei* jeweils *dichotomen* Variablen betrachten, und zwar im Rahmen der sog. mehrdimensionalen Tabulierung, auch Subgruppenklassifikation oder, nach einem Vorschlag Paul F. LAZARSFELDs (1955), *Elaboration* (etwa „Verfeinerungsanalyse") genannt.

Multivariate Analyseprobleme ergeben sich sehr häufig aus der Beschäftigung mit bivariaten Verteilungen. Nehmen wir beispielsweise an, wir wollten die folgende Aussage überprüfen: „Mangelnde Beaufsichtigung (X) ist eine Ursache der Jugendlichendelinquenz (Y)". Diese Aussage hat die Form: „X (unabhängige Variable) beeinflußt Y (abhängige Variable)", ist also eine sog. *Kausalhypothese*. In unserem Beispiel kann die Kausalhypothese nicht, wie in einem kontrollierten Experiment, durch Manipulation der Werte der unabhängigen Variablen überprüft werden, weil Sozialforscher nicht verfügen können, daß einige Eltern eine „angemessene", andere hingegen eine „unangemessene" Beaufsichtigung ihrer Kinder praktizieren. In einer solchen Situation, die für die nicht-experimentelle Forschung typisch ist, besteht lediglich die Möglichkeit, Befragungs- oder Beobachtungsdaten durch statistische Kontrollen zur Überprüfung der Kausalhypothese heranzuziehen.

Stellt man nun in der bivariaten Analyse derartiger nicht-experimenteller Daten fest, daß zwischen X und Y eine statistische Beziehung besteht, so erhebt sich regelmäßig die Frage, ob damit tatsächlich eine *Kausalbeziehung* (engl. cause-and-effect relationship) nachgewiesen ist. Die Beantwortung dieser Frage hängt davon ab, ob außer der Tatsache, daß zwischen X und Y eine statistische Beziehung besteht, die Variable X der Variablen Y kausal vorangeht und die X-Y-Beziehung nicht von einer gemeinsamen Ursache Z herrührt.

9.2 Kausalitätskriterien

In der methodologischen Literatur der Sozialwissenschaften - siehe etwa die Arbeiten von BLALOCK (1964), COOK und CAMPBELL (1979), DAVIS (1988), HIRSCHI und SELVIN (1967), HYMAN (1955), KENDALL und LAZARSFELD (1950), LAZARSFELD (1955), SIMON (1954) und ZEISEL (1970) - herrscht eine generelle Übereinstimmung darüber vor, daß die Annahme einer Kausalbeziehung an die Erfüllung der folgenden drei Kriterien gebunden ist:

1. Zwischen der Variablen X und der Variablen Y besteht eine statistische Beziehung („association").

2. Die Variable X geht der Variablen Y kausal voran („causal order, temporal precedence").

3. Die Beziehung zwischen X und Y verschwindet nicht, wenn der Einfluß dritter Variablen, die X und Y kausal vorangehen, kontrolliert wird („lack of spuriousness").

Danach kann X als Ursache von Y betrachtet werden, wenn alle drei Kriterien erfüllt sind; um zu zeigen, daß X *keine* Ursache von Y ist, genügt die Demonstration, daß eines der drei Kriterien *nicht* erfüllt ist.

Kausalität ist *nicht* an die Erfüllung der im folgenden illustrierten Bedingungen gebunden. Nehmen wir als Beispiel die Beziehung zwischen dem Konsum einer bestimmten Droge (X) und dem Auftreten von Halluzinationen (Y). Die Annahme einer Kausalbeziehung zwischen diesen Variablen setzt weder voraus, daß alle Halluzinierenden die Droge eingenommen haben, noch daß alle Drogenkonsumenten halluzinieren, noch daß alle Drogenkonsumenten und keine anderen Personen halluzinieren. Diese in Tabelle 9-1 dargestellten Bedingungen sind *falsche Kausalitätskriterien* (siehe HIRSCHI und SELVIN, 1967, Kap. 8). Die Annahme einer Kausalbeziehung zwischen X und Y setzt nicht die Erfüllung der in Tabelle 9-1 illustrierten restriktiven Bedingungen voraus (eine leere Zelle, wie in den Fällen a und b, oder zwei leere Zellen, wie im Fall c), sondern lediglich, daß Halluzinationen bei Drogenkonsumenten häufiger auftreten als bei Nicht-Drogenkonsumenten. Weder eine nicht perfekte noch eine schwache Beziehung zwischen X und Y ist ein Indiz dafür, daß X keine Ursache von Y ist, sondern lediglich, daß X nicht die einzige Ursache ist, vorausgesetzt, die Kausalitätskriterien 2 und 3 sind ebenfalls erfüllt. Anders gesagt: Das erste Kriterium ist bereits erfüllt, wenn eine nicht unerheblich von Null verschiedene Assoziation zwischen X und Y vorliegt. (Bezüglich dieses ersten Kriteriums ist anzumerken, daß eine sog. *Suppressorvariable* eine Beziehung zwischen X und Y verdecken kann, weshalb das Nicht-Erscheinen einer Beziehung zwischen X und Y (engl. zero association) kein Beweis dafür ist, daß X und Y nicht kausal verbunden sind. Insofern erweist sich das erste Kriterium als zu eng. Zur „analysis of zero associations" siehe HIRSCHI und SELVIN, 1967, S.106-110, und ROSENBERG, 1968, S.84-94.)

Das zweite Kausalitätskriterium betrifft die zeitliche Folge der Variablen: Die Ursache geht der Wirkung voraus. Auf unser Beispiel bezogen: Der Drogenkonsum kann nicht die Ursache der Halluzinationen sein, die bereits vor der Einnahme der Droge auftreten.

Weder eine statistische Beziehung zwischen X und Y noch das kausale Vorangehen von X erlauben es, auf eine *Kausal*beziehung zu schließen. Es kann näm-

Tabelle 9-1: Falsche Kausalitätskriterien

		(a) Drogen-konsum (X)			(b) Drogen-konsum (X)			(c) Drogen-konsum (X)		
		nein	ja		nein	ja		nein	ja	
Halluzina-tionen (Y)	nein	50	25	75	25		25	50		50
	ja		25	25	25	50	50		50	50
		50	50	100	50	50	100	50	50	100
		Notwendige, aber nicht *hinreichende* Bedingung:			*Hinreichende,* aber nicht *notwendige* Bedingung:			*Notwendige* und *hinreichende* Bedingung:		
		Alle Halluzinierenden haben die Droge eingenommen.			Alle Drogenkonsumenten halluzinieren.			Alle Drogenkonsumenten und keine anderen Personen halluzinieren.		

lich sein, daß eine zunächst verborgene, dann aber kontrollierte dritte Variable (Z) die Annahme einer Kausalbeziehung zwischen X und Y widerlegt. Beispielsweise mag eine psychische Krankheit (Z) sowohl den Drogenkonsum (X) als auch die Halluzinationen (Y) bewirken, d.h., die Beziehung zwischen X und Y mag allein auf den Einfluß zurückzuführen sein, den die Variable Z auf die Variablen X und Y ausübt.

Die in der statistischen Literatur immer wieder zitierten Beispiele solcher *Scheinbeziehungen* (engl. spurious correlations) sind zum Teil sehr erheiternd, wie etwa die tatsächlich gefundene Beziehung zwischen der Anzahl der bei Schadensfeuern eingesetzten Löschzüge (X) und dem Umfang des entstandenen Sachschadens (Y), oder die Beziehung zwischen der Anzahl der in bestimmten Regionen nistenden Störche (X) und der Geburtenrate in diesen Regionen (Y). Kann man aus diesen Beziehungen schließen, daß die Feuerwehren den Sachschaden und die Störche den Kindersegen verursachen? Man kann nicht, denn die Beziehung zwischen der Anzahl der Löschfahrzeuge und der Höhe des Sachschadens ist - wie man zeigen kann - mit der Größe des Schadensfeuers (Z), die Beziehung zwischen der Anzahl der Störche und der Geburtenrate mit dem Grad der Urbanisierung (Z) zu erklären (je größer das Feuer, desto mehr Löschfahrzeuge, aber auch: desto größer der Schaden; je dünner die Besiedlung, desto mehr Störche, aber auch: desto höher die Geburtenrate).

Von den Verfahren, die der nicht-experimentellen Forschung zur Kontrolle des Einflusses dritter Variablen auf eine interessierende Beziehung zur Verfügung stehen, ist die klassische *Analyse multivariater Tabellen* das universellste und anschaulichste Verfahren. Deshalb soll anhand dieses Verfahrens der mehrdimensionalen Tabulierung, auch *Elaboration* genannt, die Logik der Vorgehensweise verdeutlicht werden. Im engeren Sinn ist unter dem Prozeß der Elaboration die Analyse der Beziehung zwischen zwei dichotomen Variablen im Lichte einer dritten dichotomen Variablen - unter Beachtung ihrer zeitlichen Folge - zu verstehen. Doch ist die Elaboration weder auf dichotome Variablen noch auf die simultane Betrachtung von nur drei Variablen beschränkt.

9.3 Die Analyse multivariater Tabellen

Die Einführung einer dritten Variablen erweitert eine bivariate Tabelle um eine dritte Dimension. So wird aus einer 2 x 2-Tabelle bei Einführung einer dritten dichotomen Variablen eine 2 x 2 x 2-Tabelle. Nehmen wir als Beispiel folgende bei HIRSCHI und SELVIN (1967) diskutierte, hier für Zwecke der Illustration anders organisierte empirische Daten aus der amerikanischen Delinquenzforschung, die von Sheldon GLUECK und Eleanor GLUECK (1950, 1957) stammen (siehe die Tabellen 9-2 bis 9-4).

Tabelle 9-2: Die Beziehung zwischen Beaufsichtigung und Delinquenz Jugendlicher (Jungen)

		Beaufsichtigung (X)		
		schlecht	gut	
Delinquenz (Y)	ja	314	180	494
	nein	61	426	487
		375	606	981

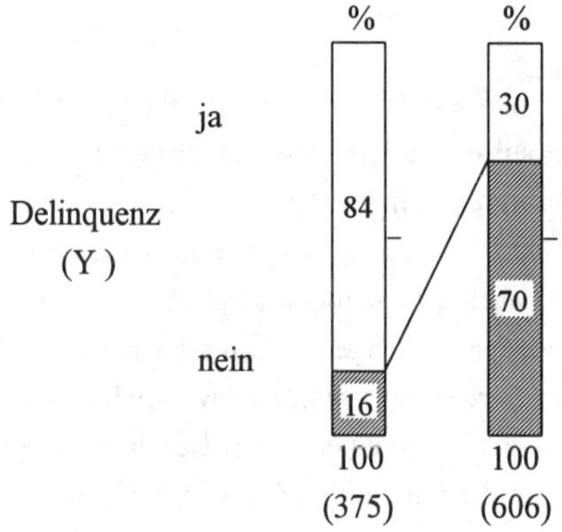

$d\% = 54$

Im vorliegenden Fall (Tabelle 9-2) und in den folgenden Beispielen wird die *Prozentsatzdifferenz* benutzt, um die Stärke der Beziehung zwischen den Variablen zu beschreiben. Bei dichotomen Variablen ist dieses Maß stets zu erwägen, weil es besonders anschaulich ist. In der Analyse multivariater Tabellen können jedoch auch andere, dem Tabellenformat und dem Meßniveau der Variablen adäquate Assoziationsmaße zur Beschreibung der Beziehung zwischen den kreuztabulierten Variablen verwendet werden. So hätte man anstelle der Prozentsatzdifferenz ($d\% = 54$) ebensogut die Koeffizienten *Phi* ($\phi = 0.525$), *Lambda* ($\lambda_r = 0.505$), *Tau-b* ($\tau_b = 0.525$) oder *Gamma* ($\gamma = 0.848$) berechnen können. Die Interpretation des Zahlenwertes jedes dieser Koeffizienten wäre dieselbe gewesen, nämlich die, daß zwischen den Variablen „Beaufsichtigung (X)“ und „Delinquenz (Y)“ eine beträchtliche Beziehung besteht. Kausalitätskriterium 1 („association“) ist demnach erfüllt.

Wenn, wie hier, eine Kausalhypothese überprüft werden soll, muß der Forscher zeigen, daß die unabhängige Variable (hier „Beaufsichtigung“) der abhängigen Variablen (hier „Delinquenz“) kausal vorangeht. Dies ist zwar ein wichtiges, aber kein statistisches Problem im üblichen Sinn. Im vorliegenden Beispiel ist damit gemeint: Man wird einer bestimmten (schlechten oder guten) Form der Beaufsichtigung, der ein Jugendlicher ausgesetzt ist, nur dann eine (das Straffälligwerden begünstigende oder behindernde) Wirkung zuschreiben, wenn sie mit einer gewissen Kontinuität innerhalb einer bestimmten (nicht zu kurzen) Zeitspanne *vor* der Verhaltensregistrierung praktiziert wurde. Hier soll die bezeichnete zeitliche Priorität als gegeben angesehen und Kausalitätskriterium 2 („causal order“) als erfüllt betrachtet werden.

Die Überprüfung des Kausalitätskriteriums 3 („lack of spuriousness“) weist über die bivariate Tabelle hinaus; sie verlangt die *Einführung weiterer Variablen*. Wir wollen uns hier mit dem einfachsten Fall, einer sog. *Dreivariablen-Tabelle*, begnügen. In unserem Beispiel (siehe die Erweiterung in Tabelle 9-3) ist die *Drittvariable*, auch *Kontrollvariable* oder *Testfaktor* genannt, die Variable „Beschäftigung der Mutter (Z)“ mit den Ausprägungen „Hausfrau (z_1)“ und „berufstätig (z_2)“.

Tabelle 9-3 besteht aus drei 2 x 2-Tabellen. Die links angeordnete Tabelle ist eine Wiederholung der in Tabelle 9-2 dargestellten *Originaltabelle*; diese wird auch Marginaltabelle genannt. Die Originaltabelle ist in zwei *Konditionaltabellen*, auch Partialtabellen genannt, aufgeteilt. Die Häufigkeiten der korrespondierenden Zellen der Konditionaltabellen addieren sich zu den Häufigkeiten der Originaltabelle. So ist beispielsweise die Häufigkeit der linken oberen Zelle der Originaltabelle (314) die Summe der Häufigkeiten der entsprechenden Zellen der beiden Konditionaltabellen (126 und 188), also 314 = 126 + 188. Wie des weiteren aus Tabelle 9-3 hervorgeht, wird die unabhängige Variable wie üblich mit X, die abhängige Variable wie gewohnt mit Y bezeichnet; die dritte bzw. Kontrollvariable wird mit Z (oder T für „Testfaktor") symbolisiert.

In Tabelle 9-3 wird durch sog. *Konstanthaltung* der Drittvariablen Z kontrolliert, ob die festgestellte Beziehung zwischen X und Y in den Konditionaltabellen verschwindet oder nicht. In unserem Beispiel ist unter Konstanthaltung der Drittvariablen Z die Überprüfung der X-Y-Beziehung in den beiden Kategorien z_1 („Hausfrau") und z_2 („berufstätig") der Drittvariablen Z („Beschäftigung der Mutter") zu verstehen.

Im vorliegenden Fall zeigt sich, daß die in der Originaltabelle beobachtete X-Y-Beziehung auch in den Konditionaltabellen auftritt, also nicht verschwindet, von geringfügigen Unterschieden abgesehen. Anders ausgedrückt: Die X-Y-Beziehung ist in den beiden Kategorien z_1 und z_2 der Drittvariablen Z ebenso stark wie in der Originaltabelle, in der die Z-Variable frei variiert. Konkreter: Die sog. *antezedierende*, d.h. sowohl X als auch Y kausal vorangehende (was hier unterstellt sein soll) Drittvariable „Beschäftigung der Mutter" beeinträchtigt *nicht* die Beziehung zwischen den Variablen „Beaufsichtigung" und „Delinquenz". Die Beziehung zwischen „Beaufsichtigung" und „Delinquenz" ist dieselbe, *unabhängig davon, ob die Mutter Hausfrau oder berufstätig ist*. Somit erweist sich, daß die X-Y-Beziehung *keine* Scheinbeziehung ist, jedenfalls nicht im Hinblick auf die „Beschäftigung der Mutter".

Dies ist die übliche Vorgehensweise, in der man in der klassischen Analyse multivariater Tabellen kausale Beziehungen zu identifizieren sucht: Nach Feststellung einer statistischen Beziehung zwischen einer kausal vorangehenden unabhängigen Variablen X und einer abhängigen Variablen Y werden dritte (antezedierende) Variablen in Betracht gezogen, die diese Beziehung verursacht haben könnten - wozu es einer „informierten Spekulation" (Morris ROSENBERG, 1968) des Sozialwissenschaftlers bedarf. Findet man eine solche Varia-

Tabelle 9-3: Die Beziehung zwischen den Variablen Beaufsichtigung, Beschäftigung der Mutter und Delinquenz

				Beschäftigung der Mutter (Z)					
				Hausfrau (z_1)			berufstätig (z_2)		
	Beaufsichtigung (X)			Beaufsichtigung (X)			Beaufsichtigung (X)		
	schlecht	gut		schlecht	gut		schlecht	gut	
	x_1	x_2		x_1	x_2		x_1	x_2	
Delinquenz (Y) ja y_1	314	180	494	126	136	262	188	44	232
nein y_2	61	426	487	23	305	328	38	121	159
	375	606	981	149	441	590	226	165	391

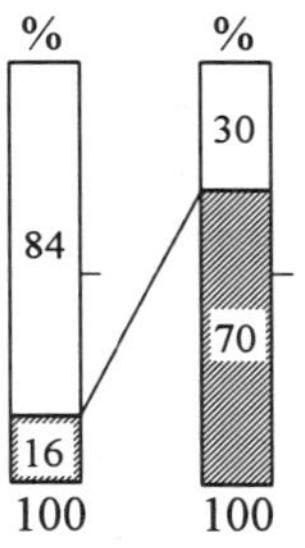

d% = 54

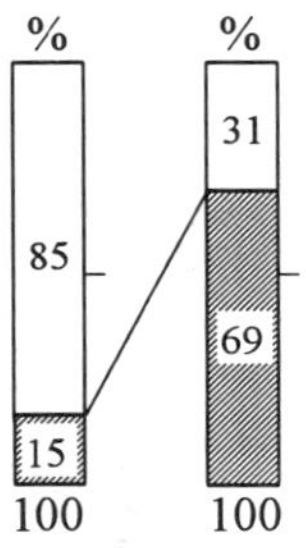

d% = 54

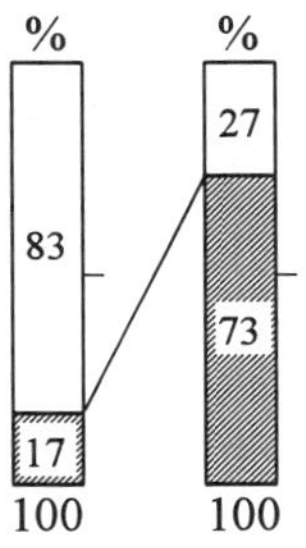

d% = 56

ble, so erklärt man die Originalbeziehung (die X-Y-Beziehung der Originaltabelle) als Scheinbeziehung. Stellt sich heraus, daß die Originalbeziehung keine Scheinbeziehung ist, so zieht man den Schluß, daß die unabhängige Variable X eine Ursache der abhängigen Variablen Y ist. Diese Schlußfolgerung ist keineswegs sicher, weil nicht ausgeschlossen werden kann, daß die Überprüfung des Einflusses einer anderen antezedierenden Variablen Z die Originalbeziehung zum Verschwinden gebracht hätte. Folglich ist die Demonstration einer Kausalbeziehung niemals definitiv. Merke: „Logically [...] the demonstration of causality is never complete“ (HIRSCHI und SELVIN, 1967, S.44). Das Vertrauen in die vorläufige Schlußfolgerung erhöht sich allerdings in dem Maße, in dem Drittvariablenkontrollen die Originalbeziehung nicht als Scheinbeziehung aufdeckten.

In der LAZARSFELDschen Terminologie spricht man beim Verschwinden einer Beziehung von einer *Erklärung* (engl. explanation), wenn die dritte Variable der unabhängigen Variablen kausal vorangeht. Beispiele: Die Beziehung zwischen der „Anzahl der Feuerlöschzüge (X)“ und der „Höhe des Sachschadens (Y)“ verschwindet bei Einführung der antezedierenden Drittvariablen „Größe des Schadenfcuers (Z)“ und: Die Beziehung zwischen der „Anzahl der regional nistenden Störche (X)“ und der „regionalen Geburtenrate (Y)“ verschwindet bei Einführung der antezedierenden Drittvariablen „Urbanisierungsgrad (Z)“. In jedem dieser denkwürdigen Beispiele wird gewissermaßen ein kurioses Ergebnis „hinwegerklärt“ (engl. explained away) - es findet eine einleuchtende Erklärung.

Man spricht beim Verschwinden einer Beziehung von einer *Interpretation* (engl. interprctation), wenn die dritte Variable zwischen die unabhängige und die abhängige Variable tritt, also *intervenierende* Variable ist. Beispiel (siehe Tabelle 9-4, in der die in Tabelle 9-3 enthaltenen Variablen „Beaufsichtigung“ und „Beschäftigung der Mutter“ anders angeordnet und deshalb umbenannt sind; mit Z wird stets die Drittvariable bezeichnet): Die Beziehung zwischen den Variablen „Beschäftigung der Mutter (X)“ und „Delinquenz (Y)“ verschwindet bei Einführung der intervenierenden Variablen „Beaufsichtigung (Z)“ in den Konditionaltabellen. Schematisch kann der Unterschied zwischen diesen beiden Typen der Elaboration wie folgt ausgedrückt werden:

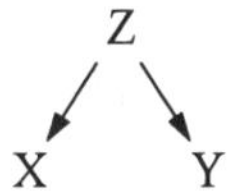

Erklärung

Interpretation

Zwei weitere Typen der Elaboration sind die *Spezifikation* (engl. specification) und die *Vorhersage* (engl. prediction). Dabei richtet sich die Aufmerksamkeit auf die unterschiedlichen Konditionalbeziehungen (von denen eine schwach und eine stark sein mag, oder eine positiv und eine negativ, oder eine Null und eine ungleich Null, usw.). Weichen die Konditionalbeziehungen deutlich voneinander ab, so interagieren Z und X in Bezug auf Y; man spricht dann von einem *Interaktionseffekt*. Man sagt, daß eine Drittvariable (Z) mit einer unabhängigen Variablen (X) *interagiert*, wenn die Wirkung der X-Variablen auf die Y-Variable in den unterschiedlichen Ausprägungen der Z-Variablen unterschiedlich ist (was sich in unterschiedlichen Konditionalbeziehungen ausdrückt).

Beispiel mit *antezedierender* Drittvariablen (*Spezifikation*): Die desintegrierende „Wirkung (Y)“ einer rezessiven „Wirtschaftslage (X)“ ist in „nicht autoritären Familien (z_1)“ weniger einschneidend als in „autoritären Familien (z_2)“. Beispiel mit *intervenierender* Drittvariablen (*Vorhersage*): Wenn man die Beziehung zwischen der „Erziehung (X)“ und der „Leistung (Y)“ von Kindern untersucht, kann man die Beobachtung machen und dann vorhersagen, daß progressiv erzogene Kinder in einer „autoritären Arbeitsatmosphäre (z_1)“ schlechtere, in einer „demokratischen Arbeitsatmosphäre (z_2)“ hingegen bessere Leistungen erbringen als nicht progressiv erzogene Kinder.

In Tabelle 9-3 wurde gezeigt, daß die Beziehung zwischen den Variablen „Beaufsichtigung“ und „Delinquenz“ bei Kontrolle der antezedierenden Variablen „Beschäftigung der Mutter“ *nicht* verschwand. Die Daten der Tabelle 9-3 können ebensogut benutzt werden, um das Verschwinden der Beziehung zwischen den Variablen „Beschäftigung der Mutter“ und „Delinquenz“ zu illustrieren, wenn der Einfluß einer *intervenierenden* Variablen, hier „Beaufsichtigung“, untersucht wird. In der Praxis würde man die Dreivariablenbeziehung der Tabelle 9-3 nur einmal untersuchen, je nachdem welche Zweivariablenbeziehung zuerst betrachtet wurde, entweder die Beziehung zwischen den Variablen „Beaufsichtigung“ und „Delinquenz“ (wie in Tabelle 9-3) oder die Beziehung zwischen den Variablen „Beschäftigung der Mutter“ und „Delinquenz“ (wie in Tabelle 9-4).

Man überzeuge sich durch sorgfältiges Studieren der Tabellen 9-3 und 9-4 davon, daß Tabelle 9-4 ohne jede zusätzliche Information aus Tabelle 9-3 rekonstruiert werden kann. Die reorganisierten Daten (Tabelle 9-4) zeigen, daß die Beziehung zwischen den Variablen „Beschäftigung der Mutter“ und „Delinquenz“ praktisch verschwindet, wenn die intervenierende Drittvariable „Beaufsichtigung“ eingeführt wird. Tabelle 9-4 enthüllt folglich (wie Tabelle 9-3), daß *nicht* die „Beschäftigung der Mutter“, sondern die Art der „Beaufsichtigung“ als Ursache der „Delinquenz“ betrachtet werden kann. Konkreter: Ist die Beaufsichtigung schlecht, ist der Anteil der delinquenten Jugendlichen hoch; ist die Beaufsichtigung gut, ist der Anteil der delinquenten Jugendlichen niedrig, *unabhängig von der Beschäftigung der Mutter*.

Die ausführlicher dargelegten Beispiele der Beibehaltung (Tabelle 9-3) und des Verschwindens (Tabelle 9-4) einer Originalbeziehung illustrieren zwei wichtige Analyseergebnisse: erstens das Fehlen einer Scheinbeziehung („lack of spuriousness“) und zweitens das Vorliegen einer Scheinbeziehung („spuriousness“). Häufiger als diese Spezialfälle werden bei der Drittvariablenkontrolle unterschiedliche Konditionalbeziehungen identifiziert, die einen Interaktionseffekt aufzeigen. Auf die Darstellung solcher Beispiele muß hier verzichtet werden.

Tabelle 9-4: Die Beziehung zwischen den Variablen Beschäftigung der Mutter, Beaufsichtigung und Delinquenz

			Beschäftig. d. Mutter (X)		
			Hausfrau	berufstätig	
			x_1	x_2	
Delin-	ja	y_1	262	232	494
quenz (Y)	nein	y_2	328	159	487
			590	391	981

Beaufsichtigung (Z)

schlecht (z_1)

	Beschäftig. d. Mutter (X)		
	Hausfrau	berufstätig	
	x_1	x_2	
y_1	126	188	314
y_2	23	38	61
	149	226	375

gut (z_2)

	Beschäftig. d. Mutter (X)		
	Hausfrau	berufstätig	
	x_1	x_2	
y_1	136	44	180
y_2	305	121	426
	441	165	606

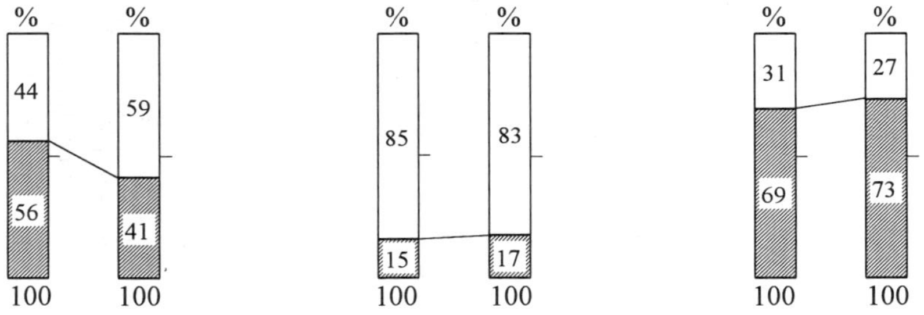

d% = –15 d% = 2 d% = 4

Wir können *zusammenfassend* feststellen, daß die Drittvariablenkontrolle drei Ergebnisse haben kann, die jeweils unterschiedliche Schlußfolgerungen erlauben: 1. Die Konditionalbeziehungen sind mit der Originalbeziehung identisch oder doch nahezu identisch. 2. Die Konditionalbeziehungen sind Null oder doch nahe Null. 3. Die Konditionalbeziehungen differieren mehr oder weniger stark. Bleibt die Originalbeziehung in den Konditionaltabellen erhalten, schlußfolgert man, daß die Drittvariable keinen Einfluß auf die Beziehung zwischen X und Y hat. Verschwindet die Originalbeziehung in den Konditionaltabellen, schreibt man die Beziehung zwischen X und Y der Drittvariablen Z zu. Differieren die Konditionalbeziehungen, schließt man auf einen Interaktionseffekt; die Beziehung zwischen X und Y hängt dann von spezifischen Ausprägungen der Drittvariablen Z ab.

Man kann die Schlußfolgerung präzisieren, wenn entscheidbar ist, ob die Drittvariable Z zeitlich sowohl X als auch Y vorangeht (antezediert) oder zwischen X und Y tritt (interveniert). Verschwindet die Beziehung in den Konditionaltabellen, so gibt es folgende Alternativen: (a) Ist Z antezedierende Variable, so sagt man, daß Z die X-Y-Beziehung *erklärt*. (b) Ist Z intervenierende Variable, so sagt man, daß Z dic X-Y-Beziehung *interpretiert*. Sind die Konditionalbeziehungen verschieden, so gibt es folgende Alternativen: (c) Ist Z antezedierende Variable, so sagt man, daß Z die Bedingungen *spezifiziert*, unter denen eine bestimmte Beziehung zu erwarten ist. (d) Ist Z intervenierende Variable, so sagt man, daß Z eine Bedingung repräsentiert, die realisiert sein muß, wenn Y auf der Basis von X *vorhergesagt* werden soll. Das Vorangehende kann schematisch wie folgt dargestellt werden:

Tabelle 9-5: Die vier Haupttypen der Elaboration (nach LAZARSFELD)

		Die Drittvariable Z ...	
		... antezediert	... interveniert
Die Konditional-	... beide Null	*Erklärung*	*Interpretation*
beziehungen sind ...	... verschieden	*Spezifikation*	*Vorhersage*

Da hier nur eine kurze Darstellung der klassischen Analyse multivariater Tabellen bzw. des Prozesses der Elaboration geboten werden konnte, sei der interessierte Leser auf die unverändert wichtigen, gut lesbaren und mit zahlreichen Beispielen illustrierten Darstellungen von LAZARSFELD (1955), HIRSCHI und SELVIN (1967), ROSENBERG (1968) und ZEISEL (1970) hingewiesen.

Dieser Hinweis erstreckt sich auch auf Vorbehalte, die HIRSCHI und SELVIN (1967, Kap.10) gegenüber der „tabular analysis" haben, soweit von ihr erwartet wird, Einblicke in die komplexe Wirkungsstruktur einer größeren Zahl von Variablen zu erhalten. Diesen Dienst kann die - schon wegen der selbst bei dichotomen Variablen mit der Zunahme der Tabellenfelder schnell schrumpfenden Anzahl der Fälle bestimmter Ausprägungskombinationen selten mit mehr als drei Variablen gleichzeitig durchführbare - klassische Tabellenanalyse nicht leisten (siehe dazu auch HUMMELL und ZIEGLER, 1976, Bd.1, S.E18-19). Man kann nämlich, anders als bei der multiplen Regressionsanalyse, an keinem Punkt der Tabellenanalyse sagen, wieviel der Variation der abhängigen Variablen erklärt wurde, und man weiß nie genau, ob zusätzlich eingeführte Variablen tatsächlich noch nicht Erklärtes erklären, das heißt: „The tabular analyst not only has no way of knowing how much he has explained of what there is to explain; he frequently - and necessarily - explains the same variations several times over" (HIRSCHI und SELVIN, 1967, S.166). Kurzum: „Ein Bild der den korrelativen Zusammenhängen zugrundeliegenden Wirkungsstruktur ist mit dieser Art der Analyse nicht zu gewinnen" (HUMMELL und ZIEGLER, S.E19).

Der Hauptgrund, weshalb wir uns mit der Elaboration befaßt haben, ist ein anderer: Die Kontrolle dritter Variablen soll uns davor bewahren, eine festgestellte Beziehung, die in Wahrheit eine *Schein*beziehung ist, als eine *Kausal*beziehung zu interpretieren. Solche Tests sind unverzichtbar. „Angesichts der Tatsache, daß in den explorativen Stadien jeder Wissenschaft eine der wichtigsten Aufgaben darin besteht, zahlreiche mögliche erklärende Variablen zu eliminieren, sind Tests auf Scheinbeziehung unbedingt erforderlich und in jedem Forschungsgebiet angebracht" (BLALOCK, 1964, S.84).

Literaturverzeichnis

ANDERSON, Theodore R., und Morris ZELDITCH, Jr., A Basic Course in Statistics. With Sociological Applications, 2. Aufl., New York 1975.

ANDRESS, Hans-Jürgen, Jacques A. HAGENAARS und Steffen KÜHNEL, Analyse von Tabellen und kategorialen Daten, Berlin 1997.

BACKHAUS, Klaus, Bernd ERICHSON, Wulff PLINKE und Rolf WEIBER, Multivariate Analysemethoden. Eine anwendungsorientierte Einführung, 8. Aufl., Berlin 1996.

BISHOP, Yvonne M. M., Stephen E. FIENBERG und Paul W. HOLLAND, Measures for Association and Agreement, S.373-400, in: Dies., Discrete Multivariate Analysis: Theory and Practice, Cambridge, Mass., 1975.

BLALOCK, Hubert M., Causal Inferences in Nonexperimental Research, Chapel Hill 1964, daraus Kapitel III in gekürzter deutscher Fassung „Die Beurteilung kausaler Modelle", S.68-90, in: Hans J. HUMMELL und Rolf ZIEGLER, Hrsg., Korrelation und Kausalität, Bd.1, Stuttgart 1976.

BLALOCK, Hubert M., Social Statistics, 2. Aufl., New York 1972.

BOHRNSTEDT, George W., und David KNOKE, Statistics for Social Data Analysis, 2. Aufl., Itasca, Ill., 1983.

BORTZ, Jürgen, Statistik für Sozialwissenschaftler, 4. Aufl., Berlin 1993, zuerst 1977.

CLAUSS, Günter, und Heinz EBNER, Grundlagen der Statistik für Psychologen, Pädagogen und Soziologen, 4. Aufl., Frankfurt am Main 1982.

COOK, Thomas D., und Donald T. CAMPBELL, Quasi-Experimentation, Boston, Mass., 1979.

COSTNER, Herbert L., Criteria for Measures of Association, in: American Sociological Review 30 (1965), S.341-353.

DAVIS, James A., Elementary Survey Analysis, Englewood Cliffs, N.J., 1971.

DAVIS, James A., The Logic of Causal Order, 4. Aufl., Beverly Hills 1988.

FREEMAN, Linton C., Elementary Applied Statistics. For Students in Behavioral Science, New York 1965.

GALTUNG, Johan, Theory and Methods of Social Research, London 1970, zuerst New York 1967.

GOODMAN, Leo A., und William H. KRUSKAL, Measures of Association for Cross Classifications, in: Journal of the American Statistical Association 49 (1954), S.732-764.

GUILFORD, J. P., Fundamental Statistics in Psychology and Education, 4. Aufl., New York 1965.

GUTTMAN, Louis, An Outline of the Statistical Theory of Prediction. Supplementary Study B-1, S.253-311, in: Paul HORST, Hrsg., The Prediction of Personal Adjustment, Bulletin 48, Social Science Research Council, New York 1941.

HAYS, William L., Statistics, New York 1970, zuerst 1963.

HIRSCHI, Travis, und Hanan C. SELVIN, Delinquency Research. An Appraisal of Analytic Methods, New York 1967.

HUMMELL, Hans J., und Rolf ZIEGLER, Hrsg., Korrelation und Kausalität, 3 Bde., Stuttgart 1976.

HUMMELL, Hans J., und Rolf ZIEGLER, Einleitung: Zur Verwendung linearer Modelle bei der Kausalanalyse nicht-experimenteller Daten, S.E5 bis E137, in: Dies., Hrsg., Korrelation und Kausalität, Bd.1, Stuttgart 1976.

HYMAN, Herbert H., Survey Design and Analysis, New York 1955.

JACOBSON, Perry E., Introduction to Statistical Measures for the Social and Behavioral Sciences, Hinsdale, Ill., 1976.

KENDALL, Maurice G., Rank Correlation Methods, 4. Aufl., London 1970.

KENDALL, Patricia L., und Paul F. LAZARSFELD, Problems of Survey Analysis, S.133-196, in: Robert K. MERTON und Paul F. LAZARSFELD, Hrsg., Continuities in Social Research. Studies in the Scope and Method of „The American Soldier“, Glencoe, Ill., 1950.

LAZARSFELD, Paul F., Interpretation of Statistical Relations as a Research Operation, S.115-125, in: Paul F. LAZARSFELD und Morris ROSENBERG, Hrsg., The Language of Social Research, New York 1955, gekürzte deutsche Fassung „Die Interpretation statistischer Beziehungen als Forschungsoperation“, S.1-15, in: Hans J. HUMMELL und Rolf ZIEGLER, Hrsg., Korrelation und Kausalität, Bd.1, Stuttgart 1976.

LEIK, Robert K., und Walter R. GOVE, The Conception and Measurement of Asymmetric Monotonic Relationships in Sociology, in: American Journal of Sociology 74 (1969), S.696-709.

LOETHER, Herman J., und Donald G. McTAVISH, Descriptive and Inferential Statistics: An Introduction, 2. Aufl., Boston, Mass., 1980, zuerst 1974.

McNEMAR, Quinn, Psychological Statistics, 4. Aufl., New York 1969.

MENDENHALL, William, Lyman OTT und Richard F. LARSON, Statistics: A Tool for the Social Sciences, North Scituate, Mass., 1974.

MUELLER, John H., Karl F. SCHUESSLER und Herbert L. COSTNER, Statistical Reasoning in Sociology, 3. Aufl., Boston, Mass., 1977.

NEURATH, Paul, Grundbegriffe und Rechenmethoden der Statistik für Soziologen, in: René KÖNIG, Hrsg., Handbuch der empirischen Sozialforschung, 3. Aufl., Bd. 3b, Stuttgart 1974.

OPP, Karl-Dieter, und Peter SCHMIDT, Einführung in die Mehrvariablenanalyse, Reinbek bei Hamburg 1976.

ROSENBERG, Morris, The Logic of Survey Analysis, New York 1968.

SAHNER, Heinz, Statistik für Soziologen 2: Schließende Statistik, 3. Aufl., Stuttgart 1990.

SIEGEL, Sidney, Nonparametric Statistics for the Behavioral Sciences, New York 1956.

SIMON, Herbert A., Spurious Correlation: A Causal Interpretation, in: Journal of the American Statistical Association 49 (1954), S.467-479, leicht gekürzte deutsche Fassung „Scheinkorrelation: ihre kausale Interpretation", S.55-67, in: Hans J. HUMMELL und Rolf ZIEGLER, Hrsg., Korrelation und Kausalität, Bd.1, Stuttgart 1976.

SOMERS, Robert H., A New Asymmetric Measure of Association for Ordinal Variables, in: American Sociological Review 27 (1962), S.799-811.

SOMERS, Robert H., On the Measurement of Association, in: American Sociological Review 33 (1968), S.291-292.

STEVENS, S. S., On the Theory of Scales of Measurement, in: Science 103 (1946), S. 677-680.

WEEDE, Erich, Hypothesen, Gleichungen und Daten, Kronberg 1977.

WILSON, Thomas P., A Proportional-Reduction-In-Error Interpretation for Kendall's Tau-B, in: Social Forces 47 (1969), S.340-342.

YULE, G. Udny, On the Association of Attributes in Statistics, in: Philosophical Transactions of the Royal Society of London (A) 194 (1900), S.257-319.

YULE, G. Udny, On the Methods of Measuring Association Between Two Attributes, in: Journal of the Royal Statistical Society 75 (1912), S.579-642.

ZEISEL, Hans, Die Sprache der Zahlen, Köln 1970.

Quellennachweis

ARMER, Michael, und Robert YOUTZ, Formal Education and Individual Modernity in an African Society, in: American Journal of Sociology 76 (1971), S.604-626.

COLEMAN, James S., Elihu KATZ und Herbert MENZEL, Medical Innovation. A Diffusion Study, Indianapolis 1966.

FENDRICH, James M., A Study of the Association among Verbal Attitudes, Commitment, and Overt Behavior in Different Experimental Situations, in: Social Forces 45 (1967), S.347-355.

FULLAN, Michael, Industrial Technology and Worker Integration in the Organization, in: American Sociological Review 35 (1970), S.1028-1039.

GLUECK, Sheldon, und Eleanor GLUECK, Unraveling Juvenile Delinquency, Cambridge, Mass., 1950.

GLUECK, Sheldon, und Eleanor GLUECK, Working Mothers and Delinquency, in: Mental Hygiene 41 (1957), S.331.

GROSS, Edward, Universities as Organizations: A Research Approach, in: American Sociological Review 33 (1968), S.518-544.

HEISE, David R., Cultural Patterning of Sexual Socialization, in: American Sociological Review 32 (1967), S.726-739.

HIRSCHI, Travis, und Hanan C. SELVIN, Delinquency Research. An Appraisal of Analytic Methods, New York 1967, Kap.3 und 14.

HOLLINGSHEAD, August B., Elmtown's Youth, New York 1949.

HYMAN, Herbert H., und Charles R. WRIGHT, Trends in Voluntary Association Membership of American Adults: Replication Based on Secondary Analysis of National Sample Surveys, in: American Sociological Review 36 (1971), S.191-206.

IZZETT, Richard R., Authoritarianism and Attitudes Toward the Vietnam War as Reflected in Behavioral and Self-Report Measures, in: Journal of Personality and Social Psychology 17 (1971), S.145-148.

LAUMANN, Edward O., und David R. SEGAL, Status Inconsistency and Ethnoreligious Group Membership as Determinants of Social Participation and Political Attitudes, in: American Journal of Sociology 77 (1971), S.36 bis 61.

McDILL, Edward L., und James S. COLEMAN, High-School Social Status, College Plans, and Interest in Academic Achievement: A Panel Analysis, in: American Sociological Review 28 (1963), S.905-918, Wiederabdruck in: Paul F. LAZARSFELD, Ann K. PASANELLA und Morris ROSENBERG, Hrsg., Continuities in the Language of Social Research, New York 1972, S.399-415.

MARLOWE, David, Robert FRAGER und Ronald L. NUTTALL, Commitment to Action Taking as a Consequence of Cognitive Dissonance, in: Journal of Personality and Social Psychology 2 (1965), S.864-868.

UDRY, J. Richard, Karl E. BAUMAN und Charles CHASE, Skin Color, Status, and Mate Selection, in: American Journal of Sociology 76 (1971), S.722-733.

Universität zu Köln, Vorlesungsverzeichnis für das Sommersemester 1973, S.337-339.

WALTON, John, Discipline, Method, and Community Power: A Note on the Sociology of Knowledge, in: American Sociological Review 31 (1966), S.684-689.

Sachregister

Formeln

Median $$\tilde{x} = U + \left[\frac{\frac{1}{2}N - Fu}{Fm} \right] Kb$$

Zur Berechnung der Quartile (Q_1 bzw. Q_3) wird die Median-Formel in der Weise modifiziert, daß die Anzahl der Fälle (N) statt mit 1/2 (bei $\tilde{x} = Q_2$) mit 1/4 (bei Q_1) bzw. mit 3/4 (bei Q_3) multipliziert wird.

Arithmetisches Mittel $$\bar{x} = \frac{x_1 + x_2 + x_3 + \ldots + x_N}{N} = \frac{\sum_{i=1}^{N} x_i}{N}$$ bzw.

$$\bar{x} = \frac{f_1 x_1 + f_2 x_2 + f_3 x_3 + \ldots + f_k x_k}{N} = \frac{\sum_{i=1}^{k} f_i x_i}{N}$$

'Range' $$R = x_{\max} - x_{\min}$$

Mittlerer Quartilabstand $$QA = \frac{Q_3 - Q_1}{2}$$

Varianz $$s^2 = \frac{\sum_{i=1}^{N} (x_i - \bar{x})^2}{N}$$ bzw. $$s^2 = \frac{\sum_{i=1}^{k} f_i (x_i - \bar{x})^2}{N}$$

Standardabweichung $$s = \sqrt{\frac{\sum_{i=1}^{N} (x_i - \bar{x})^2}{N}}$$ bzw. $$s = \sqrt{\frac{\sum_{i=1}^{k} f_i (x_i - \bar{x})^2}{N}}$$

2 x 2- oder Vierfelder-Tabelle

a	b	$a+b$
c	d	$c+d$
$a+c$	$b+d$	$N=a+b+c+d$

Prozentsatzdifferenz

$$d\% = 100\left(\frac{a}{a+c} - \frac{b}{b+d}\right) = \frac{100(ad-bc)}{(a+c)(b+d)}$$

Chi-Quadrat

$$\chi^2 = \frac{N(ad-bc)^2}{(a+b)(c+d)(a+c)(b+d)}$$ bzw.

$$\chi^2 = \sum \frac{(f_b - f_e)^2}{f_e}$$

Phi-Koeffizient

$$\phi = \frac{ad-bc}{\sqrt{(a+b)(c+d)(a+c)(b+d)}} = \sqrt{\frac{\chi^2}{N}}$$

CRAMERs *V*-Koeffizient

$$V = \sqrt{\frac{\chi^2}{N \min(r-1, c-1)}}$$

PEARSONs *C*-Koeffizient

$$C = \sqrt{\frac{\chi^2}{\chi^2 + N}}$$

GOODMAN und KRUSKALs *Lambda*-Koeffizienten

$$\lambda_r = \frac{\sum_{j=1}^{c} \max n_j - \max n_{i.}}{N - \max n_{i.}}$$

$$\lambda_c = \frac{\sum_{i=1}^{r} \max n_i - \max n_{.j}}{N - \max n_{.j}}$$

$$\lambda_s = \frac{\sum_{j=1}^{c} \max n_j + \sum_{i=1}^{r} \max n_i - \max n_{i.} - \max n_{.j}}{2N - \max n_{i.} - \max n_{.j}}$$

KENDALLs *Tau*-Koeffizienten

$$\tau_a = \frac{N_c - N_d}{\frac{N(N-1)}{2}}$$

$$\tau_b = \frac{N_c - N_d}{\sqrt{\left(N_c + N_d + T_x\right)\left(N_c + N_d + T_y\right)}}$$

$$\tau_c = \frac{N_c - N_d}{\frac{1}{2}N^2\left(\frac{m-1}{m}\right)} = \frac{2\left(N_c - N_d\right)}{N^2\left(\frac{m-1}{m}\right)}$$

GOODMAN und KRUSKALs *Gamma*-Koeffizient

$$\gamma = \frac{N_c - N_d}{N_c + N_d}$$

SOMERS' *d*-Koeffizienten

$$d_{yx} = \frac{N_c - N_d}{N_c + N_d + T_y}$$

$$d_{xy} = \frac{N_c - N_d}{N_c + N_d + T_x}$$

$$d_s = \frac{N_c - N_d}{N_c + N_d + \frac{1}{2}\left(T_y + T_x\right)}$$

SPEARMANs Rangkorrelationskoeffizient

$$r_s = 1 - \frac{6\sum d_i^{\,2}}{N(N^2 - 1)}$$

Regressionsgerade

$$y'_i = a_{yx} + b_{yx}(x_i)$$

Steigung der Regressionsgeraden

$$b_{yx} = \frac{\sum_{i=1}^{N}(x_i - \bar{x})(y_i - \bar{y})}{\sum_{i=1}^{N}(x_i - \bar{x})^2}$$

Schnittpunkt der Regressionsgeraden mit der Y-Achse

$$a_{yx} = \bar{y} - b_{yx}(\bar{x})$$

PEARSONs Korrelationskoeffizient (Definitionsformel)

$$r = \frac{\sum z_{x_i} z_{y_i}}{N}$$

wobei $z_{x_i} = \frac{x_i - \bar{x}}{s_x}$ und $z_{y_i} = \frac{y_i - \bar{y}}{s_y}$

(1. Rechenformel)

$$r = \frac{\Sigma(x_i - \bar{x})(y_i - \bar{y})}{\sqrt{\Sigma(x_i - \bar{x})^2 \, \Sigma(y_i - \bar{y})^2}}$$

(2. Rechenformel)

$$r = \frac{N\Sigma x_i y_i - \Sigma x_i \Sigma y_i}{\sqrt{\left(N\Sigma x_i^{\,2} - (\Sigma x_i)^2\right)\left(N\Sigma y_i^{\,2} - (\Sigma y_i)^2\right)}}$$

Eta-Koeffizient (*Eta-Quadrat*)

$$\eta^2 = \frac{\sum_{j=1}^{k} n_j (\bar{y}_j - \bar{y})^2}{\sum_{i=1}^{N} (y_i - \bar{y})^2}$$

Vier der vorstehend aufgeführten Assoziationsmaße, nämlich *Lambda* (λ), *Gamma* (γ), *r-Quadrat* (r^2) und *Eta-Quadrat* (η^2), sind als sog. PRE-Maße im Sinne der proportionalen Fehlerreduktion (engl. proportional reduction in error) interpretierbar. Als solche entsprechen sie dieser generellen Form:

$$PRE\text{-}Maß = \frac{E_1 - E_2}{E_1}$$

wobei E_1 und E_2 maßzahlspezifische Vorhersagefehler sind, nämlich

E_1 = Fehler bei der Vorhersage der abhängigen Variablen auf der Basis ihrer eigenen Verteilung und

E_2 = Fehler bei der Vorhersage der abhängigen Variablen auf der Basis der bivariaten Verteilung.

(1) *Lambda* $$\lambda = \frac{E_1 - E_2}{E_1}$$

wobei E_1 = Fehler bei der Vorhersage der Modalkategorie der abhängigen Variablen. Bei λ_r ist $E_1 = N - \max n_{i.}$, und bei λ_c ist $E_1 = N - \max n_{.j}$.

E_2 = Fehler bei der Vorhersage der spaltenspezifischen Modalkategorie (bei λ_r) bzw. der zeilenspezifischen Modalkategorie (bei λ_c). Bei λ_r ist $E_2 = \Sigma(n_{.j} - \max n_j)$, und bei λ_c ist $E_2 = \Sigma(n_{i.} - \max n_i)$.

(2) *Gamma* $$\gamma = \frac{E_1 - E_2}{E_1}$$

wobei E_1 = $0.5(N_c + N_d)$ = Fehler bei der Vorhersage der Rangordnung im Hinblick auf die abhängige Variable (welche Variable das auch sei, X oder Y) *ohne* Berücksichtigung der Rangordnung im Hinblick auf die unabhängige Variable und

E_2 = $\min(N_c, N_d)$ = Fehler bei der Vorhersage der Rangordnung im Hinblick auf die abhängige Variable *mit* Berücksichtigung der Rangordnung im Hinblick auf die unabhängige Variable, d.h. Fehler bei der Vorhersage nach Maßgabe der Dominanz konkordanter (N_c) oder diskordanter Paare (N_d).

(3) *r-Quadrat* $$r^2 = \frac{E_1 - E_2}{E_1}$$

wobei E_1 = $\Sigma(y_i - \bar{y})^2$ = Fehler bei der Vorhersage des arithmetischen Mittels ($\bar{y}$) und

E_2 = $\Sigma(y_i - y'_i)^2$ = Fehler bei der Vorhersage des jeweiligen Regressionswertes (y'_i).

(4) *Eta-Quadrat* $$\eta^2 = \frac{E_1 - E_2}{E_1}$$

wobei $E_1 = \Sigma(y_i - \bar{y})^2$ = Fehler bei der Vorhersage des Gesamtdurchschnitts ($\bar{y}$) und

$E_2 = \Sigma(y_i - \bar{y}_j)^2$ = Fehler bei der Vorhersage des jeweiligen Kolonnendurchschnitts ($\bar{y}_j$).